商务刑法

SHANGWUXINGFA

杜 猛◎著

中国政法大学出版社

2023·北京

图书在版编目（ＣＩＰ）数据

商务刑法/杜猛著. —北京：中国政法大学出版社，2023.5
ISBN 978-7-5764-0896-6

Ⅰ.①商… Ⅱ.①杜… Ⅲ.①刑法—研究—中国 Ⅳ.①D924.04

中国国家版本馆 CIP 数据核字(2023)第 080191 号

出 版 者	中国政法大学出版社
地　　址	北京市海淀区西土城路 25 号
邮寄地址	北京 100088 信箱 8034 分箱　邮编 100088
网　　址	http://www.cuplpress.com (网络实名：中国政法大学出版社)
电　　话	010-58908586(编辑部) 58908334(邮购部)
编辑邮箱	zhengfadch@126.com
承　　印	北京旺都印务有限公司
开　　本	720mm×960mm　1/16
印　　张	18.5
字　　数	330 千字
版　　次	2023 年 5 月第 1 版
印　　次	2023 年 5 月第 1 次印刷
定　　价	99.00 元

前言
PREFACE

　　笔者曾受邀做主题为"商贸行为的刑事风险防范"的讲座，颇受学员欢迎，课下和学员交流，笔者向他们推荐了一些经典的刑法学教材、专著、资料。这些学员很快就根据我的推荐购买了大量图书、视频资料。但是，他们几乎毫无例外地表示，这些东西基本上买了之后就束之高阁，再没有看过——并不是因为不想看，或者忘了看，而是翻了几页，实在看不下去，完全不是笔者在课堂上讲的那种感觉。于是，不少学员建议我把我讲的这些东西整理成书，出版发行。笔者觉得这没有什么意义，毕竟课堂上讲的内容实在谈不上深刻，更没有什么学术价值，所以当时就直接拒绝了。但是经过他们三番五次的提议，笔者觉得他们的建议可能有一些意义。

　　直接下决心编写这本教材的动力，是有个学员用商务英语的课程举例子，彻底说服了笔者。从小学开始英语就是主要课程之一，围绕一门语言的各个方面进行研究、练习。但是在英语课程之外，还有一门课程叫商务英语，这门课程摒弃了一般英语课程的研究方向，专门围绕商务函电、谈判要则等需求组织课程和训练，而这种急学先用的课程，对我国的外贸人才培养起到了重要的推动作用。受这个启发，笔者就想如果针对高级管理人员工商管理硕士（EMBA）的学员开发一门商务刑法的课程，可能会比刑法学对他们来讲更有价值，基于这个考虑，笔者就开发了这门课程。试讲几次之后，颇受学员的欢迎。现在笔者将这些课程汇总，形成了这本教材，抑或叫作讲义：《商务刑法》。

　　从已知的情况看，这是第一次提出"商务刑法"这一概念，第一次以

"商务刑法"命名教材，以笔者自身学识之浅陋，来驾驭这样一个颇具挑战和创新性的题目，必然有各种粗糙、疏漏乃至谬误之处，希望多方不吝赐教、广提意见，共同将这本讲义打造成实用、有价值的教材，共同将这门课程打造成实用、有价值的体系。

杜　猛

2019 年 3 月 3 日

目　录

绪 论

商务刑法是一门关注商务实践和刑法的课程。其准确的表述应当是——商务行为的刑事法律风险防范，这门课程最开始也是这样命名的。但是，这种命名方式不符合作为课程标题简洁易记的要求，因此，参考《商务英语》之于《英语》的命名方式，将这门课程命名为《商务刑法》。

一、刑事风险是商业成败的关键性因素之一

100-1=99，这在数学上毫无争议。但是，在商业论述中，我们常常会看到一种耸人听闻的标题：100-1=0。那么，这个1一定是一个涉及商业成败的关键性因素，如果这个因素出了问题，会导致一个商业行为全盘皆输。因此，我们要关注这种情况，要思考有哪些关键性因素。

当然，在不同的阶段、不同的环境下，有不同的关键性因素。例如，商业项目负责人的生命、融资期间的资金流等。但是，笔者想提醒的是，有一种情况，本应引起我们的格外关注，但是到目前为止，似乎还没有引起足够的重视，即这门课的主题：商务刑法——商务行为的刑事法律风险防范。

笔者认为，目前商学院的课程关注的方向往往是如何把企业做大做强，把产品做精做好，而缺乏刑事法律风险防范意识，即使提到风险，往往只是作为商学课程体系里面的一小部分，是其中的一个章节、一个补充，而且更多的是关注经营风险而非法律风险，更别提刑事法律风险了。而笔者认为，商务行为中的刑事法律风险防范，是关键因素之一，不应该简单地只占据一个角落。

二、不期而遇的刑事法律风险

笔者的职业是经济犯罪侦查，因此对这个话题格外有感触。在工作中，我们经常会遇见这样的情况：相当多的企业家、高管根本就不知道自己的行为已经触犯了刑事法律，直到"出事"后，才意识到问题的严重性。他们会解释说，真的不知道自己的所作所为已经涉及犯罪。但是要注意，刑法从来不以是否知道是否构成犯罪作为评判的标准，只关注所作所为符合了刑事犯罪构成的要件，所谓的不知者不为罪在刑事案件中是不成立的。

例如，虚开发票，根据笔者的经验，相当多的高管根本不知道这是犯罪行为。比如下列场景的对话：

财务人员请示：老总您看这个账做不平了，怎么办啊？
老总：那就找几张票做平吧。
财务人员建议：您看我们是不是要找几张票，把这个账做平。
老总：好！你具体落实吧。
警察：你好，我们是＊＊公安局的民警，你涉嫌虚开发票犯罪，我们现在要对你依法讯问。
老总：唉？不就开了几张票吗？最多税务局查查，补补钱就完事了呗！

一般来说，企业高管不会去实际参与虚开，但是如上文的情形，老总的说辞表示知情并且同意，那么老总就涉嫌犯罪，有可能面临刑事处罚。

类似的例子还有很多，可能一些不经意间的举动，已经踏入了犯罪的深渊，而更可怕的是，作为企业管理者，可能还浑然不知。而这种错误，可以说就是关键性、颠覆性错误。

当然，我们要看到，即使是经济犯罪，大多数也是制假售假、坑蒙拐骗之徒，明知故犯、丧尽天良之辈，用他们的话说，抱着侥幸的心理，血赚三年死刑不亏。但是这些人绝不是商务刑法这门课程关注的对象。商务刑法这门课程关注的，是那些不是出于侥幸，而是纯粹由于对刑事法律理念匮乏而不知不觉陷入法律风险的商务从业人员。

三、"商务刑法"概念的提出

世上本没有"商务刑法"这个概念，但是，无数残酷的事实告诉我们，是时候将商务行为中各种不期而遇的刑事法律风险汇总了。于是，就有了"商务刑法"这个提法。

第一，本书会简要地、概括性地讲解和商务风险相关的刑法知识，但是不会按照给法学专业学生讲授规范法学教科书那样，详细分析、辨别各种概念之间的细微差别，以及各种思想的来源、流变。本书的目标是告诉受众一个基本的轮廓和红线。作为一个守法的商人，知道哪些是红线，需要引起注意，远远绕开，不要逾越就足够了。至于逾越之后各种罪名的辨析、刑罚的选择，可能在部分章节也会有所体现，但这绝不是本书关注的重点。

第二，本书主要研究在商务行为中的刑事风险，以及如何规避这些刑事风险。主要分为总论、原则和类罪分析三大部分。总论部分介绍了刑法、刑事诉讼法相关原则、重要规则以及对应的重要司法解释；原则部分介绍了商业行为中应当遵循的基本规则，以及基于扩张、并购等商业行为可能涉及的法律风险；类罪分析则以类似的刑法罪名为线索，详细分析了各类罪名的构成。

第三，本书定位是商学和刑事法学的交叉课程。商务刑法可以说是庞大商学的一个细小分支，也可以说是庞大刑事法学的一个细小分支。但其既不是完全从属于商学的部分，亦绝非刑事法学的附庸，而是有其独立价值体系、研究方法的交叉学科。

四、商务刑法和刑事法学、商学的关系

刑事法学是研究有关犯罪及其法律后果的一切问题的学科，其研究对象包括刑法哲学、刑事规范、犯罪成因与对策、刑事诉讼、刑罚执行等内容。当然还可以包括后来逐渐独立的犯罪学、监狱学、刑事侦查学、比较刑法学、刑法史学等内容，是一个非常宽泛的学科，用"博大精深"来形容，毫不为过。商学的目的则是培养在商业环境中能创造价值的人，这也是一个内涵和外延非常广泛的概念，包括理解商业环境（尤其是在这个巨变的时代）、认识并创造价值、实现人格的自我完善。因此，实在是无愧于"范围广泛"的称谓。

但是，这并不意味着刑事法学和商务刑法是完全的包含与被包含的关系，也不意味着商学和商务刑法是完全的包含与被包含的关系。就笔者个人的理解，商务刑法并不能简单地看作是刑事法学或者是商学的一个分支，而更像

是一个刑事法学和商学的交叉学科。其理由如下：

第一，三者哲学基础不同。刑事法学的哲学基础，是刑罚的来源、合理性、必要性的问题。商学的哲学基础，是商业社会价值的最大化。而商务刑法的哲学基础，既不是商业价值的最大化，也不是论证或质疑刑罚的必要性，而是在前二者既定的条件下，规避各种刑事风险。因此，商务刑法极少探讨应然性、原理性的概念，也无意参与学术争论，而是把更多的精力放于实然性的解释。

第二，三者研究对象不同。刑事法学的研究对象包括刑法本身、刑罚、立法、司法解释、适用的规律、经验与问题等。商学的研究对象是商业现象、规则、利润来源等。而商务刑法的研究对象是在商务行为中可能遭遇的刑事风险。换句话说，商学、刑事法学研究的是商业、刑法本身，而商务刑法研究的是如何在商业行为中避免"惊动"刑法。因此，和刑法学比起来，商务刑法不关心刑罚，而只关注和商事行为相关的刑事规则；和商学比起来，商务刑法不研究商业规律，而侧重探讨商业实践中可能遇到的刑事风险。

第三，三者受众不同。刑事法学的受众主要包括法学家、法律实务工作者。商学的受众主要是经济学家、商业从业人员。而商务刑法的受众，偏重商业从业、实操人员，特别是法人、高管、企业主、股东、董事、监事等管理人员，而极少关注学术领域。

五、商务刑法的几个特点

第一，树立了全新的观察视角——商务行为可能触及的刑事问题。因为这一视角，本书关注的重点也和刑法学不完全一样。具体来说，一是彻底抛弃了对刑罚的讲述（在刑法学中，这是很重要的一部分内容，占据总论的半壁江山），因为我们的目的是"不战而屈人之兵"，是远离刑事红线，而不是去研究越界之后的处罚区别。二是不关注刑法中关于自然犯罪的研究（这是刑法最主要的研究方向，占据了刑法分论的大半壁江山），甚至很少关注那种刻意的经济犯罪（例如生产、销售伪劣产品罪、走私罪等），而是紧紧聚焦于正常商务行为中容易触犯刑法的行为，且并不限于经济犯罪（例如行受贿等）。

第二，直接针对实务，放弃从法理层面探究应然性和过于抽象的问题。例如，本书没有探讨刑法适用人人平等理念的由来、演化，也没有探讨罪刑法定原则的确定在历史上的进步意义，只是简明扼要、直截了当地告诉学员，刑法适用人人平等这一原则带来的实务执行中的要求，罪刑法定原则要求法无明文规定不罪不罚在实务中如何运用。这样的好处是具备了较强的实用性，缺点则是深度不足。在初稿中，笔者作了庞杂的规划，字数一度达到了 40 万字，但是，这样看来，似乎也不符合成书本意。俗话说甘蔗没有两头甜，几经易稿，最终还是舍弃了深度，确保实用性，并将字数严格控制在 10 万字左右。

第三，糅合实体法和程序法，即刑法和刑事诉讼法。例如，在总论的原则部分，笔者既讲刑法的三大原则，也讲刑事诉讼法的原则。但是，刑事诉讼法的原则比较多，笔者总结了笔者认为对商务实践理解最重要的六点，而且，这六点的总结也不是根据刑事诉讼法法条的总结，而是糅合了不同的法条之后归纳出的原则，例如，将《中华人民共和国刑事诉讼法》第 3 条至第 8 条统一归纳为"公检法三家互相制约、互相配合原则"。并且，不贪大求全，例如，放弃了"使用本民族的语言原则"等细碎的原则。

六、商务刑法的研究方法

商务刑法要充分借鉴商学、刑事法学的研究方法，也要探索自己特有的研究方法。

首先，要运用历史的、发展的观点研究商务刑法。商学和刑事法学都特别敏感地反映着社会构造或者社会意识的变化，因此，既要充分了解商业实践中的实际操作手法和演变过程，也要充分了解制定刑法、修正刑法的历史背景和社会的发展变化。同时，商务刑法的研究要充分借鉴"小步快跑、快速迭代"的方式进行自我更新，以适应这个飞速发展的社会。

其次，要运用理论联系实际的方法研究商务刑法。实践是商务刑法理论的源泉、发展动力与检验标准。商务刑法是一门实践性相当强的应用型学科，学习商务刑法就是为了规避商业行为中的刑事法律风险，其效果也只有在具体运用中才能得到检验、丰富与发展。因此，要联系中国国情、中国的商业环境与刑事立法实践学习商务刑法。

再次，要使用比较研究云研究商务刑法。亦即探究不同时期、不同地域的商业规则、刑法规则，剖优析劣，评利述弊，从而做到吸取精华、排除糟粕。当然，无论对任何时期、任何地域的商务行为和刑事法律的社会作用与效果进行考察、研究，都应立足于我国的现实，从而使商务刑法理论与社会发展相协调，并且促进社会的发展。

最后，要充分使用案例研究法研究商务刑法。商务刑法的实践性相当强，运用典型涉商刑事案例研究，是理论联系实际的良好途径。运用典型案例研究商务刑法，既可以更加牢固地掌握理论，还可以通过疑难、复杂案例去发展商务刑法理论，从案例中抽象出商务刑法的一般规则，总结商务行为、刑事司法的动态，评析判决的得失。

理论是灰色的，而生命之树常青。笔者希望并且坚信，商务刑法绝非灰色晦暗、嚼之无味的干巴巴的理论，而是随着社会发展而自我茁壮成长的长青之树。

是为绪论。

建立商务刑法视角

在开始《商务刑法》之旅前，我们首先要建立全新的观察视角——商务行为可能触及的刑事问题。也正因为这一视角，《商务刑法》关注的重点和传统的刑法学不完全一样，不关注刑罚和自然犯罪。首先我们构建符合《商务刑法》的法律视角，然后在这一视角下分析法律之间的冲突和调解，最后介绍商务刑法的法律渊源。

第一节　以商务刑法的视角构建法律体系

法的一般分类是指世界上所有国家都可适用的法的分类，根据不同的标准，有不同的分类方法。主要有下列几种类型：成文法和不成文法、实体法和程序法、根本法和普通法、一般法和特别法、国内法和国际法、公法和私法、普通法和衡平法、联邦法和联邦成员法。

各种分法有各种分法的侧重和优势，根据商务刑法课程的需要，按照商务刑法的视角，可以将我国的法律分为四类：第一类是规定原则问题的根本法；第二类是保证社会运行的本位法；第三类是以刑法为主体的后盾法；第四类是处理跨国事务的国际法。

这个分类方法，最主要的目的是告诉大家，虽然有成百上千各种各样的法律规范，但是，其他的法律都不具备刑事强制性。于是我们可以看到，很多社会法的法条的后面会加上一句兜底的话："违反本法规定，构成犯罪的，依法追究刑事责任。"依的就是刑法。可见，刑法就是这些法律的后盾法。

那么，如何理解这四大类法律呢？

规定原则问题的根本法，我们都知道，宪法是国家的根本大法，它规定了国体、政体和指导思想、基本原则方面的内容。但是，根本法不仅包括宪法，还包括所有宪法性法律。所谓宪法性法律，简单地说，就是除宪法之外的、规定国家根本问题的法律。例如，民族区域自治法等。宪法性法律规定的各种原则，一个突出的特点就是没有审判的可操作性。就好像企业的使命、价值观、战略等这种看起来虚，但实际上一点也不虚的东西一样，宪法性法律实际上是决定一个国家最根本的精神气质的法律，是一切法律的渊源，是法律的法律。但是，以宪法为代表的宪法性法律在具体案件审理中是不能作为法律依据的，也就是说，不能依据宪法条文来裁判具体案件。当然，严格地说，我国确实有一次依据宪法条文裁判了案例，但是，那是第一次，也是最后一次。

保证社会运行的本位法，我们可以用排除法来理解，在商务刑法课程体系里，只要不是宪法类法律、刑事类法律和国际法的，统称本位法，包括各种法律、行政法规、司法解释、地方性法规、地方规章、部门规章及其他规范性文件，或者可以这样理解——所谓的本位法，就是国内社会（区别于国际法）正常运行（区别于刑法）所需的一切具体的法律（区别于宪法）。

以刑法为主体的后盾法。一般情况下，社会可以依据民商法和广义的行政法正常运行。但问题是，这些本位法对严重越界的违规者缺乏震慑力和制裁力。这个时候，就需要刑法了。所以，可以简单地理解，刑法是本位法的后盾法，社会正常运行的时候，无需刑法出面，但是出现了严重的越界行为，则需要刑法出面。

处理跨国事务的国际法。国际法和国内法完全不一样。国内法的基本特点是由最高权力机关立法，国家以强制力确保执行。但是国际上不存在超越主权国家之上的立法机关来制定法律然后强加于各国，所以，国际法是国家间协议制定的。这是国际法最根本的特点，国际法的其他特点，都可以说是这个特点的引申。

国际法包括国际公法和国际私法。国际公法，就是国与国之间协商的，规范国与国之间的关系、权利义务的一系列章程、条约、公约、习惯等，这些东西构成了国家间的法律体系。也就是说，国际公法是确确实实存在的各种各样的成文的规范，比如《联合国宪章》《维也纳条约法公约》，用这些成文的规范来约束各个成员。

需要对比了解的是，国际私法并没有成文的规范。即国际私法并不是一套或几套成文的法律，而是一个规则指引，把一个跨国民商行为，指引到具体的某国，然后用这个国家的国内私法来解决问题的规则。例如，甲国人在乙国办事，发生后果于丙国，根据国际私法的某项原则，确定指引到丙国，则根据丙国的私法处理；或者根据另一规则，将这件事指引乙国，则按乙国的私法处理。

　　章节总结：了解我国的法律体系。按照商务刑法的视角，可以将我国的法律体系划分为根本法、本位法、后盾法和国际法四大类。根本法是宪法性法律，是法律的法律，但其条文不能作为裁判规则；本位法包括私法和广义的行政法，保障社会正常运行；后盾法就是刑事相关法律，处理越界行为；国际法可以分为国际公法和国际私法，国际公法是国家间的协议，国际私法是指引规则。

第二节　法律的冲突与调解

　　上万条法律法规，难免有发生冲突的时候，那么，这些冲突如何调解呢？一般而言，要根据制定主体和适用范围这两个方面来调解法律冲突，具体而言，有如下几种调解方案：

　　第一，上位法优于下位法。等级高的主体制定的法，效力自然高于等级低的主体制定的法。根据宪法和组织法的有关规定，宪法是具有最高效力的根本大法，位于法的效力层次的最高层（顶尖），以下依次是法律、行政法规、地方性法规、政府规章等。它们由不同级别的制定主体制定，因而具有不同的效力，形成一个法的效力等级体系。刑法的法律效力低于宪法，如果某条刑法实质性违宪，则宣告无效。

　　在各个法的体系中，法的效力层次要贯彻以下两个规则：①在整个法的效力层次体系中，宪法是具有最高效力的，不仅是仅低于宪法的法律，其他所有法的效力都要服从宪法、遵守宪法。②除宪法的效力统摄所有法的效力之外，上一级法的效力均高于下一级任何一种法的效力。比如，法律的效力高于行政法规、地方性法规、部门规章和政府规章的效力；行政法规的效力则高于地方性法规、部门规章和政府规章的效力。因此，当下级法同上级法相抵触时，就不能适用下级法。这就是法的效力层次的一般规则。

　　第二，特别法优于一般法。"特别法优于一般法"是针对同一制定主体制定的法而适用的一个法的效力层次的特殊规则，对于不同主体制定的法仍应坚持法的效力层次的一般规则。之所以要对同一主体制定的法实行"特别法优于一般法"，是因为特别法一般是针对特别人、特别事或特别地域而专门制定的，它的内容是一般法所没有涉及或一般法虽有涉及但较原则、笼统、抽象等，因此，在针对有关人、事、地区时，要适用特别法，而不适用一般法。此外，有些特别法如戒严法等，是适用于特定时间内（如宣布戒严时期内）的法，一般法无法满足这一特定时间内的要求，因此，必须适用特别法。

第三，新法优于旧法。"新法优于旧法"这一特殊规则也是针对两个具有同等级别效力的法律所适用的规则。这里有两种情况：一是当新法颁布后，旧法被废止，失去效力，自然要适用新法；二是新法虽颁布，但旧法并未被废止，仍继续有效力，如果两部法所涉及的内容有相同或相似性时，应适用新法。因为一般而言，新法都是由于旧法不能适应新的发展变化了的情况才制定和颁布的。因此，新法在内容上肯定同旧法有极大差异，并且更加适应新的形势要求。在这种情况下，就应适用新法。但这一规则仍不能适用于不同主体制定的不同等级的法的效力。

需要注意的是，以上两种方案所述特别法优于一般法及新法优于旧法的原则适用的前提是"同一机关制定的法"。

第四，地方性法规、规章之间不一致的，依照《立法法》[1]的相关规定的权限作出裁决。①同一机关制定的新的一般规定与旧的特别规定不一致时，由制定机关裁决。②地方性法规与部门规章之间对同一事项的规定不一致，不能确定如何适用时，由国务院提出意见，国务院认为应当适用地方性法规的，应当决定在该地方适用地方性法规的规定；认为应当适用部门规章的，应当提请全国人民代表大会常务委员会裁决。③部门规章之间、部门规章与地方政府规章之间对同一事项的规定不一致时，由国务院裁决。④根据授权制定的法规与法律规定不一致，不能确定如何适用时，由全国人民代表大会常务委员会裁决。

---

〔1〕《立法法》，即《中华人民共和国立法法》。为表述方便，本书中涉及我国法律文件直接使用简称，省去"中华人民共和国"字样，全书统一，后不赘述。

第三节　商务刑法的渊源

渊源，其本意指源流，深水的源头，比喻事物的本源。但是，在法律领域，当我们说"渊源"一词时，往往指的并不是该法律历史上的来源、本源，而是强调其发生效力的文本来源。商务刑法的渊源主要有两部分，一是实体法渊源，即刑法的渊源；二是程序法渊源，即刑事诉讼法的渊源。

一、实体法渊源

刑法的渊源，或刑法的法律渊源，按照罪刑法定原则的要求，主要由以下三部分构成：

第一，刑法典。这是刑法最主要的渊源。我们国家没有将刑罚规则散落于各种社会法中（如日本），而是集中编纂刑法，这是立法上的一个重要特点，也是刑法最主要的渊源。这里特别要指出，刑法修正案是立法机关对刑法所作的修正和补充。如1999年12月25日全国人民代表大会常务委员会通过的《刑法修正案》，关于修正案，有些学者认为其是作为独立的刑法渊源存在的，但商务刑法认为，刑法修正案一经颁布，均注明条款的修改，因此，其系刑法的修正，依附于刑法，成为刑法不可分离的一个组成部分，而非独立的刑法渊源。

第二，单行刑法。单行刑法是指刑法以外的，由国家立法机关制定的适用特定范围的刑法规范。虽然现行刑法已将1979年《刑法》实施期间的特别刑法，如全国人民代表大会常务委员会制定的《关于严惩拐卖、绑架妇女、儿童的犯罪分子的决定》等23个决定或补充规定的刑事部分吸收到现行刑法典之中，未吸收到刑法中的刑事部分已于1997年10月1日起失效，但特别刑法作为刑法的一种渊源，则是不容置疑的。1998年12月29日全国人民代表大会常务委员会通过的《关于惩治骗购外汇、逃汇和非法买卖外汇犯罪的决定》，就是最重要的单行刑法。

第三，中国承诺的国际约定，即中国缔结和参加的国际条约中的刑事规范和司法准则。国际条约是指两国或多国缔结的双边或多边条约和其他具有条约性质的文件。伴随着犯罪的国际化，对我国具有效力的刑事公约和司法准则，也属于我国刑事法律的组成部分，是刑法的渊源之一。

需要说明的是，在有些学者的论述中，附属刑法亦是刑法渊源之一。商务刑法认为，所谓附属刑法，是指非刑法、亦非单行刑法中的刑法规范，即由立法机关颁布的其他法律中所规定的有关犯罪与刑罚的条款。在某些国家，尤其是将刑罚散落于各类法律之中的国家，它也是刑法的渊源之一。但是在我国，新《刑法》颁布后，经济法、行政法法律中的一些条款，只是形式上重申了刑法的相关内容，一般表述为"构成犯罪的，依照刑法追究刑事责任"，而没有对刑法作实质性的解释、补充和修改，因此，这些规定很难称得上是附属刑法。

最后需要强调的是，刑法是历史阶段的产物。不同国家在不同的历史发展阶段，或同一国家在不同历史发展时期，刑法的渊源都有可能不同。如法学家对刑法的各种学理性说明、解释和理论阐发，在古希腊、古罗马时代则可成为具有法律效力的法的渊源之一。此外，社会制度，法的阶级本质，国家政体结构，特定社会的政治、经济、道德、文化传统、宗教、科技发展水平，法的创制技术等，都会对刑法的渊源产生影响。而将目光聚焦在我国，则刑法的渊源只有刑法、单行刑法和承诺的国际约定。

二、程序法渊源

刑事诉讼法的渊源是指刑事诉讼法的表现形式，是刑事诉讼法律规范的存在形式或载体。我国刑事诉讼法的法律渊源有以下几种：宪法、刑事诉讼法、有关法律、有关法律解释、有关行政法规、规定。

宪法作为根本法，是其他法律、法规赖以产生、存在、发展和变更的基础和前提条件，是一个国家法律制度的基石，是公民权利的保障书，是依法治国的前提和基础。同样，刑事诉讼法的制定和修改，也必须以宪法为根据。通过制定刑事诉讼法，将宪法中有关刑事诉讼程序的抽象的法律规范变为可操作的、具体的刑事诉讼法的法律条文，使宪法精神具体化。《刑事诉讼法》第1条明确规定，"根据宪法，制定本法"。《宪法》规定的如国家维护社会秩序，镇压叛国和其他危害国家安全的犯罪活动，制裁危害社会治安、破坏社会主义经济和其他犯罪的活动，惩办和改造犯罪分子（第28条），被告人有权获得辩护（第130条）等内容，都在刑事诉讼中得到了体现。在现代法治国家，刑事诉讼法被称作"宪法的适用法""应用宪法""国家基本法之测震器"，刑事诉讼中的人权保障被提升到宪法的高度。在我国，这方面的研究仍较薄弱，应当着重从宪法的高度来关注刑事诉讼，关注刑事司法。

1979 年 7 月 1 日通过的，1996 年 3 月 17 日修正的、随后又不断修正的《刑事诉讼法》，是我国刑事诉讼法主要的法律渊源。

有关法律指全国人民代表大会及其常务委员会制定的法律中有关刑事诉讼的规定。其中，比较重要的有《刑法》《人民检察院组织法》《人民法院组织法》《国家赔偿法》《监狱法》《律师法》等。

有关法律解释主要是指 1998 年 1 月 19 日公布的最高人民法院、最高人民检察院、公安部、国家安全部、司法部、全国人民代表大会常务委员会法制工作委员会《关于刑事诉讼法实施中若干问题的规定》、1998 年 9 月 2 日公布的最高人民法院《关于执行〈中华人民共和国刑事诉讼法〉若干问题的解释》（以下简称"最高人民法院《解释》"）、1999 年 1 月 18 日公布的《人民检察院刑事诉讼规则》、1998 年 5 月 14 日公布的《公安机关办理刑事案件程序规定》。

有关行政法规、规定指国务院制定的法规和主管部、委、局制定的规定中有关刑事诉讼法的规定，如国务院制定的《看守所条例》等。

有关国际条约。中国目前加入的与刑事诉讼有关的国际条约有《禁止酷刑和其他残忍、不人道或有辱人格的待遇或处罚公约》《联合国少年司法最低限度标准规则（北京规则）》以及《公民权利和政治权利国际公约》。当然，依据最高人民法院《解释》第 317 条的规定，中华人民共和国缔结或者参加的国际条约中有关于刑事诉讼程序具体规定的，适用该国际条约的规定。但是，我国声明保留的条款除外。

刑事法律的九大基本原则

本章介绍刑事法律中的九大基本原则。关于刑法的基本原则，学界基本没有争议，即三大基本原则——罪刑法定原则、平等原则和罪罚相当原则。但是，刑事诉讼法的基本原则，标准不一，往往会总结出十几条乃至几十条基本原则。商务刑法去繁就简，总结刑事法律（包括实体法刑法和程序法刑事诉讼法）九大基本原则。

第一节　刑事法律基本原则的概念

刑事法律的基本原则，是指贯穿于全部刑法、刑事诉讼法规范、对刑事立法和刑事司法具有普遍指导意义的基本准则。以此界定，罪刑法定原则、适用刑法人人平等原则、罪责刑相适应原则是由我国刑法所确认的三大基本原则。而国家追诉原则、控审分离原则、无罪推定原则、公正审判原则、禁止双重危险原则、不得强迫自证其罪原则则是贯穿刑事诉讼法的六大基本原则。

第二节　罪刑法定原则

罪刑法定原则，也称罪刑法定主义，其基本精神是：法无明文规定不为罪，法无明文规定不处罚。换言之，什么样的行为构成犯罪，对构成犯罪的行为应当如何处罚，必须由刑法预先明文规定，刑法上没有明文规定的行为，不得定罪处刑。用一句刑法格言来表述，就是"没有法律就没有犯罪，没有法律就没有刑罚"。我国《刑法》第3条明确规定了罪刑法定原则："法律明文规定为犯罪行为的，依照法律定罪处刑；法律没有明文规定为犯罪行为的，不得定罪处刑。"

由罪刑法定的基本含义所决定，罪刑法定又有以下四个派生原则。

（1）排斥习惯法。根据罪刑法定主义的要求，刑法的渊源只能是由立法机关通过的成文法，法院对行为人定罪判刑只能以规定犯罪和刑罚的成文法律为根据，而不能根据习惯法。这是"法无明文规定不为罪""法无明文规定不处刑"的当然结论。

（2）禁止重法溯及既往，刑法无溯及效力，即不允许根据行为后施行的刑事法律处罚刑事法律施行前的行为，这是罪刑法定的应有之义，通常也称为"事后法的禁止"。如1810年《法国刑法典》第4条规定："不论违警罪、轻罪或重罪，均不得以实施犯罪前未规定之刑处罚之。"这是因为行为人只能根据已经施行的法律来规范自己的行为，预测自己行为的后果。所以，罪刑法定主义要求，必须预先由法律规定犯罪与刑罚并公之于众，以便人们知晓遵循。

但是，由于罪刑法定以保护人权，特别是以保护行为人的权利为宗旨，因而从"有利于被告人"的原则出发，禁止的是重法溯及既往，即在行为时法与裁判时法有变更时，裁判时法如果是重法，没有溯及力；如果是轻法，则有溯及力。1871年《德国刑法典》第2条第2款规定："从所犯之时到判决之间，有法律之变更时，适用最轻法律。"根据1935年6月26日法律，该款改为："判决时施行的法律如较行为时施行的法律为轻，得适用较轻的法律；案件判决时，如此行为依法律已不处罚，得免予处罚。"尔后，轻法溯及得到广泛的认可。

（3）禁止有罪类推，类推解释是对于法律没有明文规定的事项，援用关于同它相类似的事项的法律进行解释。按照罪刑法定主义的要求，行为被认为是犯罪和应受处罚，必须依据事先由法律明文所作的规定。而类推解释则是对法律没有明文规定的事项创造法律，是由法官立法，从而超越法官的权限，导致法官恣意适用法律，侵害个人的自由权利，显然有悖罪刑法定原则。同样，罪刑法定禁止的是不利于被告人的有罪类推，如果类推有利于保障个人自由，符合罪刑法定主义精神，应该允许。

（4）禁止绝对不定期刑。罪刑法定主义的内容，包括犯罪的法定与刑罚的法定，所以法定性的原理不仅适用于犯罪，而且适用于刑罚。只规定行为应受处罚，或者虽规定刑种但未规定刑度，将具体的刑度委任给法官进行裁量的刑事法律，即规定"绝对的不定期刑"的刑事法律，是不允许存在的。与此相对，只确定上限与下限的"相对的不定期刑"，只要其范围没有不当地扩大，就被认为是合法的。因为符合某种具体犯罪构成的行为，在现实中呈现极大差别，无论是行为的客观方面还是主观方面，都是如此。如果要确保刑法平等原则的实现，就必须依据案件的具体情况来决定具体适用的法律措施。因此，在法定刑问题上，为了使刑罚能符合具体案件的实际情况，在规定法定刑时就必须为法官进行合理判断留下一定的空间。当今世界各国刑法，原则上都采取"相对确定的法定刑"（相对的不定期刑）制度，"绝对确定的法定刑"虽也存在，但只是针对个别情节作出的规定，只作为一种例外。

第三节　适用刑法人人平等原则

　　法律面前人人平等是我国宪法确立的社会主义法治的基本原则。《宪法》明确规定，任何组织和个人，"都必须遵守宪法和法律""都不得有超越宪法和法律的特权""一切违反宪法和法律的行为，必须予以追究"。为了使这一原则得到贯彻执行，我国一些基本法律也规定了这一原则，如《刑事诉讼法》《民事诉讼法》都规定了公民在适用法律上一律平等。《刑法》作为一部和人民的生命财产息息相关的重要法律，更应贯彻这一原则。《刑法》第4条规定："对任何人犯罪，在适用法律上一律平等。不允许任何人有超越法律的特权。"这就使宪法确立的法律面前人人平等原则，结合刑法的具体内容，化为适用刑法人人平等这样一项刑法基本原则。

　　适用刑法人人平等原则的基本含义是：对任何人犯罪，不论犯罪人的家庭出身、社会地位、职业性质、财产状况、政治面貌、才能业绩，都应一律平等地适用刑法，依法定罪、量刑和行刑，不允许任何人有超越法律的特权。

　　平等就是社会主体在相同的情况下处于同等地位，具有相同的资格、相同的发展机会和相同的待遇。具体而言，就是完全处于同一标准与水平，被同样对待。那么，刑法的平等也要求"同样情况，同样对待"。具体包括定罪上一律平等、量刑上一律平等、行刑上一律平等、保护上一律平等基本内容。

　　（一）定罪上一律平等

　　定罪平等是指当行为符合刑法某一犯罪构成时，不论行为人出身、地位、财产状况，都应当平等地依法定罪，不能因为行为人身份、地位的不同，离开刑法的规定而"出入人罪"。一切特权对定罪标准的影响，都为平等原则所不允许。例如，《刑法》第6条第1款规定："凡在中华人民共和国领域内犯罪，除法律有特别规定的以外，都适用本法。"这表明只要触犯刑律，都要适用刑法，受到法律制裁。

（二）量刑上一律平等

量刑平等是指犯同样罪行的人，判刑或不判刑，选择何种刑罚，判处多重刑罚，必须采用法定的统一量刑标准，不得在法律之外，因行为人的出身、地位、财产的不同而减轻或加重处罚，以做到人不分官民、财无分多少、地无分南北一律平等。我国刑法规定的所有量刑原则，对每个犯罪分子均有依法使用的平等机会。如凡是累犯的，都应平等地从重处罚。属于中止犯，没有造成危害的，都应平等地依法减轻处罚。

（三）行刑上一律平等

行刑平等是指判处同样刑罚的人，应当依法受到相同的待遇，不得在法律之外，因地位、金钱等不同而受到优待和苛待，也就是说，给予相同或相似条件下的每个罪犯以相同的减刑、假释机会，承认罪犯没有被法律剥夺的、应有的做人的权利。只有行刑官员依法办事，平等合理地对待每一个受刑人，才是对平等原则最忠实的遵循。我国刑法所规定的减刑制度、假释制度，对犯罪分子有着平等的机遇和平等的标准。如符合假释条件的，应平等地予以假释；对于不符合假释条件的，也应平等地不能予以假释。

（四）保护上一律平等

保护平等是指刑法平等地保护每个公民所应享有的权利。对于无罪的人，平等地保护他们不受刑事法律的追究；对于受害人，在刑法规定的范围内，平等地依法予以精神或物质补偿；对于犯罪嫌疑人、被告人和罪犯，平等地保护法律赋予他们的诉讼权利、人身权利及其他权利。

总之，适用刑法人人平等，根本一条，就是必须做到不论何时、何地，针对何人，都必须一视同仁，持之以恒地坚持统一的法律标准、统一的法律程序定罪量刑，坚决反对特权。

第四节　罪责刑相适应原则

我国《刑法》第5条规定："刑罚的轻重，应当与犯罪分子所犯罪行和承担的刑事责任相适应。"这就是我国的罪责刑相适应原则,其基本含义是:犯多大的罪,就应承担多大的刑事责任,法院也应判处其相应轻重的刑罚,做到重罪重罚,轻罪轻罚,罪刑相称,罚当其罪。在分析罪重罪轻和刑事责任大小时,不仅要看犯罪的客观社会危害性,而且要结合行为人的主观恶性和人身危险性,把握罪行和罪犯各方面因素综合体现的社会危害性程度,从而确定其刑事责任程度,适用相应轻重的刑罚。罪责刑相适应原则具体可以分解为以下几个方面问题。

(一)刑罚与犯罪性质相适应

不同性质的犯罪,标志着各犯罪行为侵害、威胁的法益不同。这种不同,正是表明各种犯罪具有不同的危害程度,从而决定刑事责任大小的根本所在。危害人身权利的犯罪重于侵犯财产的犯罪,故意杀人罪重于故意伤害罪等,就是由各自的犯罪性质决定的。国家的刑事立法,首先着眼于罪质的不同。所以,审判机关在量刑的时候,也要首先确定与该犯罪的罪质相对应的法定刑是什么。认准了这一点,就在总体上为正确量刑提供了根本保证,即使在具体选择刑种、刑度时略有偏颇,也不致刑罚畸轻畸重。反之,如果罪质认定错了,那么,由此而选定的宣告刑,其悖谬的必然性及其严重程度就不言而喻了。所以,坚持刑罚与罪质相适应,是罪责刑相适应原则的必然要求。

(二)刑罚与犯罪情节相适应

案件定性正确,只是解决了正确选定法定刑的问题,不等于量刑的结果必然完全正确。因为在犯罪性质相同的犯罪中,不同案件的犯罪情节不尽相同,其危害程度也不同。要使刑罚真实反映形形色色的具体案件的危害程度,量刑就理所当然地还必须注意刑罚与犯罪情节相适应。我国刑法采取相对确定的法定刑,而且刑种、刑度的选择余地较大,其目的之一就是便于审判机关针对每一具体案件的犯罪情节和犯罪人的具体情况,分别裁量刑罚,使刑罚真正适应各自犯罪的具体情况。

犯罪情节这一概念具有多种含义,这里所说的犯罪情节,是指不具有犯罪构成要件的意义,却同犯罪构成的主客观方面有密切联系,反映主客观方面的情况或深度,从而影响罪行轻重的各种事实情况。正因为犯罪情节是反映罪行轻重的事实情况,因而对任何案件的量刑都是重要的。在刑法规定的不同层次的法定刑的犯罪中,分清各犯罪行为的情节属于哪个层次,对于正确量刑,意义尤为重要。例如,《刑法》第232条故意杀人罪的法定刑分为两个层次，而高低不同层次的选择，就是依犯罪情节轻重而决定的。正因为犯罪情节对决定刑罚轻重具有重要意义，故对案件中的各种犯罪情节必须全面考察，综合评价。

（三）刑罚与犯罪人的人身危险性相适应

犯罪人的人身危险性，是指犯罪人具有的不直接反映罪行的轻重，却可以表明他对社会的潜在威胁程度及其消长的本身情况，包括罪前的和罪后的情况。当今世界刑法思想，很注重刑罚对犯罪人未来再犯趋势的遏制作用。犯罪人罪前一贯品行较好或有劣迹、有无前科等，以及罪后自首或逃避罪责、积极退赔经济损失或隐藏赃款赃物等，虽然对他所实施的犯罪本身没有直接影响，却可预示其改造的难易程度和再犯罪的可能性大小。把这种人身危险情况作为决定刑罚轻重的根据之一，符合刑罚目的的需要。

综上所述，所谓罪刑相适应原则，就是以刑罚与犯罪性质、犯罪情节和犯罪人的人身危险性相适应为内容的原则。审判机关对任何犯罪决定刑罚时，都应当坚持这三个"适应"，全面衡量，不容偏废。当然，这三者的作用也不是等同的。其中，起主要作用的，应当是直接体现社会危害程度的犯罪性质和情节，而不是人身危险性；人身危险性只起次要作用。而且，作为量刑考虑因素的人身危险性，只有在二人实施了犯罪行为，被审判机关裁量刑罚的时候，才有意义。如果他的行为尚未构成犯罪，则没有必要对其人身危险性进行评价，审判机关也绝不应借口他具有人身危险性，而判处刑罚。

第五节　国家追诉原则

根据国家追诉原则，检察官代表国家向法院提出公诉，要求法院通过审判定被告人的刑事责任；检察官是否提起公诉，不以被害人的意志为转移。

人类社会早期实行的诉讼模式是弹劾制。在弹劾制中，由被害人一方向法院提起控告，不存在专司起诉的国家机关，而法院也只有在被害人起诉后才能受理案件，即实行"不告不理"原则。这一制度设计的出发点是把犯罪人对被害人的侵犯，看成是像民事诉讼那样的当事人之间的纠纷和讼争。随着国家职能的进一步强化，以及人们对犯罪看法的转变（刑事犯罪不再仅被看作是对被害人权益的侵犯，还被看作是对国家和社会利益的侵犯），纠问制诉讼模式开始出现，国家开始主动承担起追究犯罪的责任。相对于个人起诉，国家追诉更有利于有效惩治犯罪。首先，有很多无明确被害人的犯罪需要国家承担追诉责任。其次，在有明确被害人的案件中，被害人往往缺少收集证据、指控犯罪的能力，易受个人感情影响而缺乏客观精神，易因惧怕犯罪人而不敢起诉，易因贪图赔偿而自行"私了"，易因时过境迁而懒于起诉，但是，纠问制本身也存在着致命的缺陷：起诉权和审判权由同一国家机关行使导致控诉方力量过于强大且不受制约，裁判者无法中立，被告人往往沦为诉讼的客体、刑讯的对象。现代意义上的刑事诉讼，无论是当事人主义，还是职权主义，都在坚持国家追诉的同时实行控诉职能（由公安机关和检察机关行使）和审判职能（由法院行使）相分离，贯彻"不告不理"原则，保障裁判者独立、中立地行使职权，保障刑事审判客观、公正。

第六节　控审分离原则

控审分离原则是现代各国普遍实行的刑事诉讼原则。其主要内容是：

第一，刑事追诉权和裁判权分别由公安机关、检察机关和法院各自独立行使。法院不得实施侦查、起诉等追诉活动，而由在法院之外设立的公安机关、检察机关作为专门控诉机构，对符合法定条件的案件展开侦查和提起公诉。公安机关、检察机关承担刑事追诉职能，担当社会秩序维持者的角色，而法院则专门承担审理和裁判职责，担负维护法律和正义的责任。

第二，法院的审判必须在检察机关提出合法起诉的前提下才能启动。在开启审判程序方面，法院是完全被动的，没有正式的控诉请求，法院不得对任何刑事案件进行审判。即无控诉则无审判，"不告不理"。

第三，法院审理和裁判的对象和范围必须仅限于检察官的起诉书所明确记载的对象和范围，而不得审理任何未经起诉的被告人和行为。控审分离原则是针对纠问式诉讼中的"控审不分"的做法而提出的。它一方面有利于防止法官成为积极的调查者和充满先入之见的追诉者，成为当事人案件的裁判者，从而确保法官的中立性、超然性和被动性，使被告人得到公正的审判（因为法官一旦在诉讼中趋于追诉化，被告人的防御权就必然会受到大幅度的削弱甚至完全丧失，如果没有作为中立第三方的裁判者，法律意义上的辩护活动将失去存在的空间）；另一方面，控审分离原则在界定法院审判范围的同时，使被告人的防御有了明确的、具体的对象，便于被告人积极准备诉讼，维护自己的合法权益。

第七节 无罪推定原则

无罪推定原则最早出现在英国的普通法之中。1764 年，意大利法学家贝卡利亚在《论犯罪与刑罚》一书中从理论上对该原则进行了阐述。1789 年法国《人权宣言》首次在国家立法中承认和确立了该原则。随后，这一原则又在美国、德国、意大利、加拿大等国的宪法或法律中确立下来。第二次世界大战以后，联合国在包括《世界人权宣言》《经济、社会及文化权利国际公约》《公民权利和政治权利国际公约》等在内的很多人权保障公约或其他法律文件中均确立了这一原则。现在，无罪推定原则已经成为国际普遍适用的人权保障原则。

尽管各国在立法中对无罪推定的表述不尽相同，但其基本含义是一致的，即任何人在未被依法确定为有罪以前，应被推定或者假定为无罪。对此，可以作以下理解。首先，它是一种推定。任何人在没有被检察官起诉，充分证据证明有罪，并在法院通过合法、正当的程序作出有罪判决之前，应被推定为无罪，在法律上应居于无罪的地位，不能被当成罪犯来看待。于此，在刑事诉讼中，他应当拥有一系列旨在对抗国家追诉权的诉讼特权和程序保障，如有权获知被控的罪名和理由、有权获得律师帮助、不被强迫自证其罪等。其次，它是一种可以被推翻的推定。如果法官通过合法、正当的审判程序，认为检察官提出的证据已经充分证明被告人是有罪的，因此作出被告人有罪的生效判决，那么针对该被告人的无罪推定就被推翻，在法律地位上无罪的被告人就转化成罪犯。否则，无罪的"推定"将转化成无罪的"认定"，被告人应被释放。由此可见，无罪推定所设定的并不是任何事实，不等于无罪认定，而仅仅设定一种法律状态，一种具有暂时性、程序性的法律状态。这一法律状态仅存在于刑事诉讼程序中，一旦程序结束，则无罪推定或者转化为有罪认定，或者转化为无罪认定，此时就没有无罪推定存在的空间了。

在审判阶段，无罪推定原则要求：①法律已经推定被告人无罪，因此被告人不得被强迫自证其罪，也没有证明自己无罪的义务。②检察官负有证明被告人有罪的责任，并且这一证明责任是不可转移的。③疑罪从无。检察官有一定证据证明被告人有罪，但证据并不充分时，无罪推定没有被推翻，被告人应被宣告为无罪。

在刑事诉讼中，犯罪嫌疑人既然被推定为无罪，其人身自由应不被限制和剥夺，除非追诉方有证据证明其有犯罪行为，不对其采取强制措施会导致案件无法或难以追诉和审判，并经过司法审查和授权。

无罪推定原则对于确保被告人获得公正审判具有重大意义，在很多国家都被视为刑事诉讼制度的基石之一。作为对被告人在刑事诉讼过程中所处地位的保护性假定，它防止过早地和无根据地把任何人看成是罪犯。它要求检察官承担证明被告人有罪的责任，而被告人没有证明自己无罪或者有罪的责任，这就为国家追诉活动设下了障碍，使国家追诉机关本来强大的追诉权得到制约和平衡，有利于实现控辩双方的实质对等，使被告方可以有效参与刑事审判，积极影响案件结局。它还要求法官在审判过程中应排除对被告人先入为主的偏见，不得把被告人当成有罪的人来看待，保持中立无偏的态度，从而使被告人在审判过程中受到公正的对待。

第八节　公正审判原则

公正审判原则要求刑事审判程序本身应具备一些内在的"善"的品质，本身就是符合理性的。它是一种"过程"的公正。判断某一审判程序是否符合"公正审判原则"的要求，要看它能否使那些可能受到裁判结果不利影响的人有效参与到裁判的制作过程。公正审判原则的历史渊源主要有两个：一是英国的自然正义理论，二是《美国宪法》第5条、第14条修正案的正当法律程序条款。现在，一些国际人权公约也为刑事审判设立了最低限度的公正标准，概括起来，这些标准主要包括以下几个方面：

（1）参与原则：受刑事裁判直接影响的人应当有充分的机会、富有意义地参与刑事裁判的制作过程。基本要求是，程序参与者应在裁判制作过程中始终在场，应有充分的机会提出本方证据、发表本方观点，应有充分机会反驳对方证据和观点，裁判结论应建立在各程序参与者提出的证据和观点之上。

（2）中立原则：裁判者应在发生争端的各方参与者之间保持一种超然和无偏袒的态度和地位，而不能与案件有利害关系，不得对任何一方存有偏见，不能有先入为主的预断。

（3）对等原则：程序参与者应在参与法庭审判过程方面拥有平等的机会、

便利和手段，裁判者应对各方的证据和观点给予同等的重视和关注，并在制作裁判时将各方的观点都考虑在内。对等原则不仅要求程序参与者有平等的参与机会和权利，还要求对参与能力较弱的一方予以特殊关照，使其享有必要的"特权"，以基本实现实质上的对等。

（4）理性原则：审判程序的运作应符合理性的要求。法庭审判必须有一个冷静的、从容不迫的环境，法官在制作裁判之前必须进行全面、审慎的评议，法官的裁判必须以法庭调查和采纳的证据为根据，法官应明确陈述其据以制作裁判的根据和理由。

（5）及时原则：刑事程序应当及时地产生裁判结果。这一原则一方面要求审判活动不能急速地进行，否则程序参与者无法充分和富有意义地参与，法官也难以进行从容不迫的审理和冷静细致的评议，另一方面要求审判活动不能过于缓慢地进行，否则会使案件当事人的地位长期处于不确定状态，使法律关系无法稳定，并因长期陷于讼累而带来各种不必要负担。

（6）终结原则：刑事程序应通过产生一项最终的裁判而告终结。如果一项刑事审判程序永远没有终结之时，或者它可以随时无限期地被重新启动，那么被告人的刑事责任就永远得不到确定，这种审判程序的存在和运作也就失去了意义。但对于错判无辜的有罪判决，即便是终局判决，也应当改判。

第九节　禁止双重危险原则

英美法系国家普遍设立了禁止双重危险原则。该原则规定，任何人不得因同一行为而受到两次以上的刑事起诉、审判和科刑。具体说来，在由陪审团审判的案件中，陪审团一旦组成并作出了宣誓，在没有陪审团参与的案件中，当第一份证据被提出于法庭之上，或者第一个证人出庭作证之后，法院不论是作出无罪或者有罪判决，还是作出终结诉讼的裁定，被告人的同一行为都不得再受到重新起诉或审判。这一原则的理论基础是：国家不得运用其所拥有的资源和权力，对一个公民的一项犯罪行为实施反复多次的刑事追诉，从而达到定罪的结果；如果没有这一限制，被告人就会永远被迫生活在焦虑和不安全的状态之中，而且那些本来无罪的被告人受到定罪的可能性也会大大增加。因此，禁止双重危险原则的主要功能是防止国家滥用追诉权，从而保障公民合法权益。

与英美法系国家中的禁止双重危险原则一样，大陆法系国家中的一事不再理原则也有防止国家滥用追诉权的功能。根据一事不再理原则，法院的判决一旦生效，就产生了"既判力"，而一般情况下，既判的事实应视为真实，不论其正确还是错误，任何法院或法官都不能将其推翻。这样，判决生效后，国家的处罚权就已经耗尽，不得再对被无罪释放的人提起诉讼，也不得再对已被判刑罚的人再次追究。

不过，一事不再理原则和禁止双重危险原则在很多方面还是有很大不同的。比如，在一事不再理原则中，只有那些已经生效的法律判决，才具有既判力，才会发生一事不再理的效果，而在法院判决生效之前，只要控辩双方依法提起上诉，案件都会进入第二审程序，从而接受上级法院的重新审判。与此不同的是，禁止双重危险原则强调的是任何人不得使同一行为受到"双重危险"，即任何一个已经受过审判的被告人不得再受到第二次起诉和审判。另外，一事不再理的主要功能并不是防止国家滥用追诉权，而是通过防止法院对同一事实作出前后矛盾的裁判，以维护司法权的威信，保证法秩序的安定性。

第十节　不得强迫自证其罪原则

不得强迫自证其罪，又被称为不被强迫自证其罪、反对自证其罪、不受强迫自证其罪、反对强迫自我归罪、拒绝自陷于罪等。

其含义主要包括以下三个方面：一是在刑事诉讼中，强调一种平等对抗的诉讼关系，限制公安司法机关的权力，保护犯罪嫌疑人、被告人及证人的诉讼权利，反对非自愿供述，以彰显刑事法治精神；二是犯罪嫌疑人、被告人及证人享有保持沉默的权利，有权拒绝回答自陷于罪的提问，不受强迫供述且无供述义务，证明其有罪的义务由公安司法机关承担；三是犯罪嫌疑人、被告人有权就案件事实作出陈述且陈述应出于其自愿，而非自愿的陈述应作为非法证据予以排除，不能作为定案根据。其区别于沉默权。

首先，两者的产生先后顺序不同。尽管对于不得强迫自证其罪和沉默权产生的具体时间，学界还有不同程度的争论，但是就两者产生时间上的先后顺序，学者们的观点则趋于一致。从职权宣誓程序和纠问程序中产生"不自我控告的权利"，再由此产生"不得强迫自证其罪"，进而发展出具体的沉默权制度。不得强迫自证其罪在前，沉默权的提出在后，这已渐趋成为学界的共识。

其次，两者的权利范围也并不相同。沉默权是以否定一切陈述义务为前提的，它意味着犯罪嫌疑人、被告人等有权拒绝回答一切提问，还可以决定不为自己作证或辩解，而且无需说明理由；而不得强迫自证其罪的权利是以有部分陈述或作证义务为前提的。如《葡萄牙刑事诉讼法》第 342 条就规定：关于嫌疑人个人身份的事项和犯罪记录方面的提问，嫌疑人必须如实回答，否则可能受到刑事追究。大陆法系国家也大多规定被告人对自己的姓名、地址不能沉默不言。只是对于可能使自己受到刑事追究的问题才有权拒绝回答，因而必须针对具体问题分别主张权利，并且要附具理由予以释明。

最后，两者的作用对象和立法初衷也不尽相同。不得强迫自证其罪重在禁止政府"强迫"，强调抵制和消除司法专横，遏制刑讯逼供等强迫性取证手法，规范取证方式的合法化与合理性，这不仅体现了国家对被追诉人自由权益的尊重，更是一种控权思想的表现；而沉默权则从被讯问人角度出发，指出其面对追诉机关有权拒绝回答提问。保持缄默的权利，倾向于通过对个人的赋权来增加诉讼的对抗主义的色彩。

不能简单地将"不得自证其罪"与"沉默权"画上等号。我国历来不鼓励犯罪嫌疑人抵赖罪行，而鼓励犯罪嫌疑人认罪服法。许多国家也会鼓励一个人自证其罪，比如英国的减刑措施、美国的辩诉交易。

《刑事诉讼法》第 52 条规定："审判人员、检察人员、侦查人员必须依照法定程序，收集能够证实犯罪嫌疑人、被告人有罪或者无罪、犯罪情节轻重的各种证据。严禁刑讯逼供和以威胁、引诱、欺骗以及其他非法方法收集证据，不得强迫任何人证实自己有罪。必须保证一切与案件有关或者了解案情的公民，有客观地充分地提供证据的条件，除特殊情况外，可以吸收他们协助调查。"

最高人民法院、最高人民检察院等五部门于 2010 年印发了《关于办理刑事案件排除非法证据若干问题的规定》，明确规定"采用刑讯逼供等非法手段取得的犯罪嫌疑人、被告人供述和采用暴力、威胁等非法手段取得的证人证言、被害人陈述，属于非法言词证据""经依法确认的非法言词证据，应当予以排除，不能作为定案的根据"。

第十一节　罪刑法定原则和经济犯罪的法定性

在前文刑事法律原则部分，笔者讲了刑法三大原则，即罪刑法定原则、罪罚相当原则、刑法适用人人平等原则。其中最重要的一个原则叫罪刑法定原则。

所谓的罪刑法定原则，即法无明文规定，不罪不罚。但是，正面理解这个原则比较困难，我们可以选择一个捷径——找它的反面，认识事物就是这样，通过反面，往往能更清晰地界定事物。

什么叫法无明文规定？比如说，法律明文规定了，强奸妇女是犯罪，但是现在有一个案子，是一个女子违背一个帅哥的意志，把帅哥强奸了，严重伤害了帅哥的身心健康。那么，这个女子构不构成强奸罪呢？

按说，违背妇女性意志，强迫与其发生性行为的，构成强奸罪，由此推理，男人也有性意志自由，现在女子强迫帅哥，违背了帅哥的性意志，造成了事实上的伤害，也应该构成强奸罪。

如此认识问题，就犯了罪行推定的错误。

有人愤愤不平，还有没有天理了？这叫强奸男人罪！

如此则是罪行自定。

其中的逻辑——法律没说强奸男人是犯罪，那么，即使强奸男人有和强奸妇女相同的甚至更严重的社会危害，刑法也不以犯罪评价。

所以呢，一个行为可能有很大的社会危害，但是因为法律的滞后性，立法之初，没有预料到会有这样的行为，因此不能依据刑法来处罚他。这就是罪刑法定原则，其反对的就是罪行推定和罪行自定。

那么就放任这种"因刑法没有规定而无法处罚"的危害行为继续发生吗？当然不是。遇到新问题，可以尽快修改刑法，让刑法规定这是犯罪，那么，以后就可以用刑法评价了。这就是法律的滞后性，也是法治社会必要的代价。

类似于刑事法律有很多原则，经济犯罪也有很多特点；刑事法律最重要的原则是罪刑法定原则，经济犯罪最重要的特点是法定性。

经济犯罪的法定性，和罪刑法定原则有相近之处，但是也有不同之处——二者强调的侧面不同，或者说二者的反面不同。

罪刑法定原则，强调的是法无明文规定，不罪不罚，而经济犯罪的法定性，强调的是法有明文规定，"无害亦罪"。

怎么理解这个"无害亦罪"呢？像杀人抢劫强奸放火这类行为，违背天理良心，在任何正常的社会秩序下都是犯罪，我们可以称之为暴力犯罪的自然性，也就是天然的、自然而然的、一眼就看出来的犯罪。

与之相反，有很多经济犯罪的行为，表面上看，和杀人抢劫强奸放火这种犯罪是不一样的，似乎没什么社会危害，例如，行为人未经许可，开了一家银行，正常给大家办存款、放贷款，利率和国家规定的一致，经营有方，也没有给储户造成损失，但是，这就涉嫌擅自成立金融机构罪，因为法律规定了，你不可以做。你只要做了，就涉嫌犯罪。这就是经济犯罪法定性的体现，大家可以仔细体会一下，它和罪刑法定原则是不是有一些区别——法有明文规定，"无害亦罪"。

当然了，这个"无害"是加引号的，它不可能没有危害，只是它这个危害不那么直接，所以你就感觉它好像没什么危害，实际上它是有危害的。还拿刚才的例子来说明，擅自设立金融机构当然有害了，你没有国有银行那种上万亿元的保证金，你在这搞这个业务赔了钱怎么办？你卷铺盖走人了，那给储户带来那么大的损失，这是不是风险？是不是危害？所以说，这个"无害"，不是说没有危害，而是说它的危害是一种间接的、风险性的，不像杀人抢劫强奸放火那么直接。

从这个角度看，经济犯罪的法定性的反面是暴力犯罪的自然性。

进一步讲，从经济犯罪的法定性，能引申出一个问题，那就是，随着法律的变化，同一个行为是不是犯罪，可能会有所变化。以前认为是犯罪的，可能随着法条的废除而被认为正常了，比如说原来有投机倒把罪，现在已经彻底消失了。还有可能，之前认为是正常的行为，随着新法律的颁布，就变成犯罪了，例如骗购外汇行为，在单行刑法出台后就成为犯罪了。还有可能在一个国家是犯罪，但在另一个国家就是合法行为，比如传销在我国是犯罪，但是在美国是合法的销售行为。所以说，经济犯罪的法定性，决定了某种经济犯罪往往是特定时间、特定空间的产物，不像自然犯罪那样具备普世性。

最后笔者想强调的是，经济犯罪的法定性，决定了法律规定不让你这么做，你做了就是犯罪。那么我们就必须要知道法律规定了哪些禁区，这些禁区如何规避，否则就很有可能让自己陷入一种刑事法律风险的境地。而商务刑法课程分论的主要内容就是将常见的涉商罪名逐个讲解，尽量详细地介绍哪些罪名会出现哪些问题，如何规避这些问题，免于陷入刑事风险。

犯罪以行为是否违反社会伦理为标准，可以分为自然犯（刑事犯）与法定犯（行政犯）。

自然犯是指违反社会伦理道德，危害社会的公共生活准则的犯罪，又称为本质罪恶的犯罪。这种犯罪行为本身具有明显的反社会性和反道义性，无须依据法律规范便能判断其犯罪恶性，即其犯罪性在这一行为本身就自然蕴涵着。例如，故意杀人罪、故意伤害罪、强奸罪、盗窃罪、抢劫罪等刑法中规定的多数犯罪都是自然犯（刑事犯）。这类犯罪具有违反社会伦理的性质，其危害性易于为人们认定。

法定犯是指行为本身没有明显违反传统的伦理道德观念，只是由于法律禁止而成为犯罪。也就是说，该行为是由于国家根据客观形势的发展用法律加以规定的犯罪，如果法律没有规定，即使对社会有害，也只能由道德、舆论调整，而不能以犯罪论处。因此，在理论上也有人将这种犯罪称为"法律禁止的犯罪"或"制度法上的犯罪"。

区分自然犯（刑事犯）与法定犯（行政犯）的意义在于：一般认为，从犯罪人的主观恶性程度上看，自然犯较之法定犯要严重得多，但在违法性问题的认定上，由于行政法规错综复杂，所以，对法定犯的判定又比自然犯要困难得多。同时，由于行政法规会因为国家管理目的改变而发生变化，因此，法定犯又经常处于变动之中，缺乏像自然犯那样的稳定性。正因为两类犯罪各有其特殊性，所以，在认定、处罚及预防方面，应采取各不相同的对策。

Chapter 3 ▶ 第三章
关于犯罪的成立和追究

本章以《刑法》总则为纲，介绍刑事犯罪成立的条件和追究的原则，包括犯罪构成四要件：客体、客观、主体、主观；犯罪的停止形态：预备、中止、既遂、未遂；刑事法律效力：属地、属人、保护、普遍；刑法的溯及力：从旧、从轻、从新；共同犯罪：团伙、集团、单位、教唆等；最后介绍了近年来比较流行的关于犯罪构成的两阶层理论。

第一节　犯罪构成的概念

一、我国刑法中犯罪的概念

1997 年《刑法》第 13 条规定："一切危害国家主权、领土完整和安全，分裂国家、颠覆人民民主专政的政权和推翻社会主义制度，破坏社会秩序和经济秩序，侵犯国有财产或者劳动群众集体所有的财产，侵犯公民私人所有的财产，侵犯公民的人身权利、民主权利和其他权利，以及其他危害社会的行为，依照法律应当受刑罚处罚的，都是犯罪，但是情节显著轻微危害不大的，不认为是犯罪。"这一犯罪概念，一方面揭示了在我国犯罪的本质特征——严重危害社会主义国家的各种社会关系，另一方面揭示了犯罪的法律特征——依照法律应当受刑罚处罚，是对我国社会上形形色色犯罪所作的科学概括，是司法实践认定犯罪、划分罪与非罪界限的基本依据。

二、犯罪构成共同要件的含义

犯罪构成的共同要件，也称犯罪的共同构成要件或犯罪构成的基本要件，是指任何犯罪的成立都必须具备、不可缺少的要件。

犯罪构成的共同要件是从具体要件中抽象出来的。犯罪构成的具体要件形形色色、千姿百态，但根据普遍与特殊、共性与个性的原理，可以从各种犯罪的具体要件中，科学地概括出各种不同犯罪构成的共同组成要素，这便是犯罪构成的共同要件。

犯罪构成的共同要件与具体要件是共性与个性、一般与特殊、抽象与具体的关系。共同要件寓于具体要件之中，通过具体要件而存在；共同要件只能大致地包括具体要件，而不能完全代替具体要件，具体要件比共同要件丰富，但具体要件不可能都是共同要件。将共同要件与具体要件联系起来研究，有助于犯罪构成理论的深化。

犯罪构成的共同要件虽然不可能成为认定具体犯罪的法律依据，但对认定具体犯罪又起着重要作用：具备共同要件的行为才可能成立犯罪；不具备共同要件的行为则不可能符合具体要件，因而不可能成立犯罪。

三、犯罪构成共同要件的确定

关于犯罪构成的共同要件，我国刑法理论的通说采取的是苏联刑法理论的观点，即认为犯罪构成有以下几个要件：①犯罪客体，指我国刑法所保护而为犯罪行为所侵犯的社会关系。②犯罪客观方面，指犯罪活动在客观的外在表现，其中主要包括危害行为、危害结果、危害行为与危害结果之间的因果关系等。③犯罪主体，指达到法定责任年龄，具有辨认和控制自己行为的能力，实施危害社会行为的人。④犯罪主观方面，指犯罪主体对其实施的危害行为及危害结果所持的心理态度。这四个方面的要件，是每一犯罪构成所必需的，缺少其中任何一个要件，也就不存在犯罪构成。

对于犯罪构成共同要件，我们认为"四要件说"，即将犯罪构成的共同要件确定为犯罪客体要件、犯罪客观方面要件、犯罪主体要件和犯罪主观方面要件，是适当的，这种观点确认犯罪构成是一系列客观要件与主观要件有机统一的整体，符合认识规律，与刑法规定相照应，有利于认定犯罪和保护合法权益，照顾到刑法理论的体系性与协调性。

第二节 犯罪主体

犯罪以构成要件中犯罪主体的要求不同为标准，可分为自然人犯罪与单位犯罪，同时笔者要介绍共同犯罪和犯罪集团的概念。

（1）自然人犯罪即我国传统意义上的犯罪，包括一般主体的自然人犯罪和特殊主体的自然人犯罪。我国刑法中绝大部分犯罪是自然人犯罪，如故意杀人罪、故意伤害罪、强奸罪、盗窃罪、抢劫罪等，从商务刑法的角度看，很多经济犯罪也是自然人犯罪。

（2）单位犯罪。我国的单位犯罪是指法律规定为犯罪的企业、事业单位、机关、团体实施的危害社会的行为。我国《刑法》总则规定了单位犯罪的概念和处罚原则。《刑法》分则规定的单位犯罪包括两种类型：一是既可以由单位，也可以由自然人构成的犯罪，如生产、销售伪劣产品罪，走私文物罪，虚报注册资本罪等；二是只能由单位构成的犯罪，如提供虚假财会报告罪、妨害清算罪等。

区分自然人犯罪与单位犯罪的意义在于：我国对于单位犯罪的刑事司法处于起步阶段，有许多疑难问题需要加以解决，理论上对其进行分类研究是必要的。

一、自然人犯罪

自然人犯罪主体，就是达到刑事责任年龄，具备刑事责任能力，实施了严重危害社会行为的人。在自然人犯罪主体的内部结构中，刑事责任年龄、刑事责任能力是最基本的构成条件，而刑法中有特别规定的自然人的身份要素，则是其特殊的构成条件。

（一）刑事责任年龄和能力

从商务刑法的视角看，所有经济犯罪主体的法定责任年龄均在 16 周岁以上，且具有完全刑事责任能力。

（二）自然人犯罪的特殊条件

自然人犯罪主体，除了必须具备刑事责任年龄、刑事责任能力这样一些基本条件，在刑法分则有明文规定的情况下，还必须具备某种特定的身份。这种由刑法予以明文规定，对于某些犯罪主体能否成立具有决定作用的行为人个人身份（诸如资格、职责、地位等），就是自然人犯罪主体的特殊身份。与主体一般条件由刑法总则性规范予以规定相反，主体的特殊身份都是由刑法分则性规范加以明确规定的。从具体的规定情况来看，我国《刑法》是从以下角度来规定犯罪主体的特殊身份的：

1. 从特定公职人员主体的角度规定特殊身份

这在我国《刑法》分则规范中较为普遍，主要可以分为下面几种情况。

（1）国家工作人员，即在国家机关（国家各级权力机关、行政机关、司法机关和军事机关）中从事公务的人员。

（2）国家机关工作人员，仅指在国家机关中从事公务的人员。

（3）司法工作人员，即负有侦查、检察、审判、监督职责的工作人员。

（4）国有企业负责人，即国有企业的董事长、董事、经理、副经理等管理层的负责人员。

2. 从特定法律义务主体的角度规定特殊身份

（1）纳税义务人。

（2）扶养义务人——此类特定身份商务刑法不予关注。

3. 从特定法律关系主体的角度规定特殊身份

（1）证人、鉴定人等。

（2）辩护人等。

（3）在押罪犯等。

（4）首要分子等。

此外，我国《刑法》还从行为人所处的家庭关系、从事的具体职业及其他特定的地位等角度，对自然人犯罪主体的特殊条件作出了规定，这对于司法实践中准确认定犯罪主体的身份，划清罪与非罪之间的界限，具有十分重要的意义。

二、单位犯罪

单位犯罪作为一种有别于自然人犯罪的特殊犯罪类型，在刑法理论的研究和司法实践的认定中，都存在着较多的争议。《华东刑事司法评论》（第4卷）曾刊登了上海法院系统审理单位犯罪案件的长篇调查报告，提供了很有价值的统计数据和具有实证材料支撑的分析意见。本书则立足于单位犯罪的现行司法解释和地区规范文件，对涉及单位犯罪的司法政策进行全面梳理，提出正确理解和适用这些解释、规范的研究意见。

首先需要说明的是，为了研究的全面性和充分反映司法实际情况，笔者在此所界定的单位犯罪司法解释并非严格意义上的司法解释，而是指在1997年《刑法》修订后最高人民法院、最高人民检察院正式颁发的与单位犯罪有关的解释、批复、座谈会纪要，以及上海地方性法律适用意见。

综合这些材料，可以从四个方面理解单位犯罪：

（1）合法的单位。个人为进行犯罪违法活动而设立的公司、企业、事业单位实施犯罪的，或者公司、企业、事业单位设立后，以实施犯罪为主要活动的，不以单位犯罪论处。

（2）单位的意志。公司、企业、事业单位、机关、团体为本单位谋取非法利益，经单位集体研究决定或者由有关负责人员决定实施的危害社会的行为。

（3）利益归单位。这要求为本单位谋取利益而故意实施的，或不履行单位法律义务、过失实施的危害社会而由法律规定为应负刑事责任的行为。

（4）法律可处罚。如果刑法没有规定单位的某种行为为犯罪，即使公司、企事业单位、机关、团体的行为与法律规定的犯罪行为相符，也不能给单位定这种罪。

以上四个条件必须同时具备，缺一不可，否则不构成单位犯罪。

三、共同犯罪

相对于单独犯罪而言，共同犯罪是一种复杂而特殊的犯罪现象，是犯罪论的重要内容之一。由于共同犯罪人人数的非单一性，以及每一个共同犯罪者在共同犯罪中参与程度的不同，切实贯彻罪责刑相适应的刑法基本原则，正确界定每一个共同犯罪人的刑事责任，在实践中就显得尤为重要。特别是从商务刑法的视角来看，很多商务行为不可能由单一人员完成，因此，共同犯罪是商务刑法研究的重要视角。

（一）共同犯罪的概念

犯罪是一种复杂的社会现象，就实施的人数而言，有一个人单独实施的犯罪，也有两人以上共同实施的犯罪。前者称为单独犯罪，后者称为共同犯罪。在共同犯罪中，两人以上可以共同谋划、互相分工，更易于完成犯罪；也可以商讨对策、互相包庇，更易于逃避侦查，因此，共同犯罪并非若干个单独犯罪的简单相加，其具有更大的社会危害性，需要给予充分的重视。

从法律规定来看，刑法分则一般是以单个人犯罪为标准加以规定的，对两人以上共同实施以单独犯罪为模式的犯罪，如何解决他们各自的刑事责任，刑法分则没有加以规定，这就需要在刑法总则中规定关于共同犯罪的条文。

我国《刑法》第 25 条第 1 款规定："共同犯罪是指二人以上共同故意犯罪。"这一定义科学地概括了共同犯罪的内在属性和结构形式，体现了主客观相统一的原则，不仅具有严密的科学性，而且具有高度的概括性。

（二）共同犯罪的构成要件

共同犯罪的构成要件与共同犯罪所犯之罪的构成要件是两个不同的概念。根据我国《刑法》的规定，共同犯罪的成立必须具备以下要件：

1. 共同犯罪的主体条件

共同犯罪的主体，必须是两个以上具备相应刑事责任能力的人。

2. 共同犯罪的客观条件

从犯罪的客观方面来看，构成共同犯罪必须是两人以上具有共同的犯罪行为。所谓共同的犯罪行为，是指各共同犯罪人的行为都指向同一犯罪，互相联系、互相配合，形成一个统一的犯罪活动的整体。在发生危害结果的场合，每个人的行为都与危害结果之间存在因果关系。

3. 共同犯罪的主观条件

在犯罪的主观方面，成立共同犯罪要求两人以上具有共同犯罪故意。所谓共同犯罪故意，是指各共同犯罪人通过犯罪意思的联络、传递与反馈，从而明知自己是和他人配合共同实施犯罪，明知共同实施的犯罪行为会发生某种危害社会的结果，并且希望或者放任这种危害结果发生的心理态度。共同犯罪故意作为犯罪故意的一种特殊形式，是维系各共同犯罪人的精神纽带，它把各共同犯罪人的单个犯意联结成为一体，使个人的行为在共同犯罪故意的支配下统一起来，成为整体性的犯罪活动。共同犯罪故意是使各共同犯罪人对其共同造成的危害结果承担刑事责任的主观基础，没有共同犯罪故意，不可能成立共同犯罪。

另外，对于共同犯罪故意要件，需要说明的是，成立共同犯罪，各共同犯罪人在主观上还必须具有犯意联系（或者意思联络）。所谓犯意联系，是指共同犯罪人以明示或暗示的方法在犯罪意思上互相沟通，表明愿意共同实施某种犯罪。犯意联系以每个共同犯罪人主观上都存在犯罪故意为前提，如果有的犯罪人主观上是故意，而有的犯罪人主观上是过失，那么在他们之间就不可能存在犯意联系。正是通过共同犯罪人之间的这种犯罪意思的沟通与联系，各共同犯罪人的个人犯罪故意才联结成为一体，转化为共同的犯罪故意。但是，共同犯罪人之间的犯意联系并不要求在所有的共同犯罪人之间都存在，只要实行犯与其他共同犯罪人之间存在着犯意联系就足够了，至于其他共同犯罪人之间，如教唆犯与帮助犯之间是否存在犯意联系，不影响共同犯罪的成立。

四、犯罪集团

有一种特殊的共同犯罪，又称为有组织的共同犯罪，是指在各共同犯罪人之间建立起特定的组织形式的共同犯罪，也就是犯罪集团。根据我国《刑法》第 26 条第 2 款的规定，犯罪集团是指三人以上为共同实施犯罪而组成的较为固定的犯罪组织。构成犯罪集团，必须具备以下条件：

（1）主体的多数性。犯罪集团必须是三人以上，两人不能称为犯罪集团。这是犯罪集团成立人数上的条件。在司法实践中，一般认为，两人共同进行犯罪活动的，是一般共同犯罪；三人以上共同进行犯罪活动的，才可能是犯罪集团。但是，在实际生活中，犯罪集团的成员往往不止三人，少则六七人，多则几十人，只有三人的，是极为个别的情况。这里把三人列为构成犯罪集团的最低人数，目的是便于划分犯罪集团和一般共同犯罪的界限。

（2）明确的目的性。犯罪集团是三人以上为了共同实施某一种或者几种犯罪而结合在一起的，具有明确的犯罪目的。这种犯罪的目的性，可能是通过成员之间口头或者书面互相通谋而确定的，也可能是通过共同实施犯罪活动而逐渐形成的，并不要求每一个犯罪集团必须有一个书面的共同实施犯罪的纲领。同时，这种犯罪目的的明确性是区分犯罪集团与基于低级趣味或封建习俗而形成的落后组织的重要标志。如果只是基于追求低级趣味或出于封建习俗而结合在一起，或者基于某种落后思想而结合在一起，经常一起吃喝游荡，仅有流氓习气而没有犯罪行为的，则不能认为是犯罪集团。其中个别人或少数人单个进行犯罪活动的，自应依法处理，但不能因此认定他们所结成的团体是犯罪集团。

（3）较强的组织性。这是犯罪集团最本质的特征，即集团的成员比较固定，集团内部存在着领导与被领导的关系。其中有首要分子、骨干分子，还有一般成员，首要分子组织、领导、指挥其他成员有计划地进行犯罪活动。集团成员之间正是通过这种成文或不成文的约束维系在一起。不同的犯罪集团，严密程度可能不同，如间谍组织、黑社会性质组织最为严密，并用反动纪律来约束其成员的活动，但构成犯罪集团并不要求以"具有严密的组织""内部有一定的纪律"为必要条件，只要成员之间有首要分子与一般成员的分工，在内部结构上具有较强的组织性，就可认定其具备了构成犯罪集团的组织性条件。

（4）相当的稳固性。这意味着集团成员是为了在较长的时间里多次实施犯罪活动而结合在一起的，在实施一次犯罪后，其内在联系和组织形式仍然存在，以便继续实施犯罪。这里的稳固性，并不以事实上实施了多次犯罪为标准，因为犯罪集团也可能在实施一次犯罪后即被破获。所以，只要查明各共同犯罪人是为了多次或不定次数地实施犯罪而结合起来的，即使他们只实施了一次犯罪或根本没有来得及实施任何犯罪，都不影响犯罪集团稳固性条件的成立。反之，如果三人以上只是为了实施某一犯罪而结合在一起，这一具体犯罪实施完毕，该种犯罪的联合即行解体，那么这种犯罪的联合就不是犯罪集团；即使所实施的犯罪情节恶劣、后果严重，但一次临时性的纠合，也不能认定为犯罪集团。

犯罪集团的四个要件彼此联系、不可分割，必须同时具备上述条件，才能构成犯罪集团。在实际生活中，犯罪集团或者作案频繁、罪行累累，或者手段凶残，常作大案要案，具有疯狂的破坏性和极大的危害性，历来是我国刑法打击的重点。认真研究犯罪集团的要件，有助于正确地区分犯罪集团和非犯罪集团，准确打击犯罪集团。

根据我国《刑法》分则的有关规定，犯罪集团可以分为任意的犯罪集团和必要的犯罪集团。任意的犯罪集团是指刑法分则条文未将该种犯罪规定为犯罪集团，而实际上构成了这种犯罪的集团，如走私犯罪集团，盗窃犯罪集团，拐卖妇女、儿童犯罪集团等。这类犯罪集团是否成立，需要根据《刑法》第 26 条第 2 款的规定来认定。必要的犯罪集团是指刑法分则明文规定的犯罪集团，如间谍组织、恐怖组织、邪教组织、黑社会性质组织等，这类犯罪集团是否成立，主要根据刑法分则中的有关条文加以认定。

第三节　主观方面：故意、过失和无过错事件

犯罪行为是行为人罪过心理的客观外在表现，主客观相统一的刑事责任

原则反对脱离罪过心理的客观归罪。犯罪的主观方面是犯罪构成的一个必不可少的要件，是行为人对自己所实施的行为及其行为结果承担刑事责任的主观基础，其在犯罪构成体系中占有极为重要的地位。

犯罪的主观方面所涉及的问题，主要是犯罪的故意与犯罪的过失（统称为罪过）、犯罪的目的与动机等；除此之外，还包括某些与犯罪主观方面相关的问题，诸如意外事件和刑法上的认识错误等。行为人的罪过即其犯罪的故意或过失，是一切犯罪构成都必须具备的主观要件，因此被称为犯罪主观方面的必要条件；犯罪的目的只是某些犯罪构成所必备的主观要件，因此也被称为犯罪主观方面的选择要件；犯罪动机不是犯罪构成所必备的主观要件，它一般不影响定罪，但却影响量刑。至于意外事件与刑法上的认识错误，作为犯罪主观方面的相关问题，由于它们对行为人的行为是否构成犯罪以及构成何罪有一定的影响，因此，也有必要纳入犯罪的主观方面来阐述。从商务刑法的视角来看，经济犯罪基本上都是故意犯罪，极少是过失犯罪。

一、犯罪故意的概念和构成因素

（一）犯罪故意的概念

犯罪的故意是罪过形式之一，是故意犯罪的主观心理态度。所谓犯罪的故意，就是指行为人明知自己的行为会发生危害社会的结果，并且希望或者放任这种结果发生的一种主观心理态度。

（二）犯罪故意的构成因素

从内涵上分析，犯罪的故意包含两种因素。

（1）犯罪故意的认识因素即行为人明知自己的行为会发生危害社会的结果。构成犯罪故意的认识因素，是一切故意犯罪在主观认识方面必须具备的特征。

怎样理解"明知"的内容？故意犯罪的法定概念里仅简略地表述为"明知自己的行为会发生危害社会的结果"（《刑法》第14条）。根据犯罪主观要件与犯罪的客观或客体要件的联系，"明知"的内容应当包括法律所规定的构成某种故意犯罪所不可缺少的危害事实，亦即作为犯罪构成要件的客观事实。具体说来，主要包括三项内容：

第一，对行为本身的认识，即对刑法规定的危害社会行为的内容及其性质的认识。行为人只有认识到自己所要实施或正在实施的行为危害社会的性质和内容，认识到行为与结果之间的客观联系，才能谈得上进一步认识行为所可能产生的结果的问题。因此，要明知自己的行为会发生危害社会的结果，首先就必须对行为本身的性质、内容与作用有所认识。

第二，对行为结果的认识，即对行为产生或将要产生的危害社会结果的内容与性质的认识。

第三，对与危害行为和危害结果相联系的其他犯罪构成要件事实的认识，包括对法定的犯罪对象、犯罪手段以及犯罪的时间、地点的认识。

（2）犯罪故意的意志因素。行为人对自己行为将致的危害结果的发生所抱的希望或者放任的心理态度，就是构成犯罪故意的意志因素。可见，犯罪故意的意志因素有希望和放任结果发生两种表现形式。

所谓希望危害结果发生，是指行为人对危害结果抱着积极追求的心理态度，该危害结果的发生，正是行为人通过一系列犯罪活动所要达到的犯罪目的。

所谓放任危害结果发生，是指行为人虽然不是希望、积极追求危害结果的发生，但也不反对和不设法阻止这种结果的发生，而是对结果是否发生采取听之任之的心理态度。

二、犯罪故意的类型

按照犯罪故意中行为人的认识因素和意志因素的不同，刑法理论把犯罪故意区分为直接故意与间接故意两种类型。

（一）直接故意

犯罪的直接故意，是指行为人明知自己的行为必然或者可能发生危害社会的结果，并且希望这种结果发生的心理态度。

可见，直接故意的意志因素，是以希望危害结果的发生为其必要特征的。故刑法理论亦称之为希望故意。

（二）间接故意

犯罪的间接故意，是指行为人明知自己的行为可能发生危害社会的结果，并且放任这种结果发生的心理态度。

在意志特征上，间接故意表现为行为人放任行为危害结果发生的心理态度。所谓"放任"，当然不是希望、积极地追求，而是行为人在明知自己的行为可能发生特定危害结果之情况下，为了达到自己的既定目的，仍然决意实施这种行为，对阻碍危害结果发生的障碍不去排除，也不设法阻止危害结果的发生，而是听之任之，自觉听任危害结果的发生。

三、犯罪过失的概念

犯罪过失，是指行为人应当预见自己的行为可能发生危害社会的结果，因为疏忽大意而没有预见，或者已经预见而轻信能够避免的心理状态。我国《刑法》第 15 条第 1 款有关过失犯罪的规定，即包含了过失犯罪的全部内容。它表明，犯罪过失是一种对危害社会的结果持否定态度的犯罪心理，与犯罪故意相比较，其主观恶性相对较小。犯罪过失具有以下一些重要特征：

（1）认识因素上，必须对危害社会的结果"应当预见"或者"已经预见"。构成过失犯罪的行为人，他们对自己的行为所具有的危害社会的性质都是有可能预见的，有些行为人甚至已经预见到了这种危害发生的可能性。如果事实表明，某种危害结果确实是由行为人造成的，但他却缺乏预见能力，不可能对此有所认识，则不成立过失犯罪。

（2）在意志因素上，必须表现为"疏忽大意"或者"轻信"。在犯罪过失的意志因素上，"疏忽大意"表现为缺乏认识状态下的决意行事，常常显示出无所顾忌的行为倾向。而"轻信"则是一种有认识的前提下的意志表现，往往会出现在行为过程之中、在危害结果尚未发生之前，反映出行为人焦虑不安、无可奈何等心理状态，甚至出现尽力避免危害结果发生的行为倾向。由于"轻信"的前提是行为人对可能发生的危害结果已经有所预见，因此，这种犯罪过失的主观恶性一般要大于缺乏预见的"疏忽大意"。

在过失犯罪的情况下，行为人并非自觉自愿地危害社会，之所以仍然让其负刑事责任，根据就在于：行为人本来能够正确认识一定的行为与危害社会结果之间的客观联系，并进而正确选择自己的行为，避免危害社会结果的发生，但其却在自己意志的支配下，对社会利益和社会大众的安危采取了严重不负责任的态度，从而以自己的行为造成了严重危害社会的结果。因此，国家就有充分的理由要求过失犯罪的行为人，对自己严重不负责任态度支配的行为造成的严重后果负刑事责任。

犯罪过失可以分为疏忽大意的过失和过于自信的过失，分别论述如下：

（1）疏忽大意的过失是应当预见自己的行为可能发生危害社会的结果，因为疏忽大意而没有预见的心理状态。其构成特征分别包括行为人对危害结果的"应当预见"和"没有预见"。其中,"没有预见"是认识因素的事实状态,而"应当预见"则是疏忽大意过失的核心所在,是行为人预见义务与预见能力的有机结合。对预见义务尤其是对预见能力有无的判断,对这种过失之是否构成,具有举足轻重的意义。

(2)过于自信的过失是已经预见自己的行为可能发生危害社会的结果,轻信能够避免的心理状态。其构成特征分别包括行为人对危害结果的"已经预见"和"轻信能够避免"。

四、过于自信的过失与间接故意的区别

过于自信的过失与间接故意既相似又不同。它们的相似之处主要表现在两个方面:①都预见到危害结果发生的可能性;②对危害结果都持不希望的心理态度。但仔细研究后发现,它们在认识因素和意志因素上,又存在一定的差别:

首先,在认识程度上,过于自信的过失仅仅预见到危害结果发生的某种"假设可能",是附条件的。因此,它有较大的或然性。间接故意则不是一般的预见,而是一种"明知",更多的是明确地认识到了发生危害结果的现实性。

其次,在对待结果的态度上,过于自信的过失不仅仅是一般的"不希望",还积极地追求避免结果的发生。当危害结果实际出现时,行为人会认为是违背其本意的。而间接故意则不同,它虽然也是"不希望",但危害结果的出现却并不违背行为人的本意。所以,在实际行动上,当危害的可能性向现实性的转化开始显现时,过于自信的过失的行为人会采取积极的行动去尽力加以阻止(虽然最终没有获得成功),而间接故意的行为人则不会采取任何积极的行动。

当然,上述这些差别还是比较原则的,在有些场合(诸如滥用职权和玩忽职守等),过于自信的过失与间接故意的区分非常困难,举证不易,其主观方面的恶性差异也不明显。因此,我国《刑法》在有关分则条款中没有作出明确的规定,适用的法定刑也是完全统一的。这表明,对于这些犯罪而言,刑法既允许过于自信的过失犯罪行为构成,也允许间接故意的犯罪行为构成。

五、无过错事件

根据主客观相统一的追究刑事责任原则，确认行为构成犯罪并应追究其刑事责任，不仅要求行为在客观上具有危害社会的性质，而且要求该行为是在行为人的主观意识和意志支配下实施的，即行为人在主观上必须具有犯罪故意或犯罪过失的罪过心理。因此，行为虽然在客观上具有危害社会性质，但如果行为人在实施该行为时主观上并不具有犯罪故意或犯罪过失的罪过心理，就不应对自己的行为负刑事责任。我国《刑法》第16条对此有明确规定："行为在客观上虽然造成了损害结果，但是不是出于故意或者过失，而是由于不能抗拒或者不能预见的原因所引起的，不是犯罪。"对于这种情况，称为无罪过事件，并将其分为意外事件和不可抗力事件。

（一）意外事件

意外事件，是指行为虽然在客观上造成了危害社会的结果，但不是出于行为人的故意或过失，而是由于不能预见的原因所引起的情况。也可以将其简单地界定为行为人的行为所造成的危害社会结果是由不能预见的原因所引起的事件。"不能预见"是意外事件最本质的特征，也是其与犯罪行为相区别的根本标志。所谓不能预见，是指行为人对其行为发生危害社会的结果不但未预见到，而且根据其实际认识能力和当时的具体条件，行为时也根本不可能预见。这里所说的不能预见，仅指行为人在行为当时的客观情况下不能预见，并非指行为人在任何时候任何情况下都不能预见。

由于"不能预见的原因"所致的意外事件，与疏忽大意的过失有相类似之处，二者都是行为人对危害结果的发生没有预见，并因此而产生了这种结果。但是，它们有着原则的区别：根据行为人的实际认识能力和行为当时的情况，意外事件是行为人对危害结果的发生不可能预见、不应当预见而没有预见；疏忽大意的过失则是行为人对行为发生危害结果的可能性能够预见、应当预见，只是由于其疏忽大意而导致了未能实际预见。因此，根据行为人的实际认识能力和当时的情况，结合法律、职业等的要求来认真考察其没有预见的原因，对于区分意外事件与疏忽大意的过失犯罪至关重要，这是罪与非罪的原则区分。

（二）不可抗力事件

不可抗力事件，是指行为虽然在客观上造成了危害社会的结果，但不是出于行为人的故意或者过失，而是由于不可抗拒的原因所引起的。也可以将其简单地界定为行为人的行为所造成的危害社会的结果是由不可抗拒的原因引起的事件。"不可抗拒"是不可抗力事件的最本质特征，也是其与犯罪行为相区别的根本标志。所谓"不可抗拒"，是指根据行为人自身的能力及行为当时的客观条件，行为人无论怎样努力，也根本不可能避免危害结果的发生。

不可抗力事件往往是行为人在危害结果发生之前的行为过程中可以预见到的，因而与过于自信的过失极为相似。但是二者有着严格的区别：其一，过于自信的过失的行为人在行为之前即可预见到自己的行为可能发生危害社会的结果；而不可抗力事件中的行为人对危害结果的发生只是在行为开始后、危害结果发生前的行为过程中才可能认识到，而在行为之前则没有认识到。其二，过于自信的过失的行为人完全可以也有能力基于对危害结果可能发生的预见，而采取有效的措施避免危害结果的发生；而不可抗力事件中的行为人则不可能采取有效措施以避免危害结果的发生。

第四节　犯罪客体

一、犯罪客体的概念

犯罪客体是我国刑法所保护的，为犯罪行为所侵害的社会关系。犯罪客体是构成犯罪的必备要件之一。行为之所以构成犯罪，首先就在于其侵犯了一定的社会关系，而且侵犯的社会关系越重要，其对社会的危害性就越大。如果某一行为并未危害刑法所保护的社会关系，就不可能构成犯罪。

二、犯罪对象的概念

犯罪对象是指刑法分则条文规定的犯罪行为所作用的客观存在的具体人或者具体物。大多数具体的犯罪行为，都直接作用于一定的标的，使之发生损毁灭失或归属、位置、状态、行为方式等改变，使刑法保护的社会关系受到危害，进而阻碍、影响社会的正常运行，对社会造成危害。人们对行为是否构成犯罪的过程，往往开始于对犯罪对象的感知，进而认识到犯罪对象所代表的、受刑法保护的社会关系受危害的情况，确定该行为是否构成犯罪和构成犯罪的性质。

三、犯罪对象与犯罪客体的关系

犯罪客体与犯罪对象是两个既有联系又有区别的概念。

犯罪客体与犯罪对象的联系在于：作为犯罪对象的具体物是具体社会关系的物质表现；作为犯罪对象的具体人是具体社会关系的主体或参加者。犯罪分子的行为作用于犯罪对象，就是通过犯罪对象即具体物或者具体人来侵害一定的社会关系。

犯罪客体与犯罪对象的区别则主要表现在以下几个方面：

（1）犯罪对象是人、财物、建筑物、交通工具等凭借人的感觉器官可以感知的事物；犯罪客体是生命权、财产所有权、公共安全、国家安全等凭借思维才能认识的观念的东西，两者表现出具体与抽象的差别。

（2）犯罪客体决定犯罪性质，犯罪对象则未必。分析某一案件，单从犯罪对象去看，是分不清犯罪性质的，只有通过犯罪对象所体现的社会关系即犯罪客体，才能确定某种行为构成什么罪。

（3）犯罪客体是任何犯罪构成的必要要件，犯罪对象则不是任何犯罪都不可缺少的，它仅仅是某些犯罪的必要要件。

（4）任何犯罪都会使犯罪客体受到损害，而犯罪对象则不一定受到损害。

（5）犯罪客体是犯罪分类的基础，犯罪对象则不是。由于犯罪客体是每一犯罪的必要要件，它的性质和范围是确定的，所以它可以成为犯罪分类的基础。我国《刑法》分则规定的十类犯罪，正是主要以犯罪同类客体为标准进行划分的。如果按犯罪对象则无法进行分类。犯罪对象不是每一犯罪的必要要件，它在不同的犯罪中可以是相同的。正因为犯罪对象在某些犯罪中具有不确定性质，加之少数犯罪甚至没有犯罪对象，所以它不能成为犯罪分类的基础。

第五节　客观方面

一、犯罪客观方面的概念和特征

犯罪客观方面，是指刑法所规定的，说明行为对刑法所保护的社会关系造成侵害的客观外在事实特征。犯罪客观方面是构成犯罪所必须具备的要件。

犯罪客观方面具有如下几个特征：

（1）犯罪客观方面因刑法规定而具有法定性。

（2）犯罪客观方面以客观事实特征为内容。

（3）犯罪客观方面是说明行为对刑法所保护的社会关系有所侵犯的客观事实特征。

（4）犯罪客观方面是成立犯罪所必须具备的客观因素。

二、危害行为的概念与特征

危害行为是危害社会行为的简称。它在犯罪构成中处于核心地位。马克思曾经指出："我只是由于表现自己，只是由于踏入现实的领域，我才进入受立法者支配的范围。对于法律来说，除了我的行为以外，我是根本不存在的，我根本不是法律的对象。我的行为就是我同法律打交道的唯一领域，因为行为就是我为之要求生存权利、要求现实权利的唯一东西，而且因此我才受到现行法的支配。"由此可见行为对于法律的重要性。尤其在刑法中，没有行为则没有犯罪、没有刑罚，已成为近代以来的刑法普遍原则。在商务刑法视角看来，需要注意以下问题：

（一）下列行为不属于犯罪客观方面的危害行为

（1）缺少有意识的人的行为。主要包括以下几种行为：

一是反射动作。指人在受到外界刺激时，瞬间作出的身体本能反应。例如，正在驾车行驶的汽车司机，由于突然受到强光刺激而合上双眼，致使汽车撞伤行人。在这种情况下，由于缺乏意识、意志因素，尽管该司机有身体动作，并造成危害结果，仍然不属于刑法中的危害行为。

二是睡梦中的动作。人在睡眠中，生理上出现意识丧失状态，其丧失程度随睡眠深度而异。但是，睡眠者并不完全丧失知觉或运动能力，例如仍可出现说梦话、梦游等。梦游，精神医学称为"解离型歇斯底里精神官能征"，为睡眠障碍之一。梦游者在睡眠时起身，可实施多种行为，例如扫地、担水、驾车、爬树等，然后再继续其睡眠。睡醒后，本人并不记得梦游之事。梦游者有时会实施令人惊异的造成严重社会危害的行为，例如杀人、伤人，但是由于它是一种无意识的行为，因而不构成犯罪。

三是精神病人的行为。我国《刑法》第18条规定："精神病人在不能辨认或者不能控制自己行为的时候造成危害结果，经法定程序鉴定确认的，不负刑事责任……"精神病有多种，如外因性精神病（器质性精神病、中毒性精神病、癫痫）、内因性精神病（精神分裂症、抑郁病）等。由于精神病人缺少意识或者意志能力，其行为不属于危害行为。

四是由不能抗拒的原因而引起的行为。即不是出于行为人的意识、意志，而是由于不能抗拒的外力作用而实施某种行为。对此，《刑法》第16条明文规定不构成犯罪。例如，甲、乙两人站在河边说话时，乙的仇人丙趁甲、乙不备，用力猛推甲，甲不由自主地将乙撞到河里淹死。此案中，甲的行为在不可抗力的作用下发生，不是危害社会行为，应作为丙的故意杀人行为的工具来理解。

五是身体受暴力强制的行为。即不是出于行为人的意志，而且在身体受到他人暴力强制下实施或不实施某种行为。例如，某人被犯罪分子捆绑后，被强行在伪造的文书上按了手印；再如，储蓄所值班人员由于被抢劫犯捆住手脚，而无法保护现金不被抢劫走。上述两种情况，由于缺少意志因素，因而都不属于危害行为。

但是，如果行为人不是由于身体受到暴力强制，而是由于精神上受到强制，如威胁、恐吓等，为保全自己而实施或不实施某种行为，是否应当排除于危害行为之外，则要具体情况具体分析。有些情况，符合紧急避险的条件，应按紧急避险对待。例如，劫机犯对飞机驾驶员以杀害相威胁，逼迫其改变飞机航线，驾驶员为了众多乘客和飞机的安全，按照劫机犯的要求而改变了飞机航线。这时，驾驶员的行为属于紧急避险，不是危害行为。相反，对于不符合紧急避险条件的，应按危害行为对待。例如，甲对乙以杀害相威胁，命令乙同其一起去杀丙，乙由于贪生怕死，便帮助甲将丙杀死。这种情况不属于紧急避险，而符合我国《刑法》对共同犯罪的胁从犯的规定，乙应当承担刑事责任。但是，"应当按照他的犯罪情节减轻处罚或者免除处罚"。

（2）缺少有害性的行为。刑法中规定的正当防卫行为和紧急避险行为，就属于这种情况。此外，还有履行服务，从事正当业务的行为；执行命令的行为；经权利人同意的行为等。上述各种行为，因为不具有社会危害性，所以不属于犯罪客观方面的危害行为。

（3）不具有刑事违法性的行为，即行为人的行为虽然有社会危害性，但是由于未达到应受刑罚惩罚的程度，因而不认为是犯罪行为，或者刑法未将其规定为犯罪。例如，我国《刑法》第13条规定的"情节显著轻微危害不大的"行为；不满 14 周岁的人实施的对社会有危害的行为，等等。

（二）言论能否治罪的问题

与危害行为有密切联系的一个问题，是言论能否治罪的问题。言论能否治罪，关键在于发表言论能否影响外界并产生危害。发表言论，如发言、用笔记录、书写言论，属于人的有意识、有意志的身体活动，如果其具有社会危害性，即符合危害行为的基本特征，有可能构成犯罪。例如，用言语教唆他人犯罪，用语言煽动群众暴力抗拒国家法律、行政法规实施，都可以构成犯罪。

三、危害行为的表现形式

刑法中危害行为的具体表现形式，千态万状。刑法学者依据不同的标准，对危害行为作不同的分类，即"作为"与"不作为"。这是现代刑法理论的通说。也有些学者认为，除了作为与不作为，还应当有一种，即"持有"。因为持有型行为，既不同于作为，也不同于不作为。

（一）作为

作为，指行为人以积极的身体动作，实施刑法规范所禁止的行为，即"不当为而为之"。在商务刑法视角中，多数犯罪以作为方式构成。

（二）不作为

不作为是与作为相对应的危害行为的另一种表现形式。不作为，就是指行为人负有实施某种行为的特定法律义务，能够履行而不履行的危害行为。

（三）持有

此外，有些学者认为，危害行为的基本形态，除了作为与不作为，还有"持有"形态。所谓"持有"，是指对某种物品的实际控制状态。它通常起始于作为，如取得、收受等，以不作为维护其存在状态，具有作为与不作为相交融的特性。持有，由于没有身体的积极动作，故不同于作为；又由于不以实施某种积极行为的特定义务为成立前提，故不同于不作为。

四、危害结果

刑法意义上的危害结果可以有广义与狭义之分。所谓广义的危害结果，是指由行为人的危害行为所引起的一切对社会的损害事实，它包括危害行为的直接结果和间接结果，属于犯罪构成要件的结果和不属于犯罪构成要件的结果。所谓狭义的危害结果，是指作为犯罪构成要件的结果，通常也就是对直接客体所造成的损害事实。狭义的危害结果是定罪的主要根据之一。研究刑法上的危害结果，首先要把作为犯罪构成要件的狭义的危害结果与广义的危害结果区别开来。

五、危害行为与危害结果之间的因果关系

危害行为与危害结果之间的因果关系，又称刑法中的因果关系，是指犯罪客观方面中的危害行为同危害结果之间存在的引起与被引起的关系。根据罪责自负原则，行为人只能对自己的危害社会行为所引起的危害社会的结果承担刑事责任。因此，当危害结果发生后，查明这一结果是由何人实施的危害行为所引起，对于解决刑事责任（定罪和量刑）问题，具有非常重要的意义。刑法因果关系问题，既是刑法理论中的重要问题，也是司法实践中常常遇到的难题。

司法机关是先考察一般因果关系，确定谁的行为造成了危害，再判定该行为是否符合犯罪构成，最后得出是否成立犯罪的结论。如果行为成立犯罪，作为一种结局，上述一般因果关系就成为犯罪因果关系。据此，关于刑法上因果关系的研究范围，可以得出如下结论：从认定的角度考察是研究人的行为与危害结果之间的关系；从结局上考察是研究犯罪行为与犯罪结果之间的因果关系。

事实上，刑法中还存在其他方面的因果关系问题，如罪过是支配行为人实施犯罪行为的主观原因；犯罪的动机也是一种主观原因；教唆行为引起被教唆人犯罪时，教唆行为也是被教唆人实施犯罪的原因。但是，这些因果关系并不是我们前文所说的因果关系。

六、犯罪客观方面的其他要件

犯罪客观方面的其他要件，是指刑法规定的构成某些犯罪必须具备的特定的时间、地点和方法（手段）等客观条件。任何犯罪都是在特定的时间、地点采用一定方法实施的。但是，对于大多数犯罪来说，刑法并未将时间、方法作为构成犯罪的要件，只是将它们作为构成某些犯罪的必备条件。

第六节　共同犯罪

共同犯罪，是指两人以上共同实施的犯罪。因为共同犯罪是一种违法形态，各参与人的行为对法益侵害（危险）结果所起的作用可能不同，责任程度与范围也会不同，需要区别对待，所以，刑法分别对主犯、从犯、胁从犯规定了不同的处罚原则，同时对教唆犯作了特别规定。在商务刑法中，我们重点掌握共同犯罪中的如下六个知识点：

一、集团共同犯罪

集团共同犯罪，又称集团犯罪，是指三人以上有组织地实施的共同犯罪。集团共同犯罪既可能是必要的共犯，也可能是任意的共犯。例如，组织、领导、参加恐怖活动组织罪，组织、领导、参加黑社会性质组织罪，属于必要的共犯，直接根据《刑法》分则规定的法定刑处罚各种参与人。集团性的杀人、集团性的抢劫等，则是任意的共犯；在处罚任意的集团犯罪的各种参与人时，必须适用《刑法》总则的规定。

二、犯罪团伙

日常生活中经常使用"犯罪团伙"或"团伙犯罪"的概念；司法机关往往是在没有确定共同犯罪的性质与形式时使用团伙犯罪一词。但是，团伙犯罪或犯罪团伙并非法律概念。因此，办理团伙犯罪案件，凡其中符合犯罪集团基本特征的，应按犯罪集团处理；不符合犯罪集团基本特征的，应按一般共同犯罪，并根据其共同犯罪的事实和情节处理。

三、有组织犯罪

近年来，出现了国际性犯罪集团与黑社会性质的犯罪集团。前者表现为境内不法分子与境外不法分子相勾结，形成以实施国际性犯罪为目的的犯罪组织（如走私集团、贩毒集团）。后者的特点是成员众多，组织严密，等级森严，有自己的"势力范围"，有逃避法律规制的防护体系，有暴力作后盾，或者直接采用帮派形式，或者以"公司""企业"等作掩护。

四、教唆犯

故意唆使并引起他人实施符合构成要件的违法行为的，是教唆犯。

五、帮助犯

帮助行为既可以是有形的，也可以是无形的。前者是指提供犯罪工具、犯罪场所等物质性的帮助行为，后者是指精神上的帮助行为，如提供建议、强化犯意等。帮助行为既可以是作为，也可以是不作为。

六、单位共同犯罪

《刑法》第 25 条第 1 款明文规定，共同犯罪的行为主体必须是"二人以上"。由于刑法规定了单位犯罪，故两个以上的单位以及单位与自然人共同实施的犯罪，可能构成共同犯罪。单位犯罪时，直接负责的主管人员及其他直接责任人员，与该单位本身不成立共同犯罪，只认定为一个单位犯罪；但是，直接负责的主管人员与其他直接责任人员仍然成立共同犯罪。

对单位共同犯罪的处罚，应以《刑法》总则中关于共同犯罪以及单位犯罪的法律规定为法律依据。对单位共同犯罪，应根据主体在单位共同犯罪中所起的作用大小，分清主犯、从犯，并根据相应的原则处罚；对单位犯罪中直接负责的主管人员与直接责任人员，也应当分清主犯、从犯，分别适用不同的处罚原则。

第七节　停止形态：预备、中止、未遂和既遂

对形形色色、错综复杂的故意犯罪问题，可以从多方面展开研究。横向研讨，故意犯罪有此罪与彼罪、一罪与数罪、单独犯罪与共同犯罪等内容；纵向考察，故意犯罪在其发展过程中又有完成犯罪的停止形态（即犯罪的既遂形态）以及未完成犯罪的停止形态（即犯罪的预备形态、未遂形态和中止形态）。本节将对故意犯罪的停止形态加以研讨，主要说明故意犯罪停止形态的概念和特征，犯罪既遂、犯罪预备、犯罪未遂、犯罪中止的概念、特征以及刑事责任原则。

故意犯罪，特别是直接故意犯罪，都要表现为一个产生、发展、变化的

运动过程。一个完整的直接故意犯罪过程往往包括犯罪预备、犯罪实行、实行之后三个阶段。当然，受各种因素的影响与制约，并非所有的直接故意犯罪均具备这三个阶段，例如对无预谋的突发性犯罪而言，在犯意产生后一般就着手实行犯罪，其间往往没有什么犯罪的预备活动，也就不具备犯罪预备阶段。但是，故意犯罪作为复杂的社会现象，其纵向发展过程并不总是完整顺利的，总会受到各种因素的影响制约，而有种种不同的表现形态和结局。这些不同的表现形态和结局，就是故意犯罪停止形态理论所要研究的对象。

所谓故意犯罪停止形态，是指故意犯罪在其产生、发展和完成犯罪的过程及阶段中，因主客观原因而停止下来的各种犯罪状态。故意犯罪的停止形态，按其停止下来时犯罪是否已经完成为标准，可以区分为两种基本类型：一是犯罪的未完成形态。犯罪的未完成形态包括犯罪预备、犯罪未遂和犯罪中止。它们表明某一犯罪行为尚未实行完毕或终结，缺乏犯罪构成客观方面的某些要件，但根据刑法总则的规定已构成犯罪，应当受到刑罚的处罚。二是犯罪的完成形态。犯罪的完成形态，即犯罪既遂，标志着某一犯罪行为已经完成，具备了刑法分则规定的某种具体犯罪构成的全部要件。

犯罪既遂、犯罪预备、犯罪未遂和犯罪中止是故意犯罪过程中的四种已经停止下来的各种不同的结局和形态，属于故意犯罪过程中不再发展而固定下来的相对静止的范畴，它们之间是一种彼此独立存在的关系，而不可能相互转化，犯罪预备形态不可能再前进发展为未遂形态，未完成形态不可能再转化为完成形态。这是故意犯罪停止形态的一个重要的共同特征。明确故意犯罪的完成与未完成形态这一重要属性，是准确把握其性质并正确理解和解决其定罪量刑问题的基础，同时也是正确阐明故意犯罪的停止形态与故意犯罪的发展过程和阶段之间关系的需要。

犯罪的预备、未遂、中止和既遂形态，都是在故意犯罪发展过程中，在犯罪的某个阶段，由于犯罪主客观原因的变化和作用，使犯罪停止下来不再发展变化的不同状态和结局，这就是犯罪停止形态与犯罪过程和阶段的一般关系。具体说来：①从行为人开始实施犯罪预备行为之时起，至着手犯罪实行行为前的整个犯罪预备阶段，可能出现犯罪的预备和中止两种形态；②从犯罪人着手犯罪实行行为起，至犯罪实行阶段终了前的整个犯罪实行阶段，可能出现犯罪的未遂和中止两种形态；③犯罪实行阶段终了（而不仅仅是犯罪实行行为终了）即完成犯罪之时，出现犯罪的既遂形态。

　　需要特别注意的是，过失犯罪不存在未完成犯罪的预备、未遂和中止形态。从过失犯罪的客观方面看，我国《刑法》规定，过失行为发生危害社会结果的才构成过失犯罪，而且必须以刑法分则条文有明确规定作为承担刑事责任的前提条件。因而，过失行为发生严重危害结果，就是构成我国《刑法》中的过失犯罪所必备的基本条件，无此就谈不上成立犯罪。同时，严重危害结果的发生也就是过失犯罪完成的标志。这样，从客观上看，无犯罪结果根本就不成立过失犯罪，有了犯罪结果就标志着过失犯罪已全部完成，即犯罪的成立和完成是一致的。因此，过失犯罪根本就不可能有犯罪未完成形态存在的余地。

　　同样的道理，间接故意犯罪由其主客观特征所决定，也不可能存在未完成犯罪的预备、未遂和中止这些犯罪停止形态。

　　直接故意犯罪的主客观特征，决定了其可能存在犯罪的预备、未遂、中止和既遂形态。在主观方面，直接故意犯罪以行为人明知自己的行为必然或者可能发生危害社会的结果为其认识因素，以希望即追求这种结果的发生的心理态度为其意志因素。在这种希望、追求完成某种特定犯罪的主观罪过形式的支配下，直接故意犯罪在客观上就会有一个进行犯罪预备行为、实施犯罪实行行为和完成犯罪的过程与阶段。在这一过程与阶段顺利完成的情况下就形成了犯罪的既遂形态；若在此过程和阶段中因主客观因素而使犯罪停止下来，就形成了犯罪的预备、未遂或中止形态。由于直接故意的危害行为和危险性明显大于间接故意行为，而且其主观罪过形式决定了其未完成形态可以得到主客观相统一的认定，因而我国《刑法》对直接故意的危害行为从其预备起就规定为犯罪行为，这样，直接故意犯罪就不仅有了应负刑事责任的完成犯罪的既遂形态，而且存在未完成犯罪但也应负刑事责任的犯罪的预备、未遂和中止形态，直接故意犯罪的完成形态与未完成形态相对而言，相比较而存在。

　　综上所述，故意犯罪的停止形态是指故意犯罪在其发生、发展和完成犯罪的过程及阶段中，因主客观原因而停止下来的各种犯罪状态，有完成形态与未完成形态之分。犯罪既遂，是犯罪的完成形态，指行为人所故意实施的行为已经具备了某种犯罪构成的全部要件，主要有实害犯、行为犯、危险犯和举动犯四种类型。犯罪的未完成形态包括犯罪预备、犯罪未遂和犯罪中止三种。

第八节 刑事法律的效力

刑事法律的效力范围是从时间与空间的结合上对刑法的适用范围及对象的界定。只有正确地解决了刑法的效力范围，才能准确、有效地适用刑法，以打击犯罪和保护国家与人民的利益。刑法的效力包括刑法的空间效力与刑法的时间效力。我国刑法的空间效力坚持以属地原则为基础，以属人原则、保护原则与普遍原则为补充。刑法的时间效力在溯及力问题上采用从旧兼从轻的原则。我国《刑法》第 6 条至第 12 条对此作出了明确规定。掌握本节，关键在于理解刑事管辖的不同原则和刑法溯及力问题上的不同原则。

一、刑事法律的空间效力

刑法的空间效力，也称刑法的地域适用范围，是指刑法对地和对人的效力，也就是要解决刑事管辖权的范围问题。刑事管辖权是一个国家的主权组成部分。

一个独立主权的国家都对本国刑法的空间效力范围作出了规定，但由于各国的政治、经济、文化的差异与历史传统的不同，各国刑法在采取什么样的原则解决自己的刑法管辖权问题上的主张不尽相同。概括起来，主要有以下几点：

（一）属地原则

属地原则，又称领土原则，即主张不问犯罪人的国籍，只要是在本国领域内的犯罪都适用本国刑法；反之，在本国领域外犯罪，都不适用本国刑法。属地原则直接维护了本国领土主权，但单纯适用该原则，遇到外国人或本国人在本国领域外侵犯本国国家或本国人利益的犯罪，就无法适用本国刑法，这明显不利于对本国主权的维护和对本国国家与公民利益的保护。因而，世界上只有英国、美国等国家单纯采用该原则。

（二）属人原则

属人原则，又称国籍原则，即主张以行为人的国籍为标准，凡是本国人，无论是在本国领域内还是在本国领域外犯罪，都适用本国刑法。而外国人即使在本国领域内犯罪，也不适用本国刑法。国籍原则可以弥补领土原则的不足，但单纯适用这一原则，会使外国人在本国领域内的犯罪得不到惩罚，不利于维护国家主权和保护本国国家与公民的利益。因此，各国在采用该原则时往往多加限制。

（三）保护原则

保护原则，又称自卫原则、安全原则，即主张以保护本国利益为标准，凡侵犯本国国家或人民利益的，不论其国籍，也不论其犯罪地在哪里，都适用本国刑法。就保护本国利益而言，该原则较完善，但如果犯罪人是外国人，犯罪地又在国外，就涉及国与国之间的关系与刑事法律的冲突。因此，各国刑法对贯彻该原则也都多加限制。

（四）普遍原则

普遍原则，又称世界主义原则、结合原则，即主张以保护国际社会的共同利益为标准，凡发生国际条约所规定的侵犯国际共同利益的犯罪，不论其国籍，犯罪地在哪里，任何国家都有权适用本国刑法管辖而予以惩处。该原则是针对某些国际犯罪（如种族灭绝、劫持飞机等）而由国际条约加以规定的，要求各个有关国家实行普遍管辖权，这本身就是有条件限制的。由于各国的阶级利益和政治观点有所不同，故不可能对所有犯罪都实行普遍管辖权。

上述原则各有其优点，又各有其缺陷，因此不能孤立地采用一个原则。世界大多数国家都兼采诸原则之长，以领土原则为主，以国籍原则、保护原则、普遍原则为补充。这既有利于维护国家主权，又有利于同犯罪行为作斗争，并履行本国在参加和批准的国际条约中所承担的义务，比较符合各国的具体情况和利益，所以能为大多数国家接受。我国刑法关于空间效力的规定，采取的也是这种刑事管辖权体制。

综上，我国刑法目前在空间效力问题上以属地原则为主，兼采属人原则和保护原则，同时也明确规定了对普遍管辖原则有条件地适用。

二、刑事法律的时间效力

（一）刑法的生效时间

刑法的生效即刑法发生效力。刑法在发生效力之后才能适用，所以我国的刑事立法对生效的时间都明确加以规定。根据已有的刑事立法，我国刑法的生效时间，通常有两种规定方式：

第一，从公布之日起生效，这通常是一些单行刑事法律的做法。

第二，公布之后经过一段时间再施行。例如，我国《刑法》于 1979 年 7

月 1 日通过，7 月 6 日公布，自 1980 年 1 月 1 日起施行；1997 年 3 月 14 日修订的《刑法》通过并公布后，自 1997 年 10 月 1 日起施行。这样做是考虑到人们对新法还比较生疏，需要通过一段时间的宣传、教育，便于广大人民群众及司法工作人员学习掌握，并且使司法机关做好实施新法的心理、组织及业务准备。

（二）刑法的失效时间

刑法的失效即刑法失去效力。刑法在失去效力后，对新发生的犯罪不再适用。刑法的失效时间，通常是由立法机关规定的。概括我国以往刑事立法的情况，刑法的失效基本上也有两种方式：

第一，由国家立法机关明确宣布某些法律失效。例如，《刑法》第 452 条专门规定，列于附件一的《关于惩治走私罪的补充规定》等 15 部单行刑法，自 1997 年 10 月 1 日起予以废止。

第二，自然失效。即新法施行后代替了同类内容的旧法，或由于原来的特殊立法条件已然消失，旧法自行废止。例如，1998 年 12 月 29 日全国人民代表大会常务委员会通过的《关于惩治骗购外汇、逃汇和非法买卖外汇犯罪的决定》对 1997 年《刑法》中相关内容的取代。

（三）刑法的溯及力

如前所述，刑法只有在生效后才能适用。那么，在刑法生效后，对于其生效之前的犯罪是否适用呢？这就是刑法是否具有溯及力的问题。刑法的溯及力，是指刑法生效后，对于其生效以前未经审判或者判决尚未确定的行为是否适用的问题。如果适用，就是有溯及力；如果不适用，就是没有溯及力。对此各国立法例有不同的规定，主要有以下五种原则：

第一，从旧原则主张刑法没有溯及力，适用行为时的旧法处理。理由是：①一个人实施某种行为，只能是以行为当时有效的法律作为准则。因而对某种行为适用刑法，自然应以行为时有效的法律作为原则，新施行的刑法不应有溯及力。否则，昨日为合法行为，今日为犯罪行为，使人们对自己的行为是否合法，难以确定，心存疑虑，不利于维护社会的安定。②一种行为，原来的刑法认为是合法的，而新刑法认为是犯罪，这是行为人不能预测的，如果依照新刑法加以追究，无异于不教而诛，实在有悖情理，并且违背了罪刑法定原则，不利于保障公民的权利。

第二，从新原则主张新刑法对于其生效以前未经审判或判决尚未确定的行为一律适用，即新法具有溯及力。理由是：刑法应当反映社会政治经济情况的变化，社会政治经济发生了变化，刑法就应当加以修改，因而新的刑法更能适合社会的实际情况，所以理应适用新的刑法。如果这时适用立法认为已经过时的刑法，那就不符合立法者修改刑法的宗旨。

第三，从轻原则主张新刑法或旧刑法，哪个刑法处罚轻，就按哪个刑法来进行处理。亦即新刑法处罚轻，就有溯及力；否则，就没有溯及力。如1975年《联邦德国刑法典》第2条第3款规定："行为终了时有效之法律在判决前变更的，适用处刑较轻的法律。"

第四，从新兼从轻原则主张新法原则上有溯及力，但旧法（行为时法）不认为是犯罪或处罚较轻，应按旧法处理。如1928年《中华民国刑法》第2条规定："犯罪时之法律与裁判时之法律，遇有变更者，依裁判时之法律处断；但犯罪时法律之刑较轻者，适用较轻之刑。"

第五，从旧兼从轻原则主张新法原则上没有溯及力，但如果新法不认为是犯罪或处刑较轻，则依照新法来处理。

上述关于刑法溯及力的诸原则中，从旧兼从轻原则既符合罪刑法定原则的要求，又适应实际需要，因而为绝大多数的刑事立法所采用。我国刑法关于溯及力问题亦采用从旧兼从轻的原则。

第九节　犯罪的两阶层说

本章前七节所述，系传统的犯罪构成理论，是按照犯罪客体、犯罪客观要件、犯罪主体、犯罪主观要件的逻辑顺序排列犯罪构成共同要件的。虽然关于这种排列争议颇大，但商务刑法认为，这种排列顺序是可取的，也是符合目前传统办案认知的。

同时，商务刑法需要说明的是，在目前，两阶层体系亦是大受欢迎的新兴主流观点之一，特别是在国家统一法律职业资格考试（前身是国家司法考试）数十年如一日的坚持下，已经培养了以万计的法律从业者接受其观点。在商务刑法中，我们不去作更深层的理论探讨，仅将这种观点简要叙述即可。

两阶层说，亦即，犯罪构成由违法构成要件与责任要件组成。违法构成要件不等于犯罪的全部成立条件，只是成立犯罪的一个要件。违法构成要件是表明行为具有法益侵害性（违法性）的要件（由于在责任阶层不使用构成要件概念，故可以将违法构成要件称为构成要件，亦即构成要件=违法构成要件；由于违法性由客观要素决定，故也可以称为客观构成要件），其中讨论违法阻却事由；责任要件是表明行为具有非难可能性（有责性）的要件，其中讨论责任阻却事由。

按此观点，犯罪构成理论采取以下体系：犯罪概念、犯罪构成→违法构成要件（违法性与构成要件概述、构成要件符合性、违法阻却事由）→责任要件（责任与责任要件概述、责任要件符合性、责任阻却事由）。显然，采取两阶层体系，第一阶层仍然是先判断构成要件符合性，然后判断是否存在违法阻却事由，第二阶层则是责任判断。

商务刑法认为，两阶层说显然对经济犯罪的脱罪是有利的，并且，很多经济犯罪的入罪条件本身就包含了两阶层的判断要义，即很多经济犯罪要求造成必要的后果，例如，骗取贷款罪要求造成贷款无法追回的后果，逃税罪要求在税务机关处罚后拒不接受的方可入罪。但是，商务刑法同时也观察到，关于经济犯罪是一种"风险型犯罪"的理论也是一股不可忽视的力量，而这种"风险型犯罪"的认识，显然对经济犯罪的出罪是不利的，因此，为了保障商务刑法的认识论的理论基础更加安全，笔者对两阶层论仅做一介绍，主要篇幅还是用在了四要件构成说上。特此说明。

Chapter 4 ▶ 第四章

商务行为刑事风险汇总

在本章中，笔者将商务行为中的刑事风险作了汇总。总的来说，商务行为中，多元化经营、合作、决策失误、盲目扩张、融资、机制变革、授权等行为，容易引发相应的刑事风险，作为企业管理者，要高度关注这些商务行为，谨慎地处理好每一个有可能带来刑事风险的细节，确保企业和个人不在"阴沟里翻船"。

第一节　多元化经营导致的刑事风险

在当前经济发展结构的调整时期，随着市场竞争的日益激烈，国内国外市场的变化，行业中的不确定因素，不少企业将经营模式向多元化转变以取得新的竞争优势。多元化发展的优势是显而易见的，但是，企业的多元化经营也为企业带来了多元化的风险，这就需要对企业法律风险的防控机制有所创新。因此，对于企业多元化经营所带来的法律风险要有清晰的认识，从法律意识出发，在企业内部构建科学有效的法律风险防范体系是企业长远发展的重要基础。

企业在实施多元化经营之前，因为长期涉足本业发展，本业领域内的各种风险包括刑事法律风险在内的风险预防和控制机制业已形成。但是在实施多元化经营之后，多元化经营的法律风险在各业务之中都会存在，这就需要企业提高警惕，在法律风险尤其是刑事法律风险方面加大力度制定相关的制度，有效防控法律风险。其实，企业在多元化经营过程中，能够遇到的刑事法律风险相对比较集中。下面就从四大方面详细阐述企业刑事法律风险的表现形式。

一、合同法律风险

随着社会的发展，法律日益完善，法律意识不断提高，合同作为纽带贯穿于企业多元化生产经营的始末，企业间的经营行为通常以合同方式进行，合同签订和履行中的法律风险是企业风险中最主要的表现形式。控制合同法律风险，是企业多元化经营法律风险防控的关键所在。企业作为合同当事人，合同条款的不规范、主体的不合格、内容的违法、规定存在歧义、履行过程产生纠纷甚至违法等问题，都有可能对中小企业的多元化经营带来法律风险，导致企业面临合同无法履行、资金不能收回、承担违约责任等严重后果。

2003年11月，孙某某与刘某某（在逃）作为发起人和股东，向他人借款50万元，注册成立贵州获丰贸易有限责任公司（以下简称"获丰公司"），孙某某任法人代表。同月底，两人将注册资金全部抽逃，获丰公司遂成为"空壳"公司。2003年12月，获丰公司在网上获知宁波一家贸易公司求购金属硅的信息，孙某某即安排人与对方业务员洽谈，声称有现货可供，取得对方信任后，双方通过传真签订总金额为163.5万余元的购销合同两份后，宁波的公司便将24.6万余元预付款汇到获丰公司账上。获丰公司因无实际履约能力，在对方多次催促下，退还8万余元，余款16.2万余元被孙某某提现转移占为己有。

2004年7月，湛江开发区一贸易公司通过网站看到获丰公司发布的矿产品供货信息，即与孙某某联系。双方于同月底通过传真签订高碳锰铁120吨和硅铁300吨合同，总金额为247.8万元，这家公司按约定分两笔电汇预付货款41.8万元到获丰公司银行账上。获丰公司收款后，以各种理由不发货也不退款，孙某某分九次将该款提现转移占为己有。2004年8月，福建一电子有限公司在网上得知获丰公司经营广泛，遂电话与之联系，双方通过传真签订总金额为22.4万余元的桐油购销合同，这家公司随后预付货款6万元。获丰公司通过上述手段，先后诈骗一系列受害企业和个人预付货款上百万元，这些资金均被孙某某转移提现，非法占为己有。

孙某某作为获丰公司的发起人和股东之一，在公司资金验资后，伙同他人将注册资金50万元全部抽逃，造成公司资不抵债的后果，其行为已构成抽逃出资罪；发布虚假供货信息诈骗受害企业和个人预付货款，其行为已构成合同诈骗罪。

二、人力资源法律风险

在我国，与人力资源相关的法律法规始终贯彻在企业人力管理各个环节中并对其产生法律法规方面的约束，而且我国《劳动法》，特别是《劳动合同法》的实施，将对劳动者权益的保障置于突出地位，同时给企业带来了更重的责任，企业面临的法律风险也随之增多，因此，企业在多元化经营中一旦出现了不遵守法律的行为便有可能产生劳资纠纷等法律风险，对企业持续经营产生不良影响，如果这些问题处置不当，甚至会导致社会矛盾。

（一）拒不支付劳动报酬罪

2009 年 7 月，被告人付某某、林某登记成立了某妇婴用品有限公司，两被告人分别占公司的 49%、51% 股权，林某系法定代表人。2015 年 3 月，双方终止合作。但合作期间，该公司拖欠 118 名工人工资 1 006 668.9 元。佛山市南海区人力资源和社会保障局于同年 7 月 13 日向该公司发出《劳动保障监察限期整改指令书》，付某某、林某未在规定时间内偿付完毕。同年 8 月 11 日，民警在桂城街道综治办抓获林某。同年 9 月 1 日，该公司变卖库存和部分设备，全额支付了所拖欠的工人工资。次日，民警在银川火车站抓获付某某。

2016 年 1 月 20 日，佛山市南海区人民法院作出一审判决：被告人付某某、林某犯拒不支付劳动报酬罪，均被判处有期徒刑 8 个月，缓刑 1 年，并处罚金人民币 10 000 元。

（二）强迫劳动罪和雇用童工从事危重劳动罪

2007 年 5 月 27 日，洪洞县公安局在发动的"飞虹亮剑"二号行动中，发现广胜寺镇曹生村砖窑是一个无营业证、无资源许可证、无税务登记证的"三无"砖窑。该砖窑建在曹生村支部书记王某记院内，砖窑的老板是王某记的儿子王某兵，砖窑建于 2004 年。2006 年，王某兵与河南籍工头衡某汉达成了承包协议。警方在调查中了解到，从 2006 年 3 月以来，衡某汉等人先后从西安、郑州火车站诱骗或强迫 32 名农民（其中 9 名为智障人员）到砖窑做工。他们早上 5 点上工，干到凌晨 1 点才让睡觉；而睡觉的地方是一个没有床，只铺着草席的砖地，冬天也不生火的黑屋子，打手把他们像赶牲口般关进黑屋子后将门反锁，30 多人只能背靠地"打地铺"，而门外则有五个打手和五条狼狗巡逻；一日三餐就是吃馒头、喝凉水，没有任何蔬菜，而且每顿饭必须在 15 分钟内吃完。其中的智障人员，不知道自己叫什么，家人的名字、老家在哪里通通不知道。农民工们只要动作稍慢，就会遭到打手无情殴打，因此被解救时个个遍体鳞伤。有人的烧伤是打手强迫其下窑去背还未冷却的砖块所致；因为没有工作服，一年多以前穿的衣服仍然穿在身上，大部分人没有鞋子，脚部多被滚烫的砖窑烧伤；由于一年半没有洗澡理发刷牙，个个长发披肩、胡子拉碴，卫生状况极差。2006 年农历腊月，患有先天性痴呆症的甘肃籍农民工刘某因干活慢，被湖北打手赵某兵用铁锹猛击头部，当场昏迷，第二天死在黑屋子中。几名打手用塑料布将刘某的尸体裹住，随便埋在了附近的荒山中。在遭受非人折磨时，这些农民工却从来不知反抗，也不敢逃跑。一年多来，这 30 多名外地农民工没有领到一分钱的工资。

2007 年 8 月 13 日，震动全国的山西黑砖窑事件，经过近两个月的集中调查处理，原劳动和社会保障部、公安部、全国总工会组成的联合工作组在太原宣布，查处整改工作已取得阶段性成效，集中调查处理工作基本结束，一批违法违纪者受到惩处。

根据联合工作组组长孙宝树公布的调查结果，山西省共查出无证砖瓦窑 3186 户，涉及用工 8.1 万人，占排查的砖瓦窑数量和用工人数的六成以上。有严重违法犯罪行为的砖瓦窑 17 户，13 户无证照砖瓦窑非法雇用童工 15 名，最小的年龄为 13 周岁。

三、知识产权法律风险

如今，知识产权是企业生产经营中最重要的生产要素，已经成为企业多元化经营中的核心竞争力的重要标志，与之相对应，我国现阶段已经有《商标法》《专利法》以及《著作权法》等相关法律，而知识产权法律风险是指商标权、专利权、著作权等权利在获得与行使过程中的不确定因素可能给企业带来的负面影响。当前我国知识产权纠纷逐渐增多，相关问题引发的社会关注度不断提高，但由于我国企业在多元化经营的过程中相关意识薄弱，不能充分认识到知识产权的重要性，机制不健全，员工行为不当等问题，企业知识产权纠纷时有发生，使企业陷于法律风险之中。

南通芭蕾米拉日用化学品有限公司（以下简称"芭蕾米拉公司"）于 2004 年 8 月注册成立。被告人李某某在负责管理该公司期间，与芭蕾米拉公司法定代表人哈某发（另案处理）及被告人陈某组织生产、销售假冒

"DOVE""JERGENS"等 8 件注册商标的化妆品，价值 155 734 美元，折合人民币 1 287 001.35 元。其中被告人陈某参与生产假冒注册商标的产品，价值 118 272 美元，折合人民币 977 411.64 元。公诉机关认为，芭蕾米拉公司未经注册商标所有人许可，在同一商品上使用与其注册商标相同的商标，情节特别严重。被告人李某某作为芭蕾米拉公司直接负责的主管人员、被告人陈某作为该公司的直接责任人员，其行为均已触犯《刑法》第 213 条、第 220 条之规定，应当以假冒注册商标罪追究其刑事责任。最终法院判处被告人李某某犯假冒注册商标罪，判处有期徒刑 4 年，并处罚金人民币 50 万元。被告人陈某犯假冒注册商标罪，判处有期徒刑 3 年，并处罚金人民币 30 万元。公安机关将查封在案的芭蕾米拉公司的生产设备予以没收，上缴国库。

四、税收法律风险和经营管理人员违法犯罪风险

当前我国全面"营改增"的实行，一方面为企业多元化经营带来机遇；另一方面也使企业面临诸多挑战。企业不仅要对税务和财务实践进行相应调整，还要对法务工作进行一些调整，"营改增"所涉及的相关合同都要因此进行相对应的修改，企业经营模式中的有关环节也需要适当调整，所以说在当前，企业如果不能有效地遵循税法，将会使企业未来利益受到损害或承担相应的法律责任。

近年来，企业内部在多元化经营中常常出现各种问题，企业经营管理人员尤其是高管的违法犯罪，如商业贿赂引起的企业高管犯罪已成为国家重点治理的内容，如华润集团宋某案更是成为社会公众关注的焦点。另外，诸如侵吞国有资产、重大安全责任事故、重大责任事故等违法犯罪行为更是屡见不鲜。

为此，企业在多元化经营中要从自身出发，积极采取应对刑事法律风险的措施。

第一，树立法律风险防范意识。在激烈的市场竞争中，面对企业多元化经营中产生的法律风险，一方面，企业要树立全方位多层次的法律风险防范意识；另一方面，企业内部也要注重对成员的法律常识和法治意识的培养和强化，使员工认识到各自岗位存在的风险点。两个方面相结合有助于企业构建良好的内部经营环境，使企业从整体上形成不断强化的法律风险防范意识。

第二，建立健全法律风险防范管理机制。这是企业在多元化经营中的重

要内容和手段。企业既要考虑本身实际又要关联外部状况，对可能存在的法律风险进行备案处理，通过制定实施内部制度的方式，根据风险在不同阶段的特点，实现对风险的预防、控制以及补救作出有针对性的决策。同时企业需要针对未来可能变化的内外部环境，结合自身的实际状况，对风险管理机制进行必要的更新升级，使之不断完善，确保该机制的实施充分实现对内部资源和员工团队的有效管理，保障企业的多元化经营效益。

第三，构建法律风险评估预警制度。企业在多元化经营中为完善法律风险防控体系，需要针对特定的多元化经营的法律风险的处理制定相应的风险评估预警机制。企业法律风险防范在不同阶段有着不同的应对措施，事前预防作为风险发生之前的一种措施，对于企业降低损失保障利益有着不可或缺的作用，尤其在中小企业法律风险预警方面居于基础性地位。为此，企业需要根据自身实际状况，结合企业业务流程和项目运作方式，构建起一套实现对企业法律风险评估的预警制度，同时将风险进行指标量化，设计风险指标级别体系，配合相关风险模型对企业进行实时监控，一旦某一指标发生异动，触发预警系统，立即对企业进行风险提示，并根据不同的法律风险对症下药，提供有针对性的预防措施和解决方法。

第四，充分发挥律师在企业经营中的作用。企业要想在多元化经营过程中从根本上有效规避法律风险发生，就必须从内部出发。对此，企业可以采取以下措施：一是在企业内部设置法务机构；二是外聘专业法律团队；三是聘请诉讼代理人或委托人。至于采取什么方式去实行，对于企业来说并没有一个普遍适用的法则，而是需要企业从自身需求出发，结合经营特色与内外部环境，权衡成本与效益之间的关系，综合考虑潜在风险的发生概率和可能产生的危害程度，从而作出合理的选择。

总而言之，随着我国市场经济的发展，供给侧结构性改革的不断深入，我国企业在多元化经营中面临越来越多的机会与挑战，法律风险的不断迸发逐渐成为阻碍我国中小企业多元化发展的主要不利因素。建立和完善法律风险防范机制已经成为企业经营的重要趋势，作为一项复杂的系统性工作，法律风险防范机制的建立是一方面；另一方面更需要管理者和员工树立法律风险防范意识以及提升自身的法律素养，配合相应的预警机制，同时充分发挥法律团队的作用，针对可能发生的各类法律风险，拟定有效的预防措施和解决措施，实现风险发生前充分准备，风险降临时损失最小化，由此有效维护多元化经营的经济效益，保障企业健康、稳定发展。

第二节 合作业务带来的刑事风险

随着科技发展和社会分工的不断深入，在企业发展拓业中，谁都不能独善其身，无可避免地要与其他单位或个人开展合作。虽然不能不发生合作，但是在合作中，有些风险不可不防，轻者赔钱停业，重者企业相关人员将面临牢狱之灾。例如，单位与单位往来，经常会有一些礼品赠送的情景。正常的赠送无可厚非，但是如果一旦突破犯罪的底线，那么，这个单位甚至直接负责的主管人员和直接责任人员都要受到刑法的制裁。《刑法》第387条就明确规定：国家机关、国有公司、企业、事业单位、人民团体，索取、非法收受他人财物，为他人谋取利益，情节严重的，对单位判处罚金，并对其直接负责的主管人员和其他直接责任人员，处5年以下有期徒刑或者拘役。前款所列单位，在经济往来中，在账外暗中收受各种名义的回扣、手续费的，以受贿论，依照前款的规定处罚。

其实，在日常经营活动中，企业因为同其他单位或个人在业务合作过程中所承受的刑事风险，大多数与主观故意有关，也有少数是因为企业管理者或者主要负责人严重过失或者失职所造成的。一般情况下，企业所实施的犯罪行为在法理学上被认为是单位共同犯罪中的帮助犯或者从犯，主要可以分为以下几种类型：

第一，企业在业务合作中成为犯罪主体的帮助犯。在有意无意的过程当中，企业参与到合作伙伴的犯罪活动之中，实施了共同犯罪，并在共同犯罪中起到了辅助作用。

企业在共同犯罪中起辅助作用，有可能成为刑法明文规定的只有单位才能构成的共同犯罪的帮助犯。这种情况下只有单位主体才能触犯此罪，单位洗钱罪就是典型。例如，甲公司经营不善，连年亏损。2010年6月，在明知没有偿还能力的情况下，甲公司经管理层决议向银行贷款用于发放工资和偿还债务。甲公司总经理李某指使主管人员王某伪造了几份虚假的经济合同骗得银行信任，并促使银行发放了贷款4000万元。事后，甲公司怕银行发现真相而收回贷款，于是通过某非国有外贸公司乙公司的账户将这笔款项换成外汇转移至澳门，并说明可按资金的20%向乙公司支付"手续费"。乙公司明知该资金为甲公司诈骗所得，仍然同意为其资金转账提供账户。乙公司在收取手续费 800 万元后，将该资金折换成 400 万美元以预付款的名义汇往甲公司在澳门的账户。事后，由于甲公司无法偿还贷款而导致东窗事发，在案件侦查过程中，甲公司交待了乙公司提供公司账户用于转账的事实。公安机关在侦查中还发现乙公司曾经帮助丙公司（钱某用来隐藏其黑社会性质组织犯罪而设立）将犯罪所得的钱财换成外汇转移至国外的事实。这个案例中的乙公司就是典型的帮助犯。

另外，企业在共同犯罪中起辅助作用，还有可能成为刑法规定的单位和个人都可能作为的帮助犯。例如，甲贸易公司与乙外贸公司有经常性的贸易往来，双方经常在资金上供对方进行短期拆借。2012 年 9 月，甲贸易公司向乙外贸公司拆借资金 300 万元，并告知乙外贸公司可以通过骗购外汇的方式赚钱，相约乙外贸公司共同赚钱。乙外贸公司虽然并未参与实施骗购外汇，但明知甲贸易公司借钱用于骗购外汇而提供人民币给甲贸易公司。事后甲贸易公司被依法查处，乙外贸公司在甲贸易公司骗购外汇罪的犯罪过程中即构成帮助犯。在此类案件中，认定是单位作为帮助犯的主体，还是单位负责人或主要责任的个人作为帮助犯的主体，则需要通过单位的主要行为进行界定。

第二，企业在业务合作中成为与犯罪主体共同实行犯罪的从犯。在业务合作过程中，某些企业明知合作伙伴可能实行不法活动，为了逐利罔顾法律而参与其中，并在犯罪活动中起次要作用，从而触犯刑法的有关规定，成为共同实施犯罪的从犯。

例如，2017 年 10 月，甲商贸公司因多年经营不善、债务缠身，无法从市场上揽到业务，为了偿还债务和职工工资，欲借助乙物流公司的名义实施合同诈骗。于是，甲商贸公司总经理王某向好朋友乙物流公司总经理李某说明情况，欲借乙物流公司之名与丙公司达成合同关系，从而共同骗取丙公司业务款项，并以 6∶4 的比例进行分成。乙物流公司认为，自己不用实施犯罪行为，甲商贸公司的行为与己无关，又能够拿到分成，于是在明知甲商贸公司的情况和真实目的的情况下，出借公司公章与合同文书于甲商贸公司。在签订履行合同过程中，甲商贸公司主要实施了签订合同骗取对方当事人财物等犯罪行为，同时为骗取对方当事人的信任，利用乙物流公司的部分履约能力，诱骗多家公司与自己签订和履行合同，截至案发，甲商贸公司共骗取单位及个人被害人财物 980 多万元。案件侦查过程中，甲商贸公司主动向公安机关交待了借助乙物流公司公章和合同的犯罪事实。在此案件中，甲商务公司是合同诈骗罪的主犯，乙物流公司是合同诈骗罪的实行从犯。

第三，单位在业务合作中因教唆合作伙伴犯罪而成为教唆从犯。在当今市场经济条件下，行业竞争十分激烈，一些单位为了使自己立于不败之地，常常采用不正当的理由怂恿、嘱托、胁迫、诱骗、授意等手段，唆使他人侵犯别人的合法权利，为自己牟取利益。在业务合作中，这些单位出于各种目的，教唆合作伙伴进行犯罪行为，并在合作伙伴犯罪行为当中起到了次要的作用。

例如，2014 年，某市甲咨询公司为当地婴幼儿用品公司（乙公司）拓展业务出谋划策，提供发展建议，怂恿乙公司通过该市某信息技术公司（丙公司）购买婴幼儿及家长信息快速锁定用户提高经济效益。乙公司向丙公司提出要求后，2014 年初至 2016 年 7 月期间，丙公司总经理张某某遂指使该市疾病预防控制中心工作人员韩某利用其工作便利，进入他人账户窃取该市疾病预防控制中心每月更新的全产新生儿及家长信息等个人隐私情况（每月 1 万余条），并出售给丙公司，再由丙公司转卖给乙公司。乙公司利用这些信息通过打电话、发短信、微信等方式向婴幼儿家长发布广告，严重扰乱了这些家庭的正常生活，婴幼儿家长不堪其扰，遂向公安机关告发。案件在公安机关的缜密侦查中随即告破。直至案发，韩某、乙公司、丙公司非法获取新生婴儿信息共计 30 万余条，乙公司对甲咨询公司教唆自己从事犯罪行为的事实进行了坦白，而甲咨询公司对乙公司的指证也供认不讳，但认为乙公司实施犯罪与己无关。此案件中甲咨询公司无论是出于什么目的，虽然没有参与其中，但是仍属于教唆从犯。

第四，单位在业务合作中因共同犯罪预备而成为单位从犯。在业务合作的一开始，企业就准备与合作伙伴预谋实施犯罪行为，在参与了共同犯罪预备之后，无论是否继续参与，因其他单位或个人实施了犯罪行为，并且对犯罪结果起次要作用，从而成为犯罪主体单位的从犯。这种情形包括了在共同犯罪预备中，企业为次要的作为或者为合作方在准备工具、制造条件等方面提供了便利。

例如，2015 年 7 月至 9 月，某市甲贸易有限公司（曾经因骗取外汇被处罚）与乙外贸有限公司预谋编造采购合同，虚构进口贸易，并且向其传授了骗取外汇的方法。预谋后，甲贸易有限公司因其他原因并未实际参与其中，由乙外贸有限公司单独以"预付货款"的名义实施了犯罪行为，对外支付4000多万美元，造成大额外汇资金非法流出，最终事发被外汇局查处，并移交公安机关。公安机关在侦查过程中，查实了甲贸易有限公司与乙外贸有限公司预谋的事实。在此案件中，甲贸易有限公司在乙外贸有限公司实行骗取外汇的犯罪中为乙外贸有限公司提供了经验帮助，制造了充分的条件，从而成为共同犯罪预备的单位从犯。

上述的四种情形中，作为合作方的企业，在合伙业务中，虽然没有想成为犯罪的主体，但是由于参与到犯罪活动当中，因而最终难逃刑法的制裁。究其原因，主要体现在以下几个方面：

第一，企业管理层的法律意识淡薄。企业管理层在与其合作伙伴进行合作过程中错误地认为，即使是犯法也是单位犯法，与个人无关。法不责众的陈旧落后思想根深蒂固，认为单位人多势众，法律无从下手，无可奈何，不会作出相应的处罚。

第二，企业存在不正确的经营思想。企业管理层在与合作伙伴进行商业合作过程中，有时为了有利可图，有时为了江湖义气，更有时为了显能逞强，罔顾刑法的约束或认为不应受到法律的羁绊，积极参与到合作伙伴的非法经营活动中，最终沦为犯罪的帮凶。

第三，企业发展缺乏法律指导。企业管理层在参与社会分工、经营合作时，法律知识储备不足，对违法犯罪的认识不够，缺乏专业的法律指导，在很多情况下认为自己的行为是民事行为而不是违法犯罪行为。

第四，企业对合作伙伴了解不足。企业在寻求合作过程中，会遇到各种各样的合作伙伴，有一些会因为对合作伙伴的了解不够深入，仅仅凭借合作伙伴的花言巧语或者是伪造的一些资质证书，就信以为真，结果陷入囹圄。

那么，作为一家想要健康发展并在激烈的市场竞争中逐步成长壮大的企业，如何在生产经营中防范和化解这些刑事风险呢？其实无论是企业还是企业的管理者在市场环境中，只要重视法律、敬畏法律，认真遵法守法，以上的相关刑事风险都是完全可以避免的。

第一，企业负责人和经营者要牢固树立敬畏法律的意识，加强对刑法等相关法律的学习和了解。作为一个以营利为目的的企业，追逐利润的最大化无可厚非，但是必须要在合法守法的前提下去实现，作为企业的领头人负责人和经营者在激烈的市场竞争中，更要保持清醒的头脑，牢固树立法律至上的精神和敬畏法律的意识。不僭越法律，不突破法律的红线。尊法守法不仅是企业健康发展的保护伞，更是企业负责人和经营者的紧箍咒。有时违法犯罪虽然可以带来巨大的经济利益，但是那只会是昙花一现，不可能长久，终将会因"东窗事发"而灰飞烟灭。

第二，企业要适时设置和配备法务机构和法务人员。无论是大企业还是小企业，都要积极引入法律专业人才参与到决策当中。绝不能因为害怕浪费宝贵的资金，而淡漠法律风险，尤其是刑事风险，如果因此而触犯法律受到刑法的惩处，到时候追悔莫及也为时晚矣。在资金雄厚条件允许的情况下，要单独设置法务机构，并配备合适的法务人员，对公司的重大决策提供合法性审查意见。即使是资金量较小的企业，也要及时聘请律师或者请教专业的法律工作人员，为企业发展以及经营策略进行合法性的"体检"和"诊脉"。如此方能促进企业在合法依法守法的康庄大道上健康发展，越走越远。

第三，企业要加强对合作伙伴的摸底调查。主要是对对方的相关背景、业务模式进行充分的调查。当前，我国已初步建立相对完备的诚信体系建设，对于所有企业的违法经营行为或其他不良行为，都会在工商登记部门、银行征信部门等诚信体系网站上留痕。相关资质证明也可以在认证部门的网站上查询到。因此，进行摸底调查并不是一件很困难的事情。如果觉得上网查询还不能够了解合作伙伴的话，还可以组织人员到合作伙伴的经营场所进行充分的调研，全面了解合作伙伴的实力情况、经营情况以及资质情况。

第四，企业要树立正确的经营理念和发展观念。作为一个以经营为目的的营利性社会组织，企业如果无法对社会作出贡献，就失去了存在的意义和必要性。企业在追求利益最大化的同时，也应当承担相应的社会道德责任和义务。在经营和发展过程中，要坚定地坚持社会主义核心价值观，这是企业发展壮大的思想引领和指导，要时刻把以"人民为中心"的发展理念作为企业突破创新的最终追求；要牢牢地把提升客户体验作为企业孜孜以求的目标。争取把企业办成一个具有社会责任感、道德评价高、尊法又守法的模范。

第五，企业要积极接受参与执法部门的普法宣传。企业要注意积极配合参与，并认真学习法院、检察院、公安机关、司法行政机关以企业为主体的普法宣传活动，将当前最新的涉及单位犯罪的法律法规、司法解释以及相关的典型案例，通过设置法治宣传展板、在报纸杂志上发表普法文章、印发法治宣传材料等传统媒介，微信、微博、微视频、普法宣传客户端等三位一端新媒体等企业喜闻乐见的载体加强普法宣传，让更多的企业知法、懂法、尊法、守法。对表现积极的企业，及时给予表彰鼓励，并充分发挥模范示范作用，引领一大批、带动一大片。

综上所述，企业在其发展壮大过程中，与其他企业或个人进行业务合作是必须的，但也更应该充分认识到预防合作给企业带来刑事风险的重要性和必要性。当然，在企业加强自身法律意识、建立健全法律风险防范控制的同时，社会各界也要积极地帮助企业、监督企业，防患于未然，并积极建立起"让守法者一路绿灯，让违法者寸步难行"的良好环境，执法部门积极协作严厉打击企业所存在的单位犯罪行为，提高企业违法的风险和成本，让企业愿意并且能够走在合法、尊法、守法的阳关大道上，为建设中国特色社会主义现代化强国、实现中华民族的伟大复兴贡献一份自己的正能量。

第三节　决策失误导致的刑事风险

企业的发展方向主要是靠企业经营者和管理者作出决策，因此管理层的决策对企业的发展具有至关重要的作用。企业管理最大的失误是决策的失误，最大的浪费是决策失误造成的浪费，决策是管理的命脉，是企业的命脉所在。在关键时刻，一个英明的决策可以让濒临破产的企业起死回生，而一个错误的决策则会把企业推向万丈深渊。企业决策的失误，轻则阻碍企业的发展，重则导致企业破产，更可能导致企业和企业管理者、经营者受到刑事处罚。

企业的重大决策失误基本上会出现在企业发展的每一个过程，包括企业设立过程、订立生效履行变更转让合同过程、并购扩张过程、技术升级改造和创新过程、劳资纠纷解决过程以及税收缴纳过程。在这些重要关键环节当中，如果企业的经营者和决策者没有明确的经营理念，没有很好地审时度势，没有较强的法律素质，没有相关的风险防控措施，很容易因重大决策失误而引发刑事风险。

第一种情形：企业在设立过程中因重大决策失误可能导致的刑事法律风险。

在设立企业的过程中，企业的发起人是否对拟设立的企业进行充分的法律设计，是否对企业设立过程有充分的认识和计划，是否完全履行设立企业的义务，以及发起人本人是否具有相应的法律资格，这些都直接关系到拟设立企业能否具有一个合法、规范、良好的设立过程。如果忽视这些问题，直接作出不当决策，很有可能给企业以及发起人带来法律风险，甚至是严重的刑事责任。

公司的发起人或者股东违反了《公司法》的相关规定未交付货币实物或者未转移财产权又或者在公司成立之后将其出资进行抽取，如果达到数额巨大后果严重或者其他严重情节程度的话，有可能触犯虚假出资、抽逃出资罪。

某省某市甲公司是一家房地产开发公司。2017 年，甲公司拟与某市房地产开发公司（乙公司），共同出资 5000 万元，注册成立某市房地产开发公司（丙公司），开发某市核心商业街项目，其中甲公司出资 3000 万元，乙公司出资 2000 万元。甲乙两公司共同出资 5000 万元成立丙公司之后不久，由于甲公司资金紧缺，要求撤回其出资的 3000 万元，并于一年后再重新进行出资。经甲乙两个公司商议同意，甲公司撤回了 3000 万元，但股东身份未予以变更。2018 年，丙公司因资金链断裂濒临破产，相关权益主体将丙公司和丙公司股东甲乙两公司诉至法院，法院查明甲公司撤资的事实，遂将案件移交公安机关。

第二种情形：企业合同决策失误有可能引发的刑事法律风险。

在企业合同订立、生效、履行、变更和转让、终止及违约责任的确定过程中，合同当事人一方或双方利益有损害或损失的可能性。合同刑事法律风险是企业刑事法律风险的重点。因为市场经济也是契约经济，合作双方中的任意一方无论主观或客观因素最终导致合同发生变化，且这种变化使一方当事人利益受到威胁时，风险已经降临。

甲公司一直从事药品和药材生意，由于缺乏经营资金，甲公司先向一些供应商赊账提货，而后低价迅速将货物卖出变现，偿还部分货款给供应商后再赊账提货，甲公司用这种方式周而复始地维持经营。由于其经营不善和高进低出的巨额差价，很快甲公司的资金链就出现了问题，部分供应商在无法按期收到货款的情况下拒绝供货给甲公司，而此时甲公司已欠下了大量到期债务。在偿债压力下，甲公司以承诺提货后 10 天内付清全部货款为条件向 A 公司提 4200 万元的货物，以承诺交货当天付清全部货款为条件向 B 公司提 3200 万元的货物，而后迅速将货物以低价抛出，所卖款项大部分用于偿还欠其他供应商的货款。后 B 公司报案，甲公司被公安机关抓获，案发时甲公司已欠下巨额债务。

第三种情形：企业在并购扩张过程中因决策失误而可能引发的刑事法律风险。

并购是兼并与收购的总称。从刑事法律风险的角度看，企业收购并没有改变原企业的资产状态，对被收购方而言刑事法律风险并没有变化。因此，企业并购的刑事法律风险主要表现在企业兼并中。企业兼并涉及企业法、竞争法、税收法、知识产权法等法律法规，且操作复杂，对社会影响较大，隐蔽性的刑事法律风险较高。

比如提供虚假证明文件罪。总部设立在某省某市的甲网络科技公司欲并购与其有竞争关系的乙科技网络公司，为了显示自己的实力遂虚构了自己的财务报告，将自己的注册资金虚构为1亿元，实际上已数年亏损，却通过造假几年的年度财务报告全部虚构为营业额逐年翻番，乙科技网络公司被并购后，其股东才发现甲网络科技公司财务报表造假，遂向公安机关告发。

第四种情形：企业在技术创新业务过程中因决策失误而可能引发的知识产权类的刑事法律风险。

知识产权是蕴含创造力和智慧结晶的成果，其客体是一种非物质形态的特殊财产，要求相关法律给予特别规定。多数企业没有意识到或没有关注知识产权的深入保护，从刑事法律风险的解决成本看，避免他人制造侵权产品比事后索赔更为经济。而如果侵犯了其他公司或他人的知识产权，更可能触犯刑事犯罪。

兰某是某市一家建材公司（甲公司）的股东和董事长，主要经营胶水，拥有两个正规注册商标，但这两个品牌胶水在市场上销量一般。2017年，有人到甲公司推销市场畅销品牌胶水包装桶，兰某与公司其他管理人员商议后决定购买该品牌包装桶，将厂里生产的胶水灌入桶内对外销售。2018年8月，该畅销品牌公司在市场调查中，发现甲公司冒用自己公司商标生产销售胶水，遂向公安机关举报。兰某及其他参与此事的管理人员被民警查获，在公司内及送货车内查获畅销品牌胶水909桶（价值近8万元）。经畅销品牌公司鉴定，查获产品均为假冒侵权产品。兰某等人遂因涉嫌假冒注册商标罪，被检察院批准逮捕。

第五种情形：企业在人力资源管理方面决策发生重大失误可能引发的刑事法律风险。

在我国，与人力资源有关的主要是劳动合同法、劳动法以及国务院制定的相关行政法规及部门规章。在企业人力资源管理过程各个环节中，从招聘开始，面试、录用、使用、签订劳动合同、员工的待遇问题直至员工离职这一系列流程中，都有相关的劳动法律法规的约束，企业的任何不遵守法律的行为都有可能给企业带来劳资纠纷，给企业造成不良影响，且这个问题处置不慎将会引发社会矛盾，而这和现象随着社会问题的不断叠加而变得更加尖锐和复杂。

近年来，劳资纠纷案件统计数量不断上升，并出现劳资纠纷"升级版"——群体性事件。例如，2008年11月25日下午5时50分左右，广东东莞中堂镇开达玩具厂发生一宗劳资纠纷引起的群体性事件。500余人打砸警车致5人受伤。2008年12月9日，中国皮具之都——狮岭镇人民政府成立劳资纠纷突发事件应急指挥处置领导小组，及时提出处理意见和解决办法，组织、指派维稳力量处置劳资纠纷群体突发事件。2009年2月4日，杭州出口加工区出台了劳资纠纷群体性事件处置预案。2009年9月8日，德阳市旌阳区妥善处理了一起因劳资纠纷引发的群体突发事件。

某省某市房地产开发公司（甲公司）开发某市某地块商住楼项目，房地产业政策收紧，而该公司由于扩张过快导致资金短缺，遂将该项目建筑工人工资款挪用至其他项目，到2017年年底共拖欠建筑工人工资1.2亿元。当地劳动监察部门多次催促，甲公司仍未将清偿工人工资作为工作内容，被当地劳动监察部门移交公安机关，甲公司主要领导遂被控制。

第六种情形：企业在应对如何纳税问题上造成决策失误可能引发的刑事法律风险。

企业的涉税行为因为没能正确有效遵守税收法规而导致企业未来利益的可能损失或不利的法律后果，具体表现为企业涉税行为影响纳税准确性的不确定因素，结果就是企业多交了税或少交了税，或者因为涉税行为而承担了相应的法律责任。

如果企业对刑事法律风险估计不足或处理不当，会带来相当严重的法律后果，有时甚至是颠覆性的灾难。例如，2008年5月至2009年5月，方城县宏兴金属炉料有限公司在无生产设备、无原材料、无产成品实际购销的情况下，虚构经营业务，以收取手续费为目的，对外虚开增值税专用发票855份，虚开金额7807万元，税额1327万元。该单位虚开增值税专用发票的行为已涉嫌犯罪，南阳市税务局稽查局已依法将该案移送公安机关立案侦查。目前，公安机关已将 7 名犯罪嫌疑人全部抓获。

根据现代企业六大职能，即决策、计划、组织、指挥、协调、控制，企业在实际运行当中的刑事法律风险成因可以归纳为以下几个方面：

（1）决策违规。企业重大战略、经营决策和重要经济活动违反决策程序，不经过法律论证，被迫承担法律后果。例如，有的企业违规出借资金、对外担保，引发刑事法律风险。

（2）经营违法。有的企业从事经营活动，违反强制性规定。例如，违规建设的项目，未经环保部门、城市规划部门批准，失去法律保护，招致执法部门查处和法律制裁。

（3）民事违约。企业订立与履行合同不规范，违反约定导致经济纠纷，被对方起诉承担违约责任。更有甚者违反刑法规定继而违法犯罪。

上述是从一般企业出发，分析了形成企业刑事法律风险的普遍原因。而对于国有企业而言，由于其企业自身的特殊性，其在刑事法律风险的成因上也存在一些不同于其他企业的特殊原因：

（1）国有股权一股独大，股权过于集中，直接导致公司的股东会、董事会、监事会都有大股东控制现象的发生，形成内部人控制的局面，使制衡机制得不到有效发挥。加之政企不分、政资不分导致国有企业在执行法律法规和政府规章时易发生冲突。

（2）公司治理结构不够完善，没有形成有效制约。一些国有企业的法人治理结构与构建现代企业制度的要求差距较大，企业的决策、执行和监督层面的职责不清晰，运行不规范，未形成有效运转、相互制衡的机制，刑事法律风险防范缺乏体制保障。这些都与国有企业的特点密不可分，无论内设监事会还是外派监事会，都因为有名无实、职责与能力不匹配，责权不对等而监督不到位；国有及其控股企业职工代表大会因其条例落后而使其民主管理流于形式。尽管《公司法》第 18 条、第 44 条、第 51 条、第 67 条和第 117 条中都有涉及职工参与制度的规定，但其局限性使职工董事、监事在人数确定、权力发挥和信息反馈方面都落后于现代企业制度要求。

（3）独立董事定位不清，独立性不强。独立董事是决策者还是智囊团目前没有明确的规定，如果是决策者，决策失败了他们却不用承担责任；如果是智囊团，国有资产监督管理委员会还要强调他们在公司治理过程中的制衡作用。现在有的独立董事是"花瓶"，有的则成了人情董事。

（4）刑事法律风险意识淡薄。一些国有企业对企业法治建设工作不重视，对国家有关经济法规知识不熟悉，对防范经营风险的重要性认识不到位，依法经营的意识不强。有的企业内部管理混乱，内控制度不健全，在一些关键环节存在管理漏洞。

（5）内部风险控制体系不健全，决策缺乏论证审核。不少国有企业未设立专门的法律事务机构和配备专职的法律工作人员。一些企业在对外投资、对外担保等重大经营决策上缺乏必要的工作程序，决策的前期论证工作不充分、不民主、不科学，不听取法律工作者的意见，仅凭少数人的意志和经验进行决策，导致决策失误，引发刑事法律风险。

（6）对管理层的约束机制不健全，导致国有资产流失和腐败现象频发。管理层级多，资产监管链条长，造成失控，母公司对子公司缺乏监管。

（7）企业盲目扩张，过分追求多元化、超速发展，造成风险无法控制。

决策失误的风险如此之大，是任何一个企业都无法承受之重。因此，无论是哪种企业，其管理者和经营者都要认真地对待企业决策。

第一，企业决策要坚持做到决策合法。企业的管理者和经营者在作决策时要合法合规。要按照相关法律法规建立企业的重大战略、经营决策和重要经济活动的决策机制。企业在安排重大战略、经营决策和重要经济活动时要严格按照决策程序进行，让决策在法律的框架下得到有效的合法的保护和执行。

第二，企业决策要坚持做到经营合法。企业的管理者和经营者必须树立法律至上的法治思维，加强与企业行业相关的法律知识的储备，认真做到学法、懂法、守法、依法办事。对决议中存在的违法犯罪的事项要坚决予以一票否决，不让违法犯罪的决议进入执行程序。

第三，企业决策要坚持做到诚信守约。诚信是任何一个企业的立身之本。企业的管理者和经营者在确保实现企业利润最大化的同时，也要坚持诚信守法的决策，做一家诚信经营的企业，严格履行民事约定，积极防范民事违约而造成的刑事违法。

第四，企业决策要坚持做到法务保障。企业决策不是随便拍脑袋就作出的，必须经过反复论证才能明确，这就要求有法务保障，在决策过程中，必须有合法性审查的环节。企业可以聘请律师、法律专家，甚至邀请行业监管部门专家对公司决策的法律层面进行把关，让依法决策更加有保障。

综上所述，企业的经营者和管理者在作出决策时务必要谨慎小心、依法办事，防范刑事法律风险，在合法经营的道路上越走越远。

第四节　盲目扩张带来的刑事风险

扩张是企业由小到大的必不可少的过程，企业快速扩张可以说是企业家创业的情结和不懈的追求。没有人会拒绝企业的扩张，扩张是企业发展到一定程度的必然阶段。但是盲目扩张的现象，是一个必须引起企业家高度重视的问题。这主要是因为如果中小企业将有限的资金投入兼并、重组和扩建厂房、增加设备等基本建设规模上来，势必造成经营战线拉长、资金短缺，抵御风险的能力将大幅度降低。而且在盲目扩张过程中，企业还会面临一系列的法律问题，尤其是刑事风险，更应当引起企业家和管理层的高度重视。大多数企业家一年到头都是苦苦忙于经营，根本无暇去了解现在已经浩如烟海的法律法规。更何况，有些法律也并非看了就能理解。但是如果不了解、不清楚，就会稀里糊涂误入法网。

盲目扩张轻则让企业业绩大幅下滑，重则导致企业破产，更严重的将触犯刑法，企业被处罚，而企业家、管理者、直接负责人等也可能会锒铛入狱。一般情况下，企业因盲目扩张而可能引发的刑事风险会有以下五种情形。

第一种情形：因盲目扩张资金链断裂容易引发的刑事风险。

企业在资金链断裂时容易病急乱投医或者铤而走险，在融资方面会走上违法犯罪的道路。

第一，可能触犯信用卡诈骗罪。企业向银行融资，除了常见的贷款和开承兑汇票，还有一种是信用卡透支。如果企业不顾法律的限制恶意透支信用卡，就会受到刑法处罚。我国《刑法》专门规定了信用卡诈骗罪，主要就是针对恶意透支信用卡这一行为。相关司法解释规定，持卡人以非法占有为目的，超过规定限额或者规定期限透支，并且经发卡银行两次催收后超过3个月仍不归还的，就属于恶意透支，并且恶意透支只要超过1万元就可以定罪。所以，对于银行信用卡透支一定要注意透支的额度和期限，不能随意透支，也不能无视银行的催收。

例如，2015年，某省外贸公司（甲公司）为了扩展业务而融资，管理层通过决议利用单位账户，向当地工商银行申请了大额信用卡，并通过透支信用卡来缓解资金压力，一开始，由于经营较好，每期信用卡贷款都能准时还清。但 2017 年外贸形势不利，甲公司业绩较差，多笔信用卡贷款无法还上，但其仍继续透支信用卡，数额达到 2000 多万元，并且毫不理会银行的多次催收，遂被银行告发。

第二，可能触犯非法吸收公众存款罪。企业违反国家金融管理法规非法吸收公众存款或变相吸收公众存款，扰乱金融秩序的行为，将会构成非法吸收公众存款罪。

2014 年，某省甲公司开始扩张发展，2015 年因行业不景气，资金紧张，于是在管理层的决议下，该公司未经有关部门依法批准，通过传单、手机短信等途径向社会公开宣传吸收资金；承诺在 1 年内以给予高于银行利息 1% 的利息进行还本付息，吸收公众资金达 2.1 亿元，后因无法偿还本息，被受害人告发。

第二种情形：因盲目扩张考虑不周、决策不全从而可能引起的刑事风险。

企业在盲目扩张的过程中，为了争夺市场竞争力而采取恶意竞争的手段，弄不好就会走上违法犯罪的道路。因为在盲目扩张过程中，企业无形中会为自己树立很多的竞争对手，在这些竞争对手的压力下，有些企业就会不择手段，通过诋毁或者中伤竞争对手来实现自己的非法目的。

2016 年 9 月，某市商贸有限公司（甲公司）为获取 2017 年度东风神龙汽车广告采购业务（以下简称"东风广告业务"），经管理层决议，撰写多篇文章捏造竞争对手上海市广告有限公司（乙公司）（住所地上海市嘉定区）长期采用给予回扣等非法手段获取东风广告业务的事实，并指使他人通过在知名网站发布、转载等方式进行传播，以达到损害乙公司信誉，利用舆论迫使乙公司退出东风广告业务的目的。2016 年 9 月 12 日至 10 月 14 日间，上述文章被百余家媒体网站转载，浏览量达 24 万余次。乙公司为消除上述文章引起的不良影响，聘请公关公司、律师事务所等进行处置，花费人民币 80 余万元。2017 年 3 月 24 日，因上述文章造成的负面影响，乙公司被函告终止关于东风广告业务的相关合作。乙公司向当地公安机关报案，公安机关经周密侦查最终锁定甲公司为作案犯罪主体。

当然，有些企业在盲目扩张中还会通过虚假广告、串通投标、非法经营、逃避商品检验等卑劣的犯罪手段达到抢占市场、劣币驱逐良币的不法目的，同时，还有些企业会采取合同诈骗的方式来打击竞争对手，为自己谋取不当利益。

第三种情形：因盲目扩张缺乏核心技术可能引发的刑事风险。

一些企业没有核心技术就盲目扩张，没有核心竞争力不想着自己创新研发，而是总想着剽窃那些市场前景好、产品销路畅的竞争对手的好技术、好创意，从而侵犯竞争对手的商业秘密。

某市甲集团有限公司成立于2001年，主要从事麦芽机械生产经营。2007年，该公司制定了规章制度（其中第29条对泄露机密作了规定）。2012年3月，该公司聘请唐某某担任副总经理。2014年6月，唐某某在接触、熟悉了该公司的技术秘密及客户秘密后借故离职，与黄某某等人在某省某某市成立"某某市乙机电设备工程有限公司"，生产与某市甲集团有限公司完全相同的麦芽机械产品。某某市乙机电设备工程有限公司管理层还以高薪为诱饵，多次动员某市甲集团有限公司原技术员徐某某离开原单位，利诱徐某某与其合作。

徐某某遂于2014年6月至7月，将某市甲集团有限公司生产麦芽机械设备的两套图纸秘密窃取，并以工作需要为名，从该公司专门负责保管存储公司所有技术图纸的邵某处骗得存有公司技术资料的移动硬盘，私下将该移动硬盘上的技术图纸资料秘密地拷贝到自己的移动硬盘里。同年7月底，徐某某带着从某市甲集团有限公司秘密窃取的两套图纸和拷贝有该公司技术资料的移动硬盘借故离开该公司，到某某市乙机电设备工程有限公司担任技术部部长，某某市乙机电设备工程有限公司帮助徐某某报销了拷贝有某市甲集团有限公司技术资料的移动硬盘。

2015年4月，某某市乙机电设备工程有限公司与原属某市甲集团有限公司的客户某麦芽制造有限公司订立了一份年产量2万吨、总金额450万元人民币的麦芽机械产品生产线的购销合同，徐某某等人完全参照从某市甲集团有限公司秘密窃取的两套图纸和移动硬盘里的图纸资料为某麦芽制造有限公司设计了麦芽机械的图纸，并交给了都江堰市新泯人造板机械制造有限公司进行加工生产，将生产的产品在某麦芽制造有限公司进行安装。某市甲集团有限公司发现后向公安机关报案，公安机关经济犯罪侦查部门通过案件线索最终将某某市乙机电设备工程有限公司及其管理人员唐某某、黄某某以及技术部部长徐某某列为犯罪嫌疑人。

实际上，企业还会通过假冒注册商标、销售假冒注册商标的商品、非法制造和销售非法制造的注册商标标识、假冒专利、侵犯著作权、销售侵权复制品等方式侵犯竞争对手的知识产权，从中牟取不正当利益。

第四种情形：因盲目扩张人员、设备、原料等断层可能引发的刑事风险。

例如，生产和销售伪劣产品，由于没有对产品质量进行认真把关，会导致消费者的权益受到严重侵害，尤其是生命财产安全损害达到一定程度的话，企业、管理层和主要负责人都将被钉在犯罪的耻辱柱上。

2009年9月某日，王某和其姐夫杨某找到刘某商定由刘某出资人民币150万元、王某出资人民币40万元，成立河北省某市商贸有限公司甲公司，以甲公司名义向河北某钢铁有限公司销售焦炭，刘某、王某、杨某均担任甲公司的董监高。2009年10月至2010年4月，甲公司与河北某钢铁有限公司签订了9份二级焦炭供货合同。在销售焦炭期间，为牟取暴利，刘某、王某、杨某商定往焦炭里掺杂焦粉，后发展至掺杂焦粉和煤矸石粉。

2010年1月，刘某、王某又勾结刘某的哥哥刘灿某一同往河北某钢铁有限公司销售焦炭，并告知刘灿某往焦炭里掺杂焦粉和煤矸石粉，刘灿某应允。刘灿某遂用其儿子刘文某的名字以邯郸市某物资有限公司乙公司的名义与河北某钢铁有限公司签订了4份二级焦炭供货合同，并出资人民币300万元，和甲公司一同向河北某钢铁有限公司销售焦炭。

刘某、王某、刘文某以甲公司和乙公司名义分别在涉县偏店乡白鱼岭村、武安徘徊镇茶口村、武安磁山镇崔炉村租用三个货场，存放焦炭和用来掺杂掺假的焦粉、煤矸石粉。刘某、刘灿某购买了两部铲车，作为往焦炭里掺杂、掺假的工具，并雇用人员分工负责相关事项；经查，甲公司还收买河北某钢铁有限公司三铁厂质检科班长鞠某负责厂内质检通过。之后，刘某、王某指使刘文某、崔某陆续从武安某焦化有限公司、山西临县某焦化公司、山西河津市某冶金公司、山西稷山县某焦化公司、山西稷山县某焦化公司购进二级焦炭、三级焦炭和三级以下的等外焦炭；刘某、王某、杨某又从河北某焦电公司购进焦粉，从武安伯延镇罗峪村某渣厂、贾银某渣厂、大同镇西马项村某渣厂、峰峰矿区和村镇大沟港村某渣厂、磁山镇下洛阳村刘某、刘文某自建渣厂购进煤矸石粉。上述焦炭、焦粉、煤矸石粉被运到甲公司和乙公司租用的三个货场。截至2010年4月，甲公司和乙公司共购进二级焦炭18 822.92吨、三级焦炭和三级以下焦炭共计29 146.95吨及掺杂、掺假所用的焦粉339吨、煤矸石粉3574.03吨，其中售给河北某钢铁有限公司二级焦炭18 822.92

吨，将焦粉、煤矸石粉全部掺入三级焦炭和三级以下的等外焦炭后共计33 059.98 吨销售给河北某钢铁有限公司，销售金额达人民币 5620.1966 万元，给河北某钢铁有限公司造成直接经济损失达人民币 5514.7727 万元。

还有一些企业在盲目扩张过程中，在人员、设备、原料等均不足的情况下，以次充好生产和销售假药、劣药，生产和销售不符合卫生标准的食品、有毒有害食品，生产和销售不符合标准的医用器材，生产和销售不符合安全标准的产品，生产和销售伪劣农药、兽药、化肥、种子，生产和销售不符合卫生标准的化妆品等。

第五种情形：因影响环境而可能导致的刑事风险。

企业由于盲目扩张无法处理过量的污水污物，肆意或偷偷排放造成环境污染，从而导致犯罪结果的发生，最终走上违法犯罪的不归路。

例如，非法排放倾倒或者处置危险物品。2010 年 10 月至 2014 年 3 月 25 日，被告单位杭州某某实业有限公司由于扩大生产之后，公司原有废水处理设备无法处理全部废水。负责人陈某琴、陈某秋经预谋，安排被告人韩某某将该公司的生产废水经初步处理后，作为镀铬车间冷却水使用，而后通过私设的暗管直排至公司外河道。2014 年 3 月 25 日，杭州市环境监察支队人员对杭州某某实业有限公司突击检查时，发现该公司取样液体六价铬浓度达排放限值的 243 倍；总铬浓度达排放限值的 54.5 倍。萧山人民法院审理后，认定被告单位杭州某某实业有限公司、被告人陈某琴、陈某秋、韩某某，违反国家规定，私设暗管，排放含有毒物质的废水，严重污染环境，其行为均已构成污染环境罪，系单位犯罪、共同犯罪。判决：被告单位杭州某某实业有限公司犯污染环境罪，判处罚金 20 万元；被告人陈某琴、陈某秋、韩某某犯污染环境罪，判处有期徒刑 1 年至 2 年 6 个月不等，并处罚金 5 万元至 10 万元不等。

部分企业在影响环境方面还可能会出现非法将境外的固体废物进境倾倒堆放处置、擅自进口固体废物用作原料等导致犯罪的行为。

企业在盲目扩张过程中之所以会出现上述刑事问题，究其原因，主要还是企业自身出现了问题，尤其是管理层的认知和决策出现重大问题。

第一，管理层目光短浅，只顾眼前扩张所带来的短期利润，热衷于赚快钱、热钱，而不顾及企业将来的长期健康发展。当然，很多企业还是能够为了自身长期发展而不懈努力，但是也可以看到不少中小企业在盲目扩张的过程中，一步一步走上了犯罪的道路。一些企业在发展过程中发现其他企业发展较快，其管理层的心态就不平衡，不愿意脚踏实地地去发展实体经济，而是挖空心思去赚旁门左道的钱，认为只要扩张就能来钱，什么都可以搞，最终导致企业破产，管理人员和直接负责人也进了牢房。

第二，管理层不顾企业自身的发展规律和限制，一味地追求企业的迅速发展，缺乏有效的规划和法律风险规避机制。企业在扩张发展过程中，因为没有很好的规划，"东一榔头，西一棒槌"，做事很容易跟风。管理层不去精细布局、认真思考法律允许不允许，却想利用出其不意的奇招、险招战胜竞争对手。结果导致企业触碰了刑法的底线，最终受到刑事处罚。

第三，管理层对企业发展应当承担的社会责任和法律责任缺乏有效的认识，存在侥幸心理从而触犯刑法。企业在发展初期做一些轻微的违法行为，不易被执法部门察觉而逃过监管，管理层就自以为是地认为企业壮大后依然能这么干而不受处罚。随着企业的不断壮大，进入公众视野，受到更多的关注，一点点的不法行为都会被舆论放大，尤其是在当前自媒体风行的年代，违法的曝光率更高，结果东窗事发，一发不可收拾，只能束手就擒。

那么，企业如何能够防范扩张中存在的刑事风险呢？企业必须从提高内部认知和加强外部借鉴多方面入手，全面加强刑事风险防控意识，提升合法经营、健康发展的能力和水平。

第一，企业在自身发展扩张过程时，必须要有清晰明确的规划。管理者要对企业发展和扩张过程中可能存在的问题尤其是会出现的资金、技术、人员、原料等问题要有明确的认识，并提出有效可行的对策或者是应急预案予以防范。而不能等问题出现了再手忙脚乱地去处理，否则很有可能在慌乱中采取非法行为。

第二，企业扩张发展规划必须要有法律专家进行审核把关。管理者在制定规划之后，要将自己的发展意图和发展步骤与法律专家进行充分的沟通和交流，让法律专家对可能出现的刑事风险进行评估，并明确发展中的法律风险点，认真提出解决的方案和预案，为企业扩张发展合法经营提供法律保障。

第三，企业扩张发展时，必须坚持法律至上的意识。在法律的框架下诚信经营，是每个企业遵循自身健康发展的应有之义。任何藐视法律、漠视法律的行为都会受到法律的制裁，尤其是非常犯罪行为将受到刑法的严厉处罚。企业的经营者和管理者无论在什么情况下，都应树立法律至上的意识。

第四，企业要加强管理层和全体职工的法律素养。一个企业光有高超的技术、团结的团队、能干的人才，是不行的。管理人员和经营人员以及普通员工都要有基本的法律认知，这样在企业扩张发展的过程中，才能够相互提醒、警钟长鸣，让企业在合法的康庄大道上持续发展。

综上所述，企业在经营过程中不应盲目扩张。扩张是必须和必要的过程，但这种扩张并不是花拳绣腿中看不中用，而是企业在发展到一定规模具备相当实力，不扩张将不能满足市场产品需求的情况下才能完成的。扩张要掌握"度"，拔苗助长、一蹴而就、一步到位、以势压人等思想都是极其危险和有害的，一旦涉及违法犯罪更将受到法律的严惩。因此，有步骤有计划依法合规地推进企业发展，才是企业经营者和管理者的应有之道。

第五节　融资导致的刑事风险

企业作为一个营利性组织，追求的是利润的最大化，因此，为了在激烈的市场竞争中发展壮大并立于不败之地，企业无时无刻不在思考如何赚钱。发展壮大过程中，除了少数高速发展的企业外，一般情况下，企业的现金流总是最紧缺的。而融资基本上是每个企业在发展过程中都必须面对的。一旦现金流和资金链出现问题，并且无法实现融资，企业可能将立即面临生死存亡的窘境。每一个企业的管理者和经营者基本上除了考虑经营发展之外，主要的精力都会放在思考如何融资上。

在现实中，企业要想进行融资，不外乎两种途径。一种途径是向银行等金融机构通过信用或者抵押担保进行融资，另一种是向社会公众进行融资。随着改革进一步深化，中国资本市场的活跃因子增多，这为企业融资渠道的多样化提供了有力支持。在从传统金融机构谋求资金的难度越来越大的情况下，民间融资和互联网融资等社会融资渠道的放开，对中小微企业来说无疑是利好消息。它拓宽了企业的融资渠道，有助于企业解决燃眉之急，有利于活跃经济，带动投资，打破了金融机构独领风骚的垄断局面。当然，融资风险随之增加，尤其是各种炫目的民间、互联网融资产品的背后其实隐含着很多刑事风险。企业在运用上述两种融资方式的时候，如果肆意妄为、操作不当，都有可能构成犯罪。

一、向银行或其他金融机构融资可能发生的刑事风险

银行是经营货币信贷业务的主要金融机构，信用合作社等其他金融机构无论在体量还是在业务水平上都无法与其相比。而企业融资一般都绕不开与银行打交道，尤其是当前在市场经济竞争环境下，由于商业银行对贷款项目要求高、把关严，企业能够从商业银行中通过贷款进行融资，是对企业信用的一种正面评价和反馈，说明这家企业具备十分坚固的抵押财产和良好的信用。因此，很多企业都希望通过银行进行融资。但是，通过商业银行进行融资远没有想象的那么简单，没有雄厚的实力和相关的信用基本上是没有希望的。如果动了歪脑筋硬是从商业银行中进行了融资，那么极有可能触碰到刑法的底线。

（一）贷款诈骗罪

一个企业若以非法占有为目的，编造引进资金、项目等虚假理由，使用虚假的经济合同、证明文件、产权证明作担保，超出抵押物价值重复担保或者其他方法，诈骗银行或者其他金融机构的贷款，数额较大的行为，构成贷款诈骗罪。

例如，2012年9月，江苏省甲公司因经营不佳导致资金周转困难，公司管理层商议决定通过乙公司作为担保向银行贷款并投入期货交易。此后甲公司先后采取虚构资金用途、伪造企业财务报表、提供虚假担保和虚假抵押等手段，先后与被害单位中国农业银行某某分行某县支行某营业所签订大量借款合同，取得借款130笔，共计人民币1.4亿余元。甲公司用新贷还旧贷，最终因无力偿还而东窗事发，共造成被害单位1280万元的经济损失。

（二）骗取贷款、票据承兑、金融票证罪

向银行贷款是传统的主流融资渠道。2005年之前，由于不归还银行贷款而被追究刑事责任的不多，因为那时《刑法》只规定了一个"贷款诈骗罪"，贷款诈骗罪必须要有充分、确凿的证据证明贷款企业有非法占有贷款的目的，证明难度较大。但2006年《刑法修正案（六）》增设了一个新罪名——骗取贷款、票据承兑、金融票证罪，不管行为人出于何种目的，只要有欺骗手段，骗用了银行资金（包括银行贷款、承兑汇票、信用证等），就构成犯罪。

例如，2015年，甲公司通过管理层商议决定向银行申请承兑汇票，为了实现这一目的，甲公司提供了虚假的购销合同、发票等交易背景资料，乙银

行商业经理李某明知道企业提供的报表不真实，因甲公司经常性地请其吃饭安排其旅游，就睁一只眼闭一只眼，有时候还指导企业如何把资料做得符合银行的条件。结果，2017 年甲公司因资金链断裂，无法归还兑现票据，遂被银行告发。

（三）信用卡诈骗罪

企业向银行融资，除了常见的贷款和开承兑汇票，还有一种是信用卡透支。《刑法》专门规定了一个信用卡诈骗罪，主要就是针对恶意透支信用卡的行为。相关司法解释规定，持卡人以非法占有为目的，超过规定限额或者规定期限透支，并且经发卡银行两次催收后超过 3 个月仍不归还的，就属于恶意透支，并且恶意透支只要超过 1 万元钱就可以定罪。所以，对于银行信用卡透支一定要注意透支的额度和期限，不能随意透支，也不能无视银行的催收。

例如，2015 年，某省外贸公司（甲公司）为了融资，通过决议利用单位账户，向当地工商银行申请了大额信用卡，并通过透支信用卡来缓解资金压力，一开始，由于经营较好，每期信用卡贷款都能准时还清。但 2017 年外贸形势不利，甲公司业绩较差，多笔信用卡贷款无法还上，经银行多次催收无果，遂被银行告发。

二、向社会公众进行融资可能会遇到的刑法风险

（一）高利转贷罪

企业违反国家规定，以转贷牟利为目的，套取金融机构信贷资金高利转贷他人，违法所得数额较大的行为，就是高利转贷行为。根据 2010 年最高人民检察院、公安部《关于公安机关管辖的刑事案件立案追诉标准的规定（二）》第 26 条，以转贷牟利为目的，套取金融机构信贷资金高利转贷他人，违法所得数额在 10 万元以上的；或者虽未达到上述数额标准，但两年内因高利转贷受过行政处罚二次以上，又高利转贷的，应予立案追诉。现实生活中，时常能看到这样一种情形，即企业从银行融资，获得的资金由于未能立即投入使用而成为闲置资金，企业为了冲抵利息损失并获取一定利益，而将贷款所得资金借与他人，并收取高额利息。虽然这些企业在贷款时并不具有转贷牟利的目的，但其后来以高息将贷款擅自借与他人的行为完全符合高利转贷罪的构成要件，已经触碰刑法红线。相关司法解释规定，以转贷牟利为目的，

套取金融机构信贷资金高利转贷他人，违法所得数额在 10 万元以上的，就是说赚的利差在 10 万元以上，就构成高利转贷罪。

例如，2015 年，从事外贸行业的某省甲公司并不专门放贷，看到贷款公司营利丰厚，经管理层决议，利用自身资产作为担保，从当地建设银行某市支行贷款 1.5 亿元转借给急需资金的乙公司，并且在贷款利息的基础上再多加一个百分点的利息，借期 1 年。至 2017 年，甲公司共获得利润 130 万元，因其他违法行为被发现有高利转贷行为而东窗事发。

（二）非法吸收公众存款罪

企业违反国家金融管理法规非法吸收公众存款或变相吸收公众存款，扰乱金融秩序的行为，构成非法吸收公众存款罪。

2015 年，某省从事钢铁加工行业的甲公司因行业不景气欲转型，看到小贷公司利润丰厚，未经有关部门依法批准，通过传单、手机短信等途径向社会公开宣传吸收资金；承诺在 1 年内以给予高于银行利息 1% 的利息进行还本付息，吸收公众资金达 2.1 亿元。

（三）集资诈骗罪

企业以非法占有为目的，违反有关金融法律、法规的规定，使用诈骗方法进行非法集资，扰乱国家正常金融秩序，侵犯公私财产所有权，且数额较大的，构成集资诈骗罪。集资诈骗罪是经济犯罪领域唯一保留死刑的罪名。由于立法对集资诈骗行为采取从严打击的态度，因此，刑事司法领域对此罪的认定标准应当清晰明确。而"以非法占有为目的"这一主观要件，确实增大了法律解释的空间。根据 2010 年最高人民法院《关于审理非法集资刑事案件具体应用法律若干问题的解释》第 4 条，使用诈骗方法非法集资，具有下列情形之一的，可以认定为"以非法占有为目的"：集资后不用于生产经营活动或者用于生产经营活动与筹集资金规模明显不成比例，致使集资款不能返还的；肆意挥霍集资款，致使集资款不能返还的；携带集资款逃匿的；将集资款用于违法犯罪活动的；抽逃、转移资金、隐匿财产，逃避返还资金的；隐匿、销毁账目，或者搞假破产、假倒闭，逃避返还资金的；拒不交代资金去向，逃避返还资金的。因此，如果企业在短期内非法募集大量资金，并将资金所有权转归自己，或任意挥霍，或携款潜逃，便可推知其非法占有目的。

当年东阳吴某集资诈骗案曾轰动一时，一审二审吴某都被判死刑，最后经最高人民法院发回重审后改判死刑缓期二年执行。根据最高人民检察院的数据，2012年上半年批捕、起诉的非法集资类案件数量已达到上一年一年的量。非法集资、集资诈骗类案件之所以多发，主要是因为社会融资的利息很高，动辄两三分月息，没有多少企业能有这样的利润去支付如此高的财务成本，最后大多数企业只能是资金链断裂，不能按时还本付息。

（四）擅自发行股票、公司、企业债券罪

企业未经国家有关主管部门批准，擅自发行股票或者公司、企业债券，数额巨大、后果严重或者有其他严重情节的，构成擅自发行股票、公司、企业债券罪。发行股票、债券是公司、企业在市场经济条件下的一种有效融资手段。

例如，2014年，某市甲公司为了扩大生产，经管理层决定发行企业债券来筹集资金。他们明知需要申请，并由证券管理部门来审批，但担心不被批准，又嫌麻烦，则擅自决定了企业债券的利率和还本付息的期限，并先向本企业职工发行。由于所需的资金数额巨大，没有筹集够，又向社会发行。发行后，因为经营不善，出现了难以兑现的局面，后经他人举报，引起该市领导的重视。在有关部门的干预下及时处理了此事，但该企业被认定犯了擅自发行企业债券罪，其直接负责的主管人员和直接责任人员被依法追究了刑事责任。

之所以会在融资过程中发生上述的问题，主要原因还是企业管理层法律意识淡薄、对新生事物认识不够、内控机制不够完善等。

第一，对资金的迫切需求导致防范意识欠缺。当局者迷，旁观者清。人在兴奋、发怒或者压力之下，思维会受到情绪的影响，企业家也不例外。一旦决定要融资，就会有意无意地把融资风险淡化，即使有专业人士提醒，也不足以改变企业的决心。融资扩张或者摆脱困境，对任何一个企业来说，都是生存与发展过程中的重要节点。也许企业会注意到融资的风险，但其往往是从商业利益的角度去分析权衡，未必能考虑到刑事风险。当然，如果从商业角度判断融资的风险较低，那么刑事法律风险也就随之下降，刑事风险往往是与商业风险紧密相连的。所以，作为企业高管，尤其是对资金有迫切要求的企业高管，一定要认清自己、谨慎融资。须将满腔热情稍稍抑制，把事前防范做到位，尽量把问题考虑周全，使风险掌控在预设的范围之内。避免钱没到手，人先进去了，或者钱虽到手，人却失去了自由。

第二，对新兴融资渠道了解不深导致风险失控。金融市场化和网络大众化，使得网络借贷平台异军突起。与金融机构融资、民间融资相比，互联网融资在灵活便利方面极具优势的同时，其蕴含的法律风险也日趋凸显。自从2007年全国第一家P2P平台"拍拍贷"成立以来，网络借贷成为金融领域炙手可热的行业。P2P平台最易涉嫌的是"非法吸收公众存款"和"集资诈骗"，曾轰动一时的"东方创投案"最终就是以非法吸收公众存款定罪量刑的，"优易网案"则是国内首个以集资诈骗罪名公开审理P2P平台的案例。从实践经验来看，企业在没有完全搞清互联网融资的情况下，如果借助P2P平台吸引投资者，一旦在互联网上发布融资信息，该信息的传播范围和宣传效果便远远超出了企业可掌控的范围。由此，相比于传统融资方式而言，互联网融资使企业更易陷入"涉众型"罪名的追诉。

第三，对企业内控制度重视不够导致预警失灵。中国企业，尤其是民营企业发展初期各项制度不够完善，缺乏基本的商务伦理和商务技能，再加上组织架构上的缺陷和财务上的任性，使得企业家面临较多的法律风险。民营企业的组织结构大多表现为两种模式，一种是江湖模式，一种是家庭模式。江湖模式依赖人与人的关系，过分相信义气，因为江湖是没有规则的；而家族模式则是用一种血亲的管理来解决诚信问题，从某种程度上说，减少了交易的费用和成本，但从另一方面说，却增加了法律风险。人治永远不可能超过法治。这些不合理的内部架构，导致企业内部风险管控不足，不少企业根本没有法务部门，有的即使设有法务部门，也不能发挥应有的作用，成了摆设。对企业融资的风险缺少足够敏感，出现问题时也就手足无措、难以应对。

那么，企业应当如何防范融资中的刑事风险呢？

企业融资过程中的刑事风险防控须以国家治理、市场脉搏为背景，认真审视和调整自己的行为模式，增强主动防范意识。

第一，尽早建立企业法律风险识别和防范机制。如建立和完善企业法务部门或者聘请法律顾问，严格制定和执行合规审查规章制度。特别是对于融资这样的重大事件，需要专业团队提供专项法律服务。

第二，要关注刑事立法及政策新动向，及时调整企业融资模式。中国的法律政策是多变的，尤其在互联网时代，资本游戏还处在建立规则的过程中。融资的风险有时可预见，有时不可预见，但只要守住底线，认清方向，随机应变，应该能够防范最为不利的刑事责任。

第三，要建立法律风险突发事件预警机制。一旦发现违规违法行为，快速果断处置，避免向刑事风险领域蔓延。依靠自身力量无法解决时，及时向专业律师求助。刑事问题的解决最为关键的是要把握"早、快、实"的特点。

第四，要及时向法律专家咨询法律问题。刑事风险和普通的商务风险最大的区别是，商务风险即便未能避免，给企业造成的损失大多还有机会翻盘，但是刑事风险对企业和企业家来说，可能是毁灭性的打击。企业家可以没有法律知识，但是必须有法律意识。在作出重大决策时，或者在人生的重要关头，企业家的身边如果有专业的刑事律师朋友，能够把把关，提提醒，或许可以逢凶化吉、化险为夷。

企业家们只要正确认识到融资行为中树立法律至上的重要性，在融资过程中就不会因小失大，陷入万劫不复的深渊。

第六节　设立、解散、改制的刑事风险

任何事物都要经历产生、发展和消亡三个阶段，企业也不例外。企业的产生就是它的设立，企业的消亡就是它的解散，企业在发展过程中根据社会政策和生存环境发生变化需要而进行改革、改制。企业在设立、解散、改制过程中有很多的流程和事项需要依照法律的程序和相关要求进行，如果在此过程中，无视法律而肆无忌惮地仅凭自己的主观愿望和想当然去行事的话，后果会非常严重，将引起不必要的法律风险，更有甚者会受到刑法的严厉惩罚。

其实，一个企业从它设立之日起，就受到各种法律的约束。这就要求企业的经营者和管理者必须清晰地了解法律法规的相关规定，以防止不必要的法律风险出现。在企业的设立、解散和改制过程中，常见的刑事风险可以归类为以下几种。

一、企业在设立过程中可能会遇见的刑事风险

一个企业在出资履行过程中，虚报注册资金、虚假出资、抽逃出资、延期出资或出资财产存在权利瑕疵等不按规定履行出资义务，均会影响公司正常设立、营运，甚至引发股东的民事责任、刑事责任。

（一）企业虚报注册资金可能引发的刑事风险

目前，我国公司企业制度监管不够严格，很多公司并不具备开办公司的

条件，由于相关部门对公司设立审查不严格，经济社会中形成一种开办公司是一件很容易事情的思想。但是实际上，一些申请公司登记的个人或者单位，有时会使用虚假的证明文件或者采取其他欺诈手段，虚报注册资本，欺骗公司登记主管部门，从而取得公司的登记。如果这种虚报注册资本的数额巨大、后果严重或者有其他严重情节的行为，将触犯虚报注册资本罪。

被告单位甲公司成立于 1999 年。2005 年，甲公司股东为被告人陈某及其胞弟陈某甲，法定代表人为被告人陈某，注册资本为人民币 100 万元。2005年 12 月，陈某与陈某甲作出股东会议，决定增加注册资本人民币 500 万元。后陈某采取由他人垫资的方式为甲公司增加注册资本人民币 500 万元。同年12 月 26 日，他人将人民币 500 万元转入甲公司验资账户，同日某会计师事务所出具验资报告。同月 27 日，用于增资的人民币 500 万元注册资本被全部转出该验资账户，归还给他人。同月 28 日，工商行政管理机关核准甲公司的变更登记，变更后的注册资本为人民币 600 万元。后甲公司因债务问题被发现注册资金存在虚报的情况，陈某遂被公安机关控制。

（二）企业虚假出资、抽逃出资可能引发的刑事责任

公司的发起人或者股东违反了《公司法》的相关规定未交付货币实物或者未转移财产权又或者在公司成立之后将其出资进行抽取，如果达到数额巨大、后果严重或者其他严重情节程度的话，有可能触犯虚假出资、抽逃出资罪。

被告人李某，45 岁，系某市投资公司经理，2009 年 3 月，李某策划在某市成立国际投资公司，并找到省商务厅的刘某，在刘某的联系下，李某与投资公司达成了协议，共同成立国际投资公司，在注册的过程中，李某同意出资 1300 万美元，作为成立国际投资公司的注册资金，但是公司成立之后近半年来，该公司所谓的 1300 万美元的注册金一直没有到位。2011 年，国际投资公司因经济纠纷被诉诸法庭，主审法院在查明公司资金过程中发现，李某根本没有 1300 万美元的注册资金，也从未向国际投资公司缴纳出资款，主审法院遂将相关情况移交当地公安机关经济侦查部门。

（三）欺诈发行证券罪

企业在招股说明书、认股书、公司、企业债券募集办法等发行文件中隐瞒重要事实或者编造重大虚假内容，发行股票或者公司、企业债券等，数额巨大、后果严重或者有其他严重情节的，构成欺诈发行证券罪。

在公司发起设立阶段，参与公司发起设立的法人，也就是法人作为发起人或者已经设立的股份有限公司、国有独资公司、两个以上的国有企业或者其他两个以上的国有投资主体投资设立的有限责任公司，都可以成为该犯罪的主体。

2012 年，某市华丰有限责任公司通过虚假广告向社会宣传该公司已与国外某投资集团合营，在经营方向、投资范围、销售渠道方面将有突飞猛进的发展。并扬言随着公司经营效果的改善，利润率的迅速增长，公司决定向市场全面发行 D 股股票。随后便制作了大量有关公司股票发行的说明书、认股书等，公开向国外发行 D 股股票。实际上，该公司是一家严重亏损的股份合作企业，也根本没有争得国外投资。为了摆脱公司面临倒闭和亏损的局面，该公司决定用欺骗股民的方法增发 D 股。该公司通过这种手段共发行 D 股 500 万股，价值人民币 6000 万元。其中 60% 已上市流通。该股发行后，由于公司经营亏损，股价猛跌，给股民造成了严重的经济损失。

二、企业解散存在的刑事风险

一般来说，在企业解散过程中，可能存在以下刑事风险：企业在存续期间，如果发生了法定或约定的事由，则应当解散终止，从而进入清算程序，由清算组或者清算人对企业进行清算。

（一）妨害清算罪

所谓"清算"，是指企业因某种原因而终止时由清算组或清算人实施的对企业财产、债权、债务及未了结的事务进行最后清理、变卖、处理和分配的法律行为。在清算期间，清算组或者清算人应当严格依法行使职权、履行清算义务，企业及其相关人员也应当积极配合，不得故意隐匿财产，对资产负债表或者财产清单作虚伪记载或者在未清偿债务前分配企业财产，损害债权人或者其他人的合法利益。

此外，在清算的过程中，如果发现企业财产不足以清偿到期债务或者明显缺乏清偿能力，负有清算责任的人还应当依法向人民法院申请宣告破产。人民法院受理申请并依法宣告企业破产后，进入破产清算。但申请破产的前提条件必须是真实的、客观存在的。如果企业故意隐匿财产、承担虚构的债务或者以其他方法转移、处分财产，试图通过破产程序逃避债务，则是法律所禁止的。

《刑法》第 162 条规定，公司、企业进行清算时，隐匿财产，对资产负债表或者财产清单作虚伪记载或者在未清偿债务前分配公司、企业财产，严重损害债权人或者其他人利益的，对其直接负责的主管人员和其他直接责任人员，处 5 年以下有期徒刑或者拘役，并处或者单处 2 万元以上 20 万元以下罚金。

被告人杨某于 1995 年至 1997 年间，利用其担任上海某某企业（集团）有限公司副董事长、副经理兼某电器公司原总经理的职务便利，伙同某电器公司办公室主任、被告人陈某，采用虚假列支的方法共同侵吞该公司小金库公款人民币 15 万元用于杨某个人股票交易。1999 年底，陈某擅自销毁上述小金库的账册。2000 年 9 月至同年 12 月间，被告人杨某在担任某电器公司破产清算组下设工作组组长，负责该公司破产清算、资产申报清理工作期间，隐匿、转移某电器公司共计人民币 29 万元的资产。其中被告人陈某帮助隐匿上述资产中的 16 万余元。

公诉机关据此认为被告人杨某、陈某的上述行为分别构成贪污罪和妨害清算罪，依法应予惩处。鉴于陈某在共同犯罪中系从犯，建议依法从轻处罚。主审法院经审理，最终判决：某电器公司在进入破产清算程序期间，被告人杨某将该公司万余元资产予以隐匿、转移或挪作他用，严重损害了债权人的利益，被告人陈某参与其中 16 万余元的隐匿、转移。作为某电器公司直接负责的主管人员杨某和直接责任人员陈某，两人的上述行为均已构成妨害清算罪，依法应予惩处。公诉机关指控杨某、陈某两名被告人犯妨害清算的罪名成立，依法应予支持。由于公司资产不因有无列入财务账册而改变其性质，且根据 2001 年最高人民检察院、公安部《关于经济犯罪案件追诉标准的规定》，造成债权人或者其他人直接经济损失数额在 10 万元以上的，应予追诉。

（二）虚假破产罪

《刑法修正案（六）》第 6 条规定，公司、企业通过隐匿财产、承担虚构的债务或者以其他方法转移、处分财产，实施虚假破产，严重损害债权人或者其他人利益的，对其直接负责的主管人员和其他直接责任人员，处 5 年以下有期徒刑或者拘役，并处或者单处 2 万元以上 20 万元以下罚金。

2011 年至 2013 年，甲公司与乙公司签订运输协议，委托乙公司运送货物，截至 2013 年 6 月，甲公司共欠乙公司运费 1400 万元。2014 年 2 月 1 日，乙公司与甲公司签订了一份关于偿还运费的《协议书》，该协议书约定甲公司向乙公司还款 1400 万元，甲公司须在 2014 年 6 月 28 日前偿还 500 万元，其余运费须在 2014 年 10 月 29 日付清；约定甲公司及其股东保证将货物卖出后收回的货款优先偿还乙公司的运费，如甲公司及其股东将该货款挪作他用则承担相应的保证责任，甲公司支付了乙公司运费 600 万元，尚有 800 万元未清偿。

2014 年 3 月 28 日，甲公司决定隐匿公司的财产，并通过股东会决议后向法院递交了破产申请书。甲公司在其提交的虚假的申请材料中称，公司已经不能清偿到期债务。最终甲公司通过破产程序将公司注销，且其除了支付清算费用外，其他债权都未清偿。乙公司认为甲公司虚假申请破产的行为导致其无法实现债权，应承担清偿责任，遂向公安机关报案。

三、企业改制过程中可能导致的刑事风险

一个企业在发展过程中，为适应经济社会发展、国家政策变化和产业环境的变动，需要适时对自身进行改革或改制。尤其是国有企业，会在变革中通过改制提高国有资本的增殖性和利润率。改制中也存在诸多的刑事风险，需要企业的管理者和经营者多加留意。

如果国企改制过程中诸多环节不够规范会产生一系列的问题，如产权交易缺乏公开透明度，改制过程中资产评估不规范，发生私分国有资产问题，会导致国有资产流失严重。

在国有企业改制过程中，国有企业的领导班子很有可能为了顺利地推进改革，通过集体决策或者由单位负责人直接拍板并由直接负责人员经手，通过公开或者半公开以单位分红、单位发奖金、单位下发节日慰问费等名义，将国有资产按人头分配给本单位的全部或部分职工。

1998 年 1 月至 3 月间，被告人孙某春（时任运输处处长）经某市盐业（集团）公司销售经理高某峰联系以运输处名义向沈阳食盐购销公司出卖民用盐 480 吨，获款 14.2 万余元，该款除用于给运输处职工 1998 年春节福利、运输处招待费外，其余款项经运输处班子研究，在孙某春安排下，由被告人孙某春、陈某武、李某波、柳某财、陈某玉、王某臣六人私分，每人 500 元至 2000 元不等。1998 年 6 月，运输处班子决定以职工福利为名私卖其保管的部分海盐。被告人孙某春分别于 1998 年 6 月、1999 年 3 月两次责成陈某武，通过某市盐业（集团）公司销售处原副处长迟某，令其手下销售员王某向黑龙

江等地销售工业盐，计480吨，获款8万元。其中4000元作为辛苦费分给迟某。余款交由当时的运输处副处长隋某杰保管。1998年春节前，经孙某春同意，隋某杰以辛苦费名义分给孙某春，王莱某（运输处副处长），王某臣（运输处书记）及其本人各1万元；1999年春节，分给孙某春、陈某武、刘某波、王某某及其本人各5000元，1999年7月，经孙某春同意，分给孙某春、王某某及其本人各1000元。

上述违法犯罪的情况，企业在设立、解散和改制过程中都可能会遇到。究其原因，主要还是企业的经营者和管理者自身存在问题，诸如法律意识不强、法律素养不高、守法观念不足等。

第一，在企业设立解散和改制过程中，经营者和管理者法治思维落伍，法律知识储备不够，决策出现重大失误。由于受到社会不良风气的影响、相关部门执法不到位，企业的经营者和管理者产生设立解散和改制是自己的事，跟法律和行政部门无关的思想。直到出了事，才后悔莫及。

第二，在企业设立解散和改制过程中，经营者和管理者没有统一的规划和明确的分工，做事纯粹想当然。一个人的出生死亡都要遵从很多的仪式，作为法人主体或者非法人主体的企业更是不能草率地对待其设立、解散和改制。但是由于经营者和管理者没有考虑清楚，就盲目上马，使得有些可以避免的法律风险变成了现实。

第三，在企业设立、解散和改制过程中，经营者和管理者没有借助法律专家的力量化解工作中的法律风险。经营者和管理者只专注于业务上的发展、核心竞争力的提升，对法律事务重视不够，对法律专家的作用发挥不够。有时仅仅是为了省钱，而使企业的决策失去合法性审查的重要保障。

第四，在企业设立解散和改制过程中，经营者和管理者蔑视法律，明知是违法犯罪行为而故意为之。经营者和管理者心存侥幸心理，认为自己偷偷做一些违法犯罪的事情，执法部门不可能全面掌握；或者认为大家都是这么干的，法不责众，不会单独挑自己的毛病。殊不知"法网恢恢，疏而不漏"，一旦出现违法犯罪事实，就要受到法律的制裁。

企业若想化解在设立、解散和改制过程中可能遇到的法律风险，尤其是防范刑事的严厉处罚，经营者和管理者在操作过程中必须坚持有法必依、严格守法。

第一，企业经营者和管理者全面提升自身的法律素养和法律知识储备。

在企业设立、解散和改制过程中，多学习相关法律，制造相关工作的"仪式感"，经营者和管理者必须在实施相关工作之前，制定一个周密的规划，并且有明确的分工，让企业在"出生、成长和死亡"的过程中，严格按照法律要求和程序，依法推进和履行相关手续。

第二，企业经营者和管理者在决策过程中要积极地听取法律专家的意见和建议。在企业设立、解散和改制之前，经营者和管理者要全面做好相关问题的前瞻性思考，提出相关规划，并由法律专家提出建议和意见，对决策进行合法性审查，保障决议合法有效，并能够切实落地执行。

第三，企业经营者和管理者要树立和提升合法经营、严格守法的法律意识。严格守法是包括企业家在内的每一位公民的法定义务，合法经营是一个企业健康发展的前提。经营者和管理者在企业设立、解散和改制工作中，更要牢牢地树立法律至上的意识，通过履行法律的规定好好地保护企业、保护自己。

第四，企业经营者和管理者要主动对接相关的行政或者司法部门，密切沟通，加强联系。在企业设立、解散和改制过程中，如果遇到了政策上的难题，经营者和管理者要主动询问主管部门，详细了解情况，得到肯定答复后，再认真组织实施。

相信企业在认真履行法定程序、勇于承担法律责任之后，能够有效化解法律风险，减少因违法行为给企业和经营者、管理者带来的不必要的损失。

第七节　授权不当导致的刑事风险

企业的法定代表人或者负责人是企业对外的合法全权代表，其可以代表企业对外签订各种合同，并由企业承担相应的法律后果。原《合同法》第50条规定："法人或者其他组织的法定代表人、负责人超越权限订立的合同，除相对人知道或者应当知道其超越权限的以外，该代表行为有效。"但是在企业的经营实践中，企业的法定代表人不可能直接参与每一份合同的签订，而常常是由业务员或其他人员代理企业负责人或者公司经理去签订合同。

法人代表授权委托，是指法定代表人依法授予代理人一定的权利，代理人因此取得以法人的名义实施法律行为并使其后果直接对被代理人发生效力的行为。实行法人代表授权代理制度，可以使合同签订人员取得合法资格，取得对方的信任，顺利签订合同，又能对公司的授权行为进行严格管理。但是如果授权不当，也可能引发严重的法律风险，甚至要付出承担刑事责任的代价。

根据我国法律规定，委托代理是基于被代理人的委托授权而发生的代理。委托代理权限的获得是基于委托合同和授权行为。前者是双方民事法律行为，后者是单方民事法律行为。委托授权的形式包括口头形式和书面形式。其中书面形式为授权代理书。授权代理书包括代理人的姓名、名称、代理事项、代理权限、代理期限，被代理人签名、盖章。在实践中，盖章的空白合同书和介绍信具有代理证书的效力。代理证书授权不明的，由被代理人和代理人承担连带责任。授权不当引起的民事责任很多，但是在社会实践中，企业因授权不当引发的刑事风险也不可忽略。下面就着重分析企业因授权不当承担刑事责任的几种情形和相关案例。

第一种情形：对外能代表企业的被授权人，实施了可能构成犯罪的严重危害社会的行为，并且该行为是经企业的主管人员同意的。

在这种情况下，因为经常性的授权，让被授权人有了民法上的表见代理，在代表企业行使了某种具备严重社会危害性的犯罪行为，而且只要行为利益已经归为企业所有或可期待归为企业所有的，无论在法理学界还是在法律实践中都会被认定为单位犯罪。

某市数据科技有限公司（甲公司）授权该公司副总经理黄某从事存储技术研发，黄某曾为某市存储技术有限公司（乙公司）的员工，担任过副总经理、工程师等职位。黄某利用原有的关系欲将技术人员王某、颜某、柳某、吴某、邢某某从乙公司挖到甲公司开发存储技术，而此五人均和乙公司签订有保密协议，王某、颜某、柳某、吴某纷纷从乙公司离职，邢某某仍留在乙公司。上述原乙公司四人来到甲公司，由黄某负责架构设计并通过电子邮件等方式对研发工作进行指导，其他被告人分别负责运营、源代码的编写等工作。四人的分工与其在乙公司的分工基本一致。邢某某通过将乙公司固态硬盘产品源代码的笔记本电脑交与四人，由其在此基础上研发甲公司固态硬盘产品源代码并出售。乙公司发现甲公司的剽窃行为后遂向公安机关报案，公安机关经济侦查部门经过侦查，将黄某、王某、颜某、柳某、吴某、邢某某悉数抓获，黄某等人对犯罪事实供认不讳，某市检察院指控原审被告人黄某、王某、颜某、柳某、吴某、邢某某犯侵犯商业秘密罪。关于该案中甲公司是否构成单位犯罪，甲公司系依法成立的有限责任公司，从事包括固态硬盘产品的开发、销售，并非以实施犯罪为主要活动；其产品的生产和销售，均以单位的名义进行，谋取的利益亦归单位所有，而非由实施犯罪的个人私分。综上，根据公诉机关指控的犯罪事实、证据以及庭审查明的事实，甲公司构成单位犯罪。

第二种情形：在委托过程中，不当授权其他代理人进行《刑法》不允许委托经营的业务而产生的刑事风险。

授权建筑企业挂靠经营就是《刑法》明确规定的属于违法犯罪的委托经营。挂靠经营主要广泛存在于建筑施工、市政园林工程等国家实行资质管理的行业，也普遍存在于汽车运输（包括货运和客运）、废旧物资经营等特定行业。

由于建筑企业挂靠经营中涉及挂靠者、挂靠者的雇用人员、被挂靠者、开发建设单位、材料设备供应商等多方当事人，法律关系比较复杂，各行为人之间对挂靠经营约定的形式也会多种多样，有的采用典型的挂靠经营形式即"一脚踢"形式（被挂靠者除了收取固定的管理费或挂靠费外，不承担任何义务），但也有不少采用的是"责任制承包"形式（分为内部责任制承包和外部责任制承包）。这些都属于违法犯罪行为。

四建公司中标获得了某小学综合楼、某住宅 D/E 型多层住宅和 C 型高层住宅的土建和安装工程承包权，工程总预算为 2189 万元。建设方和承包方签订了《建筑安装工程承包合同》。根据合同规定，承包方的承包方式为包工包料，建设方按承包方的工程进度向承包方拨付工程款，合同还规定了其他一些必备条款。此后，四建公司聘请王某（非四建公司职工）担任该工程的项目负责人，并与其签订了《单位工程责任协议书》。按照协议书规定，王某以包工包料形式"承包"上述所有的工程项目，四建公司预先按总工程款的一定比例提取税收、"管理费"和"安全保证金""工程保修费"等费用，其余工程款项由王某按工程进度向四建公司申请拨付。协议书还规定，对承包方和建设方签订的合同中有关承包方的条款，王某必须保证履行并负法律责任。协议书同时规定了四建公司要解决王某工程施工中的主要技术问题，并对工程质量和安全情况进行监督检查。至案发时，建设方共拨付给四建公司工程款 2134.1 万元，王某以付民工工资（用现金）和购工程材料（一般用支票）为名从四建公司领取 2051.7 万元（其中现金 493.9 万元，转账支票 1557.8 万元)。经查,王某实际只付民工工资391.7万元(工程材料款问题至今未查清),把现金用于其他工程项目开支19.2万元,王某对其余款项加以侵吞。由于王某的不当做法,致使四建公司被迫重付民工工资66.6万元和材料款等97万元(债权人向法院起诉四建公司,法院判决四建公司向债权人支付工资或材料款)。另外,王某在担任另一建筑企业某医院教科病房楼项目经理期间,采用了同样手段,获利70多万元。四建公司和王某的非法委托经营关系经举报,被公安机关经济侦查部门查处。

第三种情形:在委托过程中,不当授权其他代理人所产生的税务刑事风险。

在授权他人进行经营的过程当中,纳税的责任主体一定要明确由代理人进行纳税,而且要对纳税情况进行跟进。否则一旦出现纳税问题,有可能因为偷税或者逃税漏税,而承担相立的刑事责任。2008年修订的《增值税暂行条例实施细则》规定,按销售结算方式的不同,纳税时间具体为:委托其他纳税人代销货物,为收到代销单位的代销清单或者收到全部或者部分货款的当天;未收到代销清单及货款的,为发出代销货物满180天的当天。

乙公司由实业有限公司(甲公司)投资组建,其业务范围包括投资及投资管理、节能产品研发及销售、信息咨询、销售汽车及汽车配件和电子计算机系统集成。2006年至2008年,甲公司授权乙公司代为具体参与S集团有限公司股权转让,并代缴相关税款。2006年5月27日,乙公司代表甲公司与V省K单位签订《股权转让协议书》,约定:甲公司以1 241 266 525.2元人民币的价格收购V省K单位持有的S集团有限公司的1 127 399 231.24元的股权,占S集团有限公司注册资本的31.52%。乙公司又在甲公司的授权下,于2006年至2008年分四笔支付股权转让款共计1 241 266 525.2元,分两笔支付了股权转让款滞纳金50 661 168.92元。

乙公司在股权转让中刻意回避依法缴税的义务,经相关人员举报,最高人民检察院、公安部、财政部、国家税务总局组成联合检查组进行核查。该检查组对甲公司关于S集团有限公司股权变化的检查情况与V省税务局稽查局的调查情况一致。甲公司通过收购和增资前后共向S集团有限公司及其股东支付2 360 981 873.07元,支付滞纳金50 661 168.92元,通过出售S集团有限公司的股权取得2 797 782 802.23元,差额为386 139 760.24元,存在严重的逃税行为,鉴于甲公司在被查处之后能够主动承认错误,积极缴纳应缴税款,且是初次逃税，检察机关决定不予提起公诉。

很多企业老板由于长期扮演"救火员"角色，或自知某些专业能力欠缺，身心疲惫，从而不得不进行授权管理。授权不当导致的管理混乱是一种非常常见的现象。造成这种问题的主要原因有以下几个方面。

第一，缺乏有效的授权制度。企业对授权代理的程序不明确，谁都能授权，谁都能代理，回头查询时，谁都不知道，谁都不负责。很容易就会被有心人利用，万一被人实施违法犯罪行为，而企业无法证明自己的清白，就会被卷入单位犯罪的漩涡，并为此付出法律代价。因此，授权制度的诞生就是为了最大限度地对权力进行规管监督。

第二，使用错误的授权对象。过度的权力优越感，往往容易扭曲人的纯良本性。很多人一旦手里有一定的权力，如果没有严格的管理制度和跟进的监督机制进行有效监督，难免会做出一些违法犯罪行为，由于是经过企业正常授权的，企业也脱离不了关系，最终会受到刑法的严厉处罚。

第三，缺乏正确的法律观念。企业的经营者和管理者一心追求企业利润的最大化，对法律责任认识不够，法律意识淡薄，而且受到一些所谓的"管理学"的错误引导，提倡所谓的"疑人不用，用人不疑"，给予大量的授权，而自己则不管不问。殊不知，被授权人的法律认识也有问题，最终做出违法犯罪的行为，让企业背锅。

当然，以上的事例仅仅是特殊情况，是企业授权不当所造成的。正常情况下，企业在经营过程中根据法律的规定对他人或其他组织实施授权，是不会有太大问题的。那么，企业应当如何依法进行授权呢？具体应当注意以下几点：

第一，要注意严格明确规定授权代理的程序，防止被坏人钻了空子。企业的业务人员取得对外签订合同的授权必须经过一定的审批程序。企业可以根据自身经营管理的特点设置相关的审批程序。一般应当由业务部门提出，经过企业法律部门或者合同管理部门审查，由法定代表人批准签署授权委托书。如果授权代理事项出现变更，企业应当明确变更。并且企业的合同管理部门应当每年对代理人的授权代理书进行核查，对不符合要求的代理人应当及时收回和撤销授权委托书。代理人应妥善保管授权委托书，不得转借、出卖给他人；授权委托书遗失时，企业应及时登报声明作废；代理人离岗，应交回授权委托书。

第二，需要授权的企业要对授权代理内容进行严格的规定。授权代理书应对代理人和被代理人的自然状况有明确的说明。此外，企业对外签订的合同内容不同，其对外授权的范围、期限也应当不同。授权代理时应当针对不同的合同类型，确立不同的授权权限。如对采购部门只能授权其签订采购合同，人事部门只能授权其签订劳动合同，储运部门只能授权其签订储运合同。部门负责人和普通业务人员对外签约的权限也应当有所不同。授权代理书要填写得明确、具体、完整。

企业授权自己的业务人员对外签订协议，虽然该业务人员与企业之间是劳动者与用人单位的关系，但是在其接受了授权代理书之后，其作为代理人与作为被代理人的企业之间还存在法律代理关系。接受授权委托代理的员工在代理关系中应当履行以下义务：

（1）为被代理人的利益实施代理行为的义务。代理人的代理行为应当从被代理人的利益出发，而不是从自己的利益出发。如果员工为了自己的利益与他人恶意串通签订损害企业的协议，其代理行为就是无效的。

（2）亲自代理的义务。企业之所以委托业务人员就签约事项进行代理，就是基于对该业务人员的知识、能力和信用的信赖。所以，除非非常特殊和紧急的情况，业务人员不能将该授权交由他人行使。

（3）报告义务。代理人应当将处理代理事务的重要情况向被代理人报告。在签约过程中，如果出现重大变化影响企业将来的权利义务，业务人员必须及时向企业报告，而不应当擅自自主。

（4）保密义务。代理人在执行代理事务过程中所知晓的被代理人的商业秘密不得向外界透露。

第三，企业的经营者和管理者要加强法律知识储备，牢固树立法律意识。企业的经营者和管理者不仅要自己多学多看多用行业法律知识，尤其是刑法和相关行业法规；还要主动联系行业监管部门和行业的法律专家，对企业容易出现刑事法律风险的岗位人员进行系统性的培训和教育，系统防范法律风险。

相信通过这样一系列的措施，能加强企业的管理层和决策者对授权事宜的决策、执行、监管的全方位无死角的管理，如此企业就能享受到授权带来的诸多便利，而减少不必要的刑事法律风险。

涉商类罪概述

　　本章的主体是《刑法》分则第三章，即破坏社会主义市场经济秩序罪，但是，需要说明的是，商务刑法的视角并非按照《刑法》法条进行机械排列，而是将商务行为中可能涉嫌犯罪的常见罪名进行了类罪化归纳，例如，将相距甚远的集资诈骗和非法吸收公众存款、骗取贷款和贷款诈骗放到一起讲述。另外，最初笔者计划彻底摒弃非积极经营则不可能构成的罪名，例如生产销售伪劣产品、走私等罪名，后来，根据学员提醒，认为不同商业对象可能会涉及各种类型的犯罪，因此，此类犯罪也一并介绍。

　　理论上，企业管理人员可能涉嫌全部 483 个罪名中的大部分罪名（除特殊身份不能犯外的全部罪名），包括故意杀人、故意伤害、强奸等传统刑事犯罪。但是，这些犯罪显然不是商务刑法视角下需要研究的内容。笔者以商务刑法的视角，以及《刑法》本身的编排顺序入手，将涉商类犯罪做了如下分类：

一、危害公共安全、重大责任事故类犯罪

　　此类犯罪规定于《刑法》分则第二章，主要归刑侦、经侦、治安等部门管辖，包括：帮助恐怖活动罪（第 120 条之一）；重大责任事故罪，强令、组织他人违章冒险作业罪（第 134 条）；危险作业罪（第 134 条之一）；重大劳动安全事故罪（第 135 条）；大型群众性活动重大安全事故罪（第 135 条之一）；危险物品肇事罪（第 136 条）；工程重大安全事故罪（第 137 条）；教育设施重大安全事故罪（第 138 条）；消防责任事故罪（第 139 条）；不报、谎报安全事故罪（第 139 条之一）。

二、生产、销售伪劣商品类犯罪

此类犯罪规定于《刑法》分则第三章第一节，目前主要归食药部门管辖，包括：生产、销售伪劣产品罪（第 140 条）；生产、销售、提供假药罪（第 141 条）；生产、销售、提供劣药罪（第 142 条）；生产、销售不符合安全标准的食品罪（第 143 条）；生产、销售有毒、有害食品罪（第 144 条）；生产、销售不符合标准的医用器材罪（第 145 条）；生产、销售不符合安全标准的产品罪（第 146 条）；生产、销售伪劣农药、兽药、化肥、种子罪（第 147 条）；生产、销售不符合卫生标准的化妆品罪（第 148 条）。

三、走私类犯罪

此类犯罪规定于《刑法》分则第三章第二节，主要归海关缉私部门管辖，包括：走私武器、弹药罪，走私核材料罪，走私假币罪，走私文物罪，走私贵重金属罪，走私珍贵动物、珍贵动物制品罪，走私国家禁止进出口的货物、物品罪（第 151 条）；走私淫秽物品罪，走私废物罪（第 152 条）；走私普通货物、物品罪（第 153 条）；走私货物、物品罪的特殊形式（第 154 条）。

四、公司内部治理类犯罪

此类犯罪规定于《刑法》分则第三章第三节，主要归经侦部门管辖，包括：虚报注册资本罪（第 158 条）；虚假出资、抽逃出资罪（第 159 条）；欺诈发行证券罪（第 160 条）；违规披露、不披露重要信息罪（第 161 条）；妨害清算罪（第 162 条）；隐匿、故意销毁会计凭证、会计账簿、财务会计报告罪（第 162 条之一）；虚假破产罪（第 162 条之二）；非国家工作人员受贿罪（第 163 条）；对非国家工作人员行贿罪，对外国公职人员、国际公共组织官员行贿罪（第 164 条）；非法经营同类营业罪（第 165 条）；为亲友非法牟利罪（第 166 条）；签订、履行合同失职被骗罪（第 167 条）；国有公司、企业、事业单位人员失职罪，国有公司、企业、事业单位人员滥用职权罪（第 168 条）；徇私舞弊低价折股、出售国有资产罪（第 169 条）；背信损害上市公司利益罪（第 169 条之一）。

五、破坏金融管理秩序、金融诈骗类犯罪

此类犯罪规定于《刑法》分则第三章第四节、第五节，主要归经侦部门管辖，包括：伪造货币罪（第 170 条）；出售、购买、运输假币罪，金融工作人员购买假币、以假币换取货币罪（第 171 条）；持有、使用假币罪（第 172 条）；变造货币罪（第 173 条）；擅自设立金融机构罪，伪造、变造、转让金融机构经营许可证、批准文件罪（第 174 条）；高利转贷罪（第 175 条）；骗取贷款、票据承兑、金融票证罪（第 175 条之一）；非法吸收公众存款罪（第 176 条）；伪造、变造金融票证罪（第 177 条）；妨害信用卡管理罪，窃取、收买、非法提供信用卡信息罪（第 177 条之一）；伪造、变造国家有价证券罪，伪造、变造股票、公司、企业债券罪（第 178 条）；擅自发行股票、公司、企业债券罪（第 179 条）；内幕交易、泄露内幕信息罪，利用未公开信息交易罪（第 180 条）；编造并传播证券、期货交易虚假信息罪，诱骗投资者买卖证券、期货合约罪（第 181 条）；操纵证券、期货市场罪（第 182 条）；背信运用受托财产罪，违法运用资金罪（第 185 条之一）；违法发放贷款罪（第 186 条）；吸收客户资金不入账罪（第 187 条）；违规出具金融票证罪（第 188 条）；对违法票据承兑、付款、保证罪（第 189 条）；逃汇罪（第 190 条）；洗钱罪（第 191 条）；集资诈骗罪（第 192 条）；贷款诈骗罪（第 193 条）；票据诈骗罪，金融凭证诈骗罪（第 194 条）；信用证诈骗罪（第 195 条）；信用卡诈骗罪（第 196 条）；有价证券诈骗罪（第 197 条）；保险诈骗罪（第 198 条）。

六、危害税收征管类犯罪

此类犯罪规定于《刑法》分则第三章第六节，主要归经侦部门管辖，包括：逃税罪（第 201 条）；抗税罪（第 202 条）；逃避追缴欠税罪（第 203 条）；骗取出口退税罪（第 204 条）；虚开增值税专用发票、用于骗取出口退税、抵扣税款发票罪（第 205 条）；虚开发票罪（第 205 条之一）；伪造、出售伪造的增值税专用发票罪（第 206 条）；非法出售增值税专用发票罪（第 207 条）；非法购买增值税专用发票、购买伪造的增值税专用发票罪（第 208 条）；非法制造、出售非法制造的用于骗取出口退税、抵扣税款发票罪，非法制造、出售非法制造的发票罪，非法出售用于骗取出口退税、抵扣税款发票

罪，非法出售发票罪（第 209 条）；持有伪造的发票罪（第 210 条之一）。

七、侵犯知识产权类犯罪

此类犯罪规定于《刑法》分则第三章第七节，主要归食药部门管辖，包括：假冒注册商标罪（第 213 条）；销售假冒注册商标的商品罪（第 214 条）；非法制造、销售非法制造的注册商标标识罪（第 215 条）；假冒专利罪（第 216 条）；侵犯著作权罪（第 217 条）；销售侵权复制品罪（第 218 条）；侵犯商业秘密罪（第 219 条）；为境外窃取、刺探、收买、非法提供商业秘密罪（第 219 条之一）。

八、扰乱市场秩序类犯罪

此类犯罪规定于《刑法》分则第三章第八节，主要归经侦、治安、海关缉私等部门管辖，包括：损害商业信誉、商品声誉罪（第 221 条）；虚假广告罪（第 222 条）；串通投标罪（第 223 条）；合同诈骗罪（第 224 条）；组织、领导传销活动罪（第 224 条之一）；非法经营罪（第 225 条）；强迫交易罪（第 226 条）；伪造、倒卖伪造的有价票证罪，倒卖车票、船票罪（第 227 条）；非法转让、倒卖土地使用权罪（第 228 条）；提供虚假证明文件罪，出具证明文件重大失实罪（第 229 条）；逃避商检罪（第 230 条）。

九、其他常见涉企业管理人员类犯罪

此类犯罪规定散见于《刑法》分则，主要归刑侦、经侦、治安、纪检监察等部门管辖，包括：职务侵占罪（第 271 条）；挪用资金罪（第 272 条）；故意毁坏财物罪（第 275 条）；破坏生产经营罪（第 276 条）；拒不支付劳动报酬罪（第 276 条之一）；伪造、变造、买卖国家机关公文、证件、印章罪，盗窃、抢夺、毁灭国家机关公文、证件、印章罪，伪造公司、企业、事业单位、人民团体印章罪，伪造、变造、买卖身份证件罪（第 280 条）；组织、领导、参加黑社会性质组织罪（第 294 条）；虚假诉讼罪（第 307 条之一）；掩饰、隐瞒犯罪所得、犯罪所得收益罪（第 312 条）；拒不执行判决、裁定罪（第 313 条）；非法处置查封、扣押、冻结的财产罪（第 314 条）；受贿罪（第 385 条）；单位受贿罪（第 387 条）；利用影响力受贿罪（第 388 条之一）；行贿罪（第 389 条）；对有影响力的人行贿罪（第 390 条之一）；对单位行贿罪

（第 391 条）；介绍贿赂罪（第 392 条）；单位行贿罪（第 393 条）；职务侵占罪（保险公司）（第 183 条、第 271 条）；贪污罪（保险公司）（第 183 条、第 382 条）；非国家工作人员受贿罪（第 163 条、第 184 条）；受贿罪（第 184 条、第 385 条）；挪用资金罪（第 185 条、第 272 条）；挪用公款罪（第 185 条、第 384 条）。

接下来的章节，笔者就按照本章的顺序进行编排。但是需要说明的是，笔者尽量使用标准罪名作为节标题，但是，对于标准罪名过长的，笔者按照"所在法条"+实质内容+"类犯罪"格式进行整理，例如，对于第 151 条，涉及的标准罪名为"走私武器、弹药罪，走私核材料罪，走私假币罪，走私文物罪，走私贵重金属罪，走私珍贵动物、珍贵动物制品罪，走私国家禁止进出口的货物、物品罪"，而笔者最终将节标题整理为"第 151 条（刑法法条）走私（实质内容概括）类犯罪"。

另外，本章及随后章节中所涉部门，根据《公安部刑事案件管辖分工规定》和《监察法实施条例》的规定，分别对应为：刑侦部门指刑事侦查局，经侦部门指经济犯罪侦查局，治安部门指治安管理局，食药部门指食品药品犯罪侦查局，海关缉私部门指海关总署缉私局，纪检监察部门指监察机关，此处统一说明，后不赘述。

危害公共安全、重大责任事故类犯罪

此类犯罪规定于《刑法》分则第二章，主要归刑侦、经侦、治安等部门管辖，包括：帮助恐怖活动罪（第120条之一）；重大责任事故罪，强令、组织他人违章冒险作业罪（第134条）；危险作业罪（第134条之一）；重大劳动安全事故罪（第135条）；大型群众性活动重大安全事故罪（第135条之一）；危险物品肇事罪（第136条）；工程重大安全事故罪（第137条）；教育设施重大安全事故罪（第138条）；消防责任事故罪（第139条）；不报、谎报安全事故罪（第139条之一）。

第一节　帮助恐怖活动罪

一、刑法规定

《刑法》第一百二十条之一　【帮助恐怖活动罪】资助恐怖活动组织、实施恐怖活动的个人的，或者资助恐怖活动培训的，处五年以下有期徒刑、拘役、管制或者剥夺政治权利，并处罚金；情节严重的，处五年以上有期徒刑，并处罚金或者没收财产。

为恐怖活动组织、实施恐怖活动或者恐怖活动培训招募、运送人员的，依照前款的规定处罚。

单位犯前两款罪的，对单位判处罚金，并对其直接负责的主管人员和其他直接责任人员，依照第一款的规定处罚。

二、管辖部门

根据《公安部刑事案件管辖分工规定》，此类案件由经侦部门管辖。

三、追诉标准

《关于公安机关管辖的刑事案件立案追诉标准的规定（二）》第一条
〔帮助恐怖活动案（刑法第一百二十条之一第一款）〕资助恐怖活动组织、实施恐怖活动的个人的，或者资助恐怖活动培训的，应予立案追诉。

第二节 重大责任事故罪；强令、组织他人违章冒险作业罪；危险作业罪

一、刑法规定

《刑法》第一百三十四条 【重大责任事故罪】在生产、作业中违反有关安全管理的规定，因而发生重大伤亡事故或者造成其他严重后果的，处三年以下有期徒刑或者拘役；情节特别恶劣的，处三年以上七年以下有期徒刑。

【强令、组织他人违章冒险作业罪】强令他人违章冒险作业，或者明知存在重大事故隐患而不排除，仍冒险组织作业，因而发生重大伤亡事故或者造成其他严重后果的，处五年以下有期徒刑或者拘役；情节特别恶劣的，处五年以上有期徒刑。

第一百三十四条之一 【危险作业罪】在生产、作业中违反有关安全管理的规定，有下列情形之一，具有发生重大伤亡事故或者其他严重后果的现实危险的，处一年以下有期徒刑、拘役或者管制：

（一）关闭、破坏直接关系生产安全的监控、报警、防护、救生设备、设施，或者篡改、隐瞒、销毁其相关数据、信息的；

（二）因存在重大事故隐患被依法责令停产停业、停止施工、停止使用有关设备、设施、场所或者立即采取排除危险的整改措施，而拒不执行的；

（三）涉及安全生产的事项未经依法批准或者许可，擅自从事矿山开采、金属冶炼、建筑施工，以及危险物品生产、经营、储存等高度危险的生产作业活动的。

二、管辖部门

根据《公安部刑事案件管辖分工规定》，此类案件由治安部门管辖。

三、追诉标准

《关于公安机关管辖的刑事案件立案追诉标准的规定（一）》第八条

［重大责任事故案（刑法第一百三十四条第一款）］在生产、作业中违反有关安全管理的规定，涉嫌下列情形之一的，应予立案追诉：

（一）造成死亡一人以上，或者重伤三人以上；

（二）造成直接经济损失五十万元以上的；

（三）发生矿山生产安全事故，造成直接经济损失一百万元以上的；

（四）其他造成严重后果的情形。

第九条　［强令违章冒险作业案（刑法第一百三十四条第二款）］强令他人违章冒险作业，涉嫌下列情形之一的，应予立案追诉：

（一）造成死亡一人以上，或者重伤三人以上；

（二）造成直接经济损失五十万元以上的；

（三）发生矿山生产安全事故，造成直接经济损失一百万元以上的；

（四）其他造成严重后果的情形。

第十条　［重大劳动安全事故案（刑法第一百三十五条）］安全生产设施或者安全生产条件不符合国家规定，涉嫌下列情形之一的，应予立案追诉：

（一）造成死亡一人以上，或者重伤三人以上；

（二）造成直接经济损失五十万元以上的；

（三）发生矿山生产安全事故，造成直接经济损失一百万元以上的；

（四）其他造成严重后果的情形。

第三节　重大劳动安全事故罪；大型群众性活动重大安全事故罪

一、刑法规定

《刑法》第一百三十五条　【重大劳动安全事故罪】安全生产设施或者安全生产条件不符合国家规定，因而发生重大伤亡事故或者造成其他严重后果的，对直接负责的主管人员和其他直接责任人员，处三年以下有期徒刑或者拘役；情节特别恶劣的，处三年以上七年以下有期徒刑。

第一百三十五条之一 【大型群众性活动重大安全事故罪】举办大型群众性活动违反安全管理规定，因而发生重大伤亡事故或者造成其他严重后果的，对直接负责的主管人员和其他直接责任人员，处三年以下有期徒刑或者拘役；情节特别恶劣的，处三年以上七年以下有期徒刑。

二、管辖部门

根据《公安部刑事案件管辖分工规定》，此类案件由治安部门管辖。

三、追诉标准

《关于公安机关管辖的刑事案件立案追诉标准的规定（一）》第十条

[重大劳动安全事故案（刑法第一百三十五条）]安全生产设施或者安全生产条件不符合国家规定，涉嫌下列情形之一的，应予立案追诉：

（一）造成死亡一人以上，或者重伤三人以上；

（二）造成直接经济损失五十万元以上的；

（三）发生矿山生产安全事故，造成直接经济损失一百万元以上的；

（四）其他造成严重后果的情形。

第十一条 [大型群众性活动重大安全事故案（刑法第一百三十五条之一）]举办大型群众性活动违反安全管理规定，涉嫌下列情形之一的，应予立案追诉：

（一）造成死亡一人以上，或者重伤三人以上；

（二）造成直接经济损失五十万元以上的；

（三）其他造成严重后果的情形。

第四节 危险物品肇事罪

一、刑法规定

第一百三十六条 【危险物品肇事罪】违反爆炸性、易燃性、放射性、毒害性、腐蚀性物品的管理规定，在生产、储存、运输、使用中发生重大事故，造成严重后果的，处三年以下有期徒刑或者拘役；后果特别严重的，处三年以上七年以下有期徒刑。

二、管辖部门

根据《公安部刑事案件管辖分工规定》，此类案件由治安部门管辖。

三、追诉标准

《关于公安机关管辖的刑事案件立案追诉标准的规定（一）》第十二条

［危险物品肇事案（刑法第一百三十六条）］违反爆炸性、易燃性、放射性、毒害性、腐蚀性物品的管理规定，在生产、储存、运输、使用中发生重大事故，涉嫌下列情形之一的，应予立案追诉：

（一）造成死亡一人以上，或者重伤三人以上；

（二）造成直接经济损失五十万元以上的；

（三）其他造成严重后果的情形。

第五节　工程重大安全事故罪

一、刑法规定

第一百三十七条　**【工程重大安全事故罪】**建设单位、设计单位、施工单位、工程监理单位违反国家规定，降低工程质量标准，造成重大安全事故的，对直接责任人员，处五年以下有期徒刑或者拘役，并处罚金；后果特别严重的，处五年以上十年以下有期徒刑，并处罚金。

二、管辖部门

根据《公安部刑事案件管辖分工规定》，此类案件由治安部门管辖。

三、追诉标准

《关于公安机关管辖的刑事案件立案追诉标准的规定（一）》第十三条

［工程重大安全事故案（刑法第一百三十七条）］建设单位、设计单位、施工单位、工程监理单位违反国家规定，降低工程质量标准，涉嫌下列情形之一的，应予立案追诉：

（一）造成死亡一人以上，或者重伤三人以上；

（二）造成直接经济损失五十万元以上的；

（三）其他造成严重后果的情形。

第六节　教育设施重大安全事故罪

一、刑法规定

第一百三十八条　【教育设施重大安全事故罪】明知校舍或者教育教学设施有危险，而不采取措施或者不及时报告，致使发生重大伤亡事故的，对直接责任人员，处三年以下有期徒刑或者拘役；后果特别严重的，处三年以上七年以下有期徒刑。

二、管辖部门

根据《公安部刑事案件管辖分工规定》，此类案件由治安部门管辖。

三、追诉标准

《关于公安机关管辖的刑事案件立案追诉标准的规定（一）》第十四条

［教育设施重大安全事故案（刑法第一百三十八条）］明知校舍或者教育教学设施有危险，而不采取措施或者不及时报告，涉嫌下列情形之一的，应予立案追诉：

（一）造成死亡一人以上、重伤三人以上或者轻伤十人以上的；

（二）其他致使发生重大伤亡事故的情形。

第七节　消防责任事故罪；不报、谎报安全事故罪

一、刑法规定

第一百三十九条　【消防责任事故罪】违反消防管理法规，经消防监督机构通知采取改正措施而拒绝执行，造成严重后果的，对直接责任人员，处三年以下有期徒刑或者拘役；后果特别严重的，处三年以上七年以下有期徒刑。

第一百三十九条之一　【不报、谎报安全事故罪】在安全事故发生后，

负有报告职责的人员不报或者谎报事故情况，贻误事故抢救，情节严重的，处三年以下有期徒刑或者拘役；情节特别严重的，处三年以上七年以下有期徒刑。

二、管辖部门

根据《公安部刑事案件管辖分工规定》，消防责任事故案件由刑侦部门管辖，不报、谎报安全事故案件由治安部门管辖。

三、追诉标准

《关于公安机关管辖的刑事案件立案追诉标准的规定（一）》第十五条

［消防责任事故案（刑法第一百三十九条）］违反消防管理法规，经消防监督机构通知采取改正措施而拒绝执行，涉嫌下列情形之一的，应予立案追诉：

（一）造成死亡一人以上，或者重伤三人以上；

（二）造成直接经济损失五十万元以上的；

（三）造成森林火灾，过火有林地面积二公顷以上，或者过火疏林地、灌木林地、未成林地、苗圃地面积四公顷以上的；

（四）其他造成严重后果的情形。

生产、销售伪劣商品类犯罪

此类犯罪规定于《刑法》分则第三章第一节，目前主要归食药部门管辖，包括：生产、销售伪劣产品罪（第 140 条）；生产、销售、提供假药罪（第 141 条）；生产、销售、提供劣药罪（第 142 条）；生产、销售不符合安全标准的食品罪（第 143 条）；生产、销售有毒、有害食品罪（第 144 条）；生产、销售不符合标准的医用器材罪（第 145 条）；生产、销售不符合安全标准的产品罪（第 146 条）；生产、销售伪劣农药、兽药、化肥、种子罪（第 147 条）；生产、销售不符合卫生标准的化妆品罪（第 148 条）。

第一节　生产、销售伪劣产品罪

一、刑法规定

第一百四十条　【生产、销售伪劣产品罪】生产者、销售者在产品中掺杂、掺假，以假充真，以次充好或者以不合格产品冒充合格产品，销售金额五万元以上不满二十万元的，处二年以下有期徒刑或者拘役，并处或者单处销售金额百分之五十以上二倍以下罚金；销售金额二十万元以上不满五十万元的，处二年以上七年以下有期徒刑，并处销售金额百分之五十以上二倍以下罚金；销售金额五十万元以上不满二百万元的，处七年以上有期徒刑，并处销售金额百分之五十以上二倍以下罚金；销售金额二百万元以上的，处十五年有期徒刑或者无期徒刑，并处销售金额百分之五十以上二倍以下罚金或者没收财产。

二、管辖部门

根据《公安部刑事案件管辖分工规定》，此类案件由食药部门管辖。

三、追诉标准

《关于公安机关管辖的刑事案件立案追诉标准的规定（一）》第十六条

［生产、销售伪劣产品案（刑法第一百四十条）］生产者、销售者在产品中掺杂、掺假，以假充真，以次充好或者以不合格产品冒充合格产品，涉嫌下列情形之一的，应予立案追诉：

（一）伪劣产品销售金额五万元以上的；

（二）伪劣产品尚未销售，货值金额十五万元以上的；

（三）伪劣产品销售金额不满五万元，但将已销售金额乘以三倍后，与尚未销售的伪劣产品货值金额合计十五万元以上的。

本条规定的"在产品中掺杂、掺假"，是指在产品中掺入杂质或者异物，致使产品质量不符合国家法律、法规或者产品明示质量标准规定的质量要求，降低、失去应有使用性能的行为；"以假充真"，是指以不具有某种使用性能的产品冒充具有该种使用性能的产品的行为；"以次充好"，是指以低等级、低档次产品冒充高等级、高档次产品，或者以残次、废旧零配件组合、拼装后冒充正品或者新产品的行为；"不合格产品"，是指不符合《中华人民共和国产品质量法》规定的质量要求的产品。

对本条规定的上述行为难以确定的，应当委托法律、行政法规规定的产品质量检验机构进行鉴定。本条规定的"销售金额"，是指生产者、销售者出售伪劣产品后所得和应得的全部违法收入；"货值金额"，以违法生产、销售的伪劣产品的标价计算；没有标价的，按照同类合格产品的市场中间价格计算。货值金额难以确定的，按照《扣押、追缴、没收物品估价管理办法》的规定，委托估价机构进行确定。

第二节　生产、销售、提供假药罪

一、刑法规定

第一百四十一条　【生产、销售、提供假药罪】生产、销售假药的，处三年以下有期徒刑或者拘役，并处罚金；对人体健康造成严重危害或者有其他严重情节的，处三年以上十年以下有期徒刑，并处罚金；致人死亡或者有其他特别严重情节的，处十年以上有期徒刑、无期徒刑或者死刑，并处罚金或者没收财产。

药品使用单位的人员明知是假药而提供给他人使用的，依照前款的规定处罚。

二、管辖部门

根据《公安部刑事案件管辖分工规定》，此类案件由食药部门管辖。

三、追诉标准

《关于公安机关管辖的刑事案件立案追诉标准的规定（一）》第十七条

［生产、销售假药案（刑法第一百四十一条）］生产（包括配制）、销售假药，涉嫌下列情形之一的，应予立案追诉：

（一）含有超标准的有毒有害物质的；

（二）不含所标明的有效成分，可能贻误诊治的；

（三）所标明的适应症或者功能主治超出规定范围，可能造成贻误诊治的；

（四）缺乏所标明的急救必需的有效成分的；

（五）其他足以严重危害人体健康或者对人体健康造成严重危害的情形。

本条规定的"假药"，是指依照《中华人民共和国药品管理法》的规定属于假药和按假药处理的药品、非药品。

第三节　生产、销售、提供劣药罪

一、刑法规定

第一百四十二条 【生产、销售、提供劣药罪】生产、销售劣药，对人体健康造成严重危害的，处三年以上十年以下有期徒刑，并处罚金；后果特别严重的，处十年以上有期徒刑或者无期徒刑，并处罚金或者没收财产。

药品使用单位的人员明知是劣药而提供给他人使用的，依照前款的规定处罚。

第一百四十二条之一 【妨害药品管理罪】违反药品管理法规，有下列情形之一，足以严重危害人体健康的，处三年以下有期徒刑或者拘役，并处或者单处罚金；对人体健康造成严重危害或者有其他严重情节的，处三年以上七年以下有期徒刑，并处罚金：

（一）生产、销售国务院药品监督管理部门禁止使用的药品的；

（二）未取得药品相关批准证明文件生产、进口药品或者明知是上述药品而销售的；

（三）药品申请注册中提供虚假的证明、数据、资料、样品或者采取其他欺骗手段的；

（四）编造生产、检验记录的。

有前款行为，同时又构成本法第一百四十一条、第一百四十二条规定之罪或者其他犯罪的，依照处罚较重的规定定罪处罚。

二、管辖部门

根据《公安部刑事案件管辖分工规定》，此类案件由食药部门管辖。

三、追诉标准

《关于公安机关管辖的刑事案件立案追诉标准的规定（一）》第十八条

［生产、销售劣药案（刑法第一百四十二条）］生产（包括配制）、销售劣药，涉嫌下列情形之一的，应予立案追诉：

（一）造成人员轻伤、重伤或者死亡的；

（二）其他对人体健康造成严重危害的情形。

本条规定的劣药，是指依照《中华人民共和国药品管理法》的规定，药品成分的含量不符合国家药品标准的药品和按劣药论处的药品。

第四节　生产、销售不符合安全标准的食品罪

一、刑法规定

第一百四十三条　【生产、销售不符合安全标准的食品罪】生产、销售不符合食品安全标准的食品，足以造成严重食物中毒事故或者其他严重食源性疾病的，处三年以下有期徒刑或者拘役，并处罚金；对人体健康造成严重危害或者有其他严重情节的，处三年以上七年以下有期徒刑，并处罚金；后果特别严重的，处七年以上有期徒刑或者无期徒刑，并处罚金或者没收财产。

二、管辖部门

根据《公安部刑事案件管辖分工规定》，此类案件由食药部门管辖。

三、追诉标准

《关于公安机关管辖的刑事案件立案追诉标准的规定（一）》第十九条

［生产、销售不符合卫生标准的食品案（刑法第一百四十三条）］生产、销售不符合卫生标准的食品，涉嫌下列情形之一的，应予立案追诉：

（一）含有可能导致严重食物中毒事故或者其他严重食源性疾患的超标准的有害细菌的；

（二）含有可能导致严重食物中毒事故或者其他严重食源性疾患的超标准的其他污染物的。

本条规定的"不符合卫生标准的食品"，由省级以上卫生行政部门确定的机构进行鉴定。

第五节　生产、销售有毒、有害食品罪

一、刑法规定

第一百四十四条　【生产、销售有毒、有害食品罪】在生产、销售的食品中掺入有毒、有害的非食品原料的，或者销售明知掺有有毒、有害的非食品原料的食品的，处五年以下有期徒刑，并处罚金；对人体健康造成严重危害或者有其他严重情节的，处五年以上十年以下有期徒刑，并处罚金；致人死亡或者有其他特别严重情节的，依照本法第一百四十一条的规定处罚。

二、管辖部门

根据《公安部刑事案件管辖分工规定》，此类案件由食药部门管辖。

三、追诉标准

《关于公安机关管辖的刑事案件立案追诉标准的规定（一）》第二十条

［生产、销售有毒、有害食品案（刑法第一百四十四条）］在生产、销售的食品中掺入有毒、有害的非食品原料的，或者销售明知掺有有毒、有害的非食品原料的食品的，应予立案追诉。

使用盐酸克仑特罗（俗称"瘦肉精"）等禁止在饲料和动物饮用水中使用的药品或者含有该类药品的饲料养殖供人食用的动物，或者销售明知是使用该类药品或者含有该类药品的饲料养殖的供人食用的动物的，应予立案追诉。

明知是使用盐酸克仑特罗等禁止在饲料和动物饮用水中使用的药品或者含有该类药品的饲料养殖的供人食用的动物，而提供屠宰等加工服务，或者销售其制品的，应予立案追诉。

第六节　生产、销售不符合标准的医用器材罪

一、刑法规定

第一百四十五条　【生产、销售不符合标准的医用器材罪】生产不符合

保障人体健康的国家标准、行业标准的医疗器械、医用卫生材料，或者销售明知是不符合保障人体健康的国家标准、行业标准的医疗器械、医用卫生材料，足以严重危害人体健康的，处三年以下有期徒刑或者拘役，并处销售金额百分之五十以上二倍以下罚金；对人体健康造成严重危害的，处三年以上十年以下有期徒刑，并处销售金额百分之五十以上二倍以下罚金；后果特别严重的，处十年以上有期徒刑或者无期徒刑，并处销售金额百分之五十以上二倍以下罚金或者没收财产。

二、管辖部门

根据《公安部刑事案件管辖分工规定》，此类案件由食药部门管辖。

三、追诉标准

《关于公安机关管辖的刑事案件立案追诉标准的规定（一）》第二十一条 ［生产、销售不符合标准的医用器材案（刑法第一百四十五条）］生产不符合保障人体健康的国家标准、行业标准的医疗器械、医用卫生材料，或者销售明知是不符合保障人体健康的国家标准、行业标准的医疗器械、医用卫生材料，涉嫌下列情形之一的，应予立案追诉：

（一）进入人体的医疗器械的材料中含有超过标准的有毒有害物质的；

（二）进入人体的医疗器械的有效性指标不符合标准要求，导致治疗、替代、调节、补偿功能部分或者全部丧失，可能造成贻误诊治或者人体严重损伤的；

（三）用于诊断、监护、治疗的有源医疗器械的安全指标不符合强制性标准要求，可能对人体构成伤害或者潜在危害的；

（四）用于诊断、监护、治疗的有源医疗器械的主要性能指标不合格，可能造成贻误诊治或者人体严重损伤的；

（五）未经批准，擅自增加功能或者适用范围，可能造成贻误诊治或者人体严重损伤的；

（六）其他足以严重危害人体健康或者对人体健康造成严重危害的情形。

医疗机构或者个人知道或者应当知道是不符合保障人体健康的国家标准、行业标准的医疗器械、医用卫生材料而购买并有偿使用的，视为本条规定的"销售"。

第七节　生产、销售不符合安全标准的产品罪

一、刑法规定

第一百四十六条　【生产、销售不符合安全标准的产品罪】生产不符合保障人身、财产安全的国家标准、行业标准的电器、压力容器、易燃易爆产品或者其他不符合保障人身、财产安全的国家标准、行业标准的产品，或者销售明知是以上不符合保障人身、财产安全的国家标准、行业标准的产品，造成严重后果的，处五年以下有期徒刑，并处销售金额百分之五十以上二倍以下罚金；后果特别严重的，处五年以上有期徒刑，并处销售金额百分之五十以上二倍以下罚金。

二、管辖部门

根据《公安部刑事案件管辖分工规定》，此类案件由食药部门管辖。

三、追诉标准

《关于公安机关管辖的刑事案件立案追诉标准的规定（一）》第二十二条　[生产、销售不符合安全标准的产品案（刑法第一百四十六条）]生产不符合保障人身、财产安全的国家标准、行业标准的电器、压力容器、易燃易爆或者其他不符合保障人身、财产安全的国家标准、行业标准的产品，或者销售明知是以上不符合保障人身、财产安全的国家标准、行业标准的产品，涉嫌下列情形之一的，应予立案追诉：

（一）造成人员重伤或者死亡的；

（二）造成直接经济损失十万元以上的；

（三）其他造成严重后果的情形。

第八节　生产、销售伪劣农药、兽药、化肥、种子罪

一、刑法规定

第一百四十七条　【生产、销售伪劣农药、兽药、化肥、种子罪】生产

假农药、假兽药、假化肥，销售明知是假的或者失去使用效能的农药、兽药、化肥、种子，或者生产者、销售者以不合格的农药、兽药、化肥、种子冒充合格的农药、兽药、化肥、种子，使生产遭受较大损失的，处三年以下有期徒刑或者拘役，并处或者单处销售金额百分之五十以上二倍以下罚金；使生产遭受重大损失的，处三年以上七年以下有期徒刑，并处销售金额百分之五十以上二倍以下罚金；使生产遭受特别重大损失的，处七年以上有期徒刑或者无期徒刑，并处销售金额百分之五十以上二倍以下罚金或者没收财产。

二、管辖部门

根据《公安部刑事案件管辖分工规定》，此类案件由食药部门管辖。

三、追诉标准

《关于公安机关管辖的刑事案件立案追诉标准的规定（一）》第二十三条 [生产、销售伪劣农药、兽药、化肥、种子案（刑法第一百四十七条）] 生产假农药、假兽药、假化肥，销售明知是假的或者失去使用效能的农药、兽药、化肥、种子，或者生产者、销售者以不合格的农药、兽药、化肥、种子冒充合格的农药、兽药、化肥、种子，涉嫌下列情形之一的，应予立案追诉：

（一）使生产遭受损失二万元以上的；

（二）其他使生产遭受较大损失的情形。

第九节　生产、销售不符合卫生标准的化妆品罪

一、刑法规定

第一百四十八条 【生产、销售不符合卫生标准的化妆品罪】生产不符合卫生标准的化妆品，或者销售明知是不符合卫生标准的化妆品，造成严重后果的，处三年以下有期徒刑或者拘役，并处或者单处销售金额百分之五十以上二倍以下罚金。

二、管辖部门

根据《公安部刑事案件管辖分工规定》，此类案件由食药部门管辖。

三、追诉标准

《关于公安机关管辖的刑事案件立案追诉标准的规定（一）》第二十四条 ［生产、销售不符合卫生标准的化妆品案（刑法第一百四十八条）］ 生产不符合卫生标准的化妆品，或者销售明知是不符合卫生标准的化妆品，涉嫌下列情形之一的，应予立案追诉：

（一）造成他人容貌毁损或者皮肤严重损伤的；

（二）造成他人器官组织损伤导致严重功能障碍的；

（三）致使他人精神失常或者自杀、自残造成重伤、死亡的；

（四）其他造成严重后果的情形。

走私类犯罪

此类犯罪规定于《刑法》分则第三章第二节，主要归海关缉私部门管辖，包括：走私武器、弹药罪，走私核材料罪，走私假币罪，走私文物罪，走私贵重金属罪，走私珍贵动物、珍贵动物制品罪，走私国家禁止进出口的货物、物品罪（第 151 条）；走私淫秽物品罪，走私废物罪（第 152 条）；走私普通货物、物品罪（第 153 条）；走私货物、物品罪的特殊形式（第 154 条）。

第一节　第 151 条走私类犯罪

一、刑法规定

第一百五十一条　【走私武器、弹药罪】【走私核材料罪】【走私假币罪】走私武器、弹药、核材料或者伪造的货币的，处七年以上有期徒刑，并处罚金或者没收财产；情节特别严重的，处无期徒刑，并处没收财产；情节较轻的，处三年以上七年以下有期徒刑，并处罚金。

【走私文物罪】【走私贵重金属罪】【走私珍贵动物、珍贵动物制品罪】走私国家禁止出口的文物、黄金、白银和其他贵重金属或者国家禁止进出口的珍贵动物及其制品的，处五年以上十年以下有期徒刑，并处罚金；情节特别严重的，处十年以上有期徒刑或者无期徒刑，并处没收财产；情节较轻的，处五年以下有期徒刑，并处罚金。

【走私国家禁止进出口的货物、物品罪】走私珍稀植物及其制品等国家禁止进出口的其他货物、物品的，处五年以下有期徒刑或者拘役，并处或者单处罚金；情节严重的，处五年以上有期徒刑，并处罚金。

单位犯本条规定之罪的，对单位判处罚金，并对其直接负责的主管人员和其他直接责任人员，依照本条各款的规定处罚。

二、管辖部门

根据《公安部刑事案件管辖分工规定》，此类案件由海关缉私部门管辖。

第二节　走私淫秽物品罪

一、刑法规定

第一百五十二条　【走私淫秽物品罪】以牟利或者传播为目的，走私淫秽的影片、录像带、录音带、图片、书刊或者其他淫秽物品的，处三年以上十年以下有期徒刑，并处罚金；情节严重的，处十年以上有期徒刑或者无期徒刑，并处罚金或者没收财产；情节较轻的，处三年以下有期徒刑、拘役或者管制，并处罚金。

【走私废物罪】逃避海关监管将境外固体废物、液态废物和气态废物运输进境，情节严重的，处五年以下有期徒刑，并处或者单处罚金；情节特别严重的，处五年以上有期徒刑，并处罚金。

单位犯前两款罪的，对单位判处罚金，并对其直接负责的主管人员和其他直接责任人员，依照前两款的规定处罚。

二、管辖部门

根据《公安部刑事案件管辖分工规定》，此类案件由海关缉私部门管辖。

三、追诉标准

《关于公安机关管辖的刑事案件立案追诉标准的规定（一）》第二十五条　［走私淫秽物品案（刑法第一百五十二条第一款）］以牟利或者传播为目的，走私淫秽的影片、录像带、录音带、图片、书刊或者其他通过文字、声音、形象等形式表现淫秽内容的影碟、音碟、电子出版物等物品，涉嫌下列情形之一的，应予立案追诉：

（一）走私淫秽录像带、影碟五十盘（张）以上的；

（二）走私淫秽录音带、音碟一百盘（张）以上的；

（三）走私淫秽扑克、书刊、画册一百副（册）以上的；

（四）走私淫秽照片、画片五百张以上的；

（五）走私其他淫秽物品相当于上述数量的；

（六）走私淫秽物品数量虽未达到本条第（一）项至第（四）项规定标准，但分别达到其中两项以上标准的百分之五十以上的。

第三节　走私普通货物、物品罪

一、刑法规定

第一百五十三条　【走私普通货物、物品罪】走私本法第一百五十一条、第一百五十二条、第三百四十七条规定以外的货物、物品的，根据情节轻重，分别依照下列规定处罚：

（一）走私货物、物品偷逃应缴税额较大或者一年内曾因走私被给予二次行政处罚后又走私的，处三年以下有期徒刑或者拘役，并处偷逃应缴税额一倍以上五倍以下罚金。

（二）走私货物、物品偷逃应缴税额巨大或者有其他严重情节的，处三年以上十年以下有期徒刑，并处偷逃应缴税额一倍以上五倍以下罚金。

（三）走私货物、物品偷逃应缴税额特别巨大或者有其他特别严重情节的，处十年以上有期徒刑或者无期徒刑，并处偷逃应缴税额一倍以上五倍以下罚金或者没收财产。

单位犯前款罪的，对单位判处罚金，并对其直接负责的主管人员和其他直接责任人员，处三年以下有期徒刑或者拘役；情节严重的，处三年以上十年以下有期徒刑；情节特别严重的，处十年以上有期徒刑。

对多次走私未经处理的，按照累计走私货物、物品的偷逃应缴税额处罚。

二、管辖部门

根据《公安部刑事案件管辖分工规定》，此类案件由海关缉私部门管辖。

第四节　走私货物、物品罪的特殊形式

一、刑法规定

第一百五十四条　【走私货物、物品罪的特殊形式】下列走私行为，根据本节规定构成犯罪的，依照本法第一百五十三条的规定定罪处罚：

（一）未经海关许可并且未补缴应缴税额，擅自将批准进口的来料加工、来件装配、补偿贸易的原材料、零件、制成品、设备等保税货物，在境内销售牟利的；

（二）未经海关许可并且未补缴应缴税额，擅自将特定减税、免税进口的货物、物品，在境内销售牟利的。

二、管辖部门

根据《公安部刑事案件管辖分工规定》，此类案件由海关缉私部门管辖。

公司内部治理类犯罪

此类犯罪规定于《刑法》分则第三章第三节，主要归经侦部门管辖，包括：虚报注册资本罪（第 158 条）；虚假出资、抽逃出资罪（第 159 条）；欺诈发行证券罪（第 160 条）；违规披露、不披露重要信息罪（第 161 条）；妨害清算罪（第 162 条）；隐匿、故意销毁会计凭证、会计账簿、财务会计报告罪（第 162 条之一）；虚假破产罪（第 162 条之二）；非国家工作人员受贿罪（第 163 条）；对非国家工作人员行贿罪，对外国公职人员、国际公共组织官员行贿罪（第 164 条）；非法经营同类营业罪（第 165 条）；为亲友非法牟利罪（第 166 条）；签订、履行合同失职被骗罪（第 167 条）；国有公司、企业、事业单位人员失职罪，国有公司、企业、事业单位人员滥用职权罪（第 168 条）；徇私舞弊低价折股、出售国有资产罪（第 169 条）；背信损害上市公司利益罪（第 169 条之一）。

第一节　虚假注册资本罪

一、刑法规定

第一百五十八条　【虚报注册资本罪】申请公司登记使用虚假证明文件或者采取其他欺诈手段虚报注册资本，欺骗公司登记主管部门，取得公司登记，虚报注册资本数额巨大、后果严重或者有其他严重情节的，处三年以下有期徒刑或者拘役，并处或者单处虚报注册资本金额百分之一以上百分之五以下罚金。

单位犯前款罪的，对单位判处罚金，并对其直接负责的主管人员和其他

直接责任人员，处三年以下有期徒刑或者拘役。

二、管辖部门

根据《公安部刑事案件管辖分工规定》，此类案件由经侦部门管辖。

三、追诉标准

《关于公安机关管辖的刑事案件立案追诉标准的规定（二）》第三条

〔虚报注册资本案（刑法第一百五十八条）〕申请公司登记使用虚假证明文件或者采取其他欺诈手段虚报注册资本，欺骗公司登记主管部门，取得公司登记，涉嫌下列情形之一的，应予立案追诉：

（一）法定注册资本最低限额在六百万元以下，虚报数额占其应缴出资数额百分之六十以上的；

（二）法定注册资本最低限额超过六百万元，虚报数额占其应缴出资数额百分之三十以上的；

（三）造成投资者或者其他债权人直接经济损失累计数额在五十万元以上的；

（四）虽未达到上述数额标准，但具有下列情形之一的：

1. 二年内因虚报注册资本受过二次以上行政处罚，又虚报注册资本的；

2. 向公司登记主管人员行贿的；

3. 为进行违法活动而注册的。

（五）其他后果严重或者有其他严重情节的情形。

本条只适用于依法实行注册资本实缴登记制的公司。

第二节　虚假出资、抽逃出资罪

一、刑法规定

第一百五十九条　【虚假出资、抽逃出资罪】公司发起人、股东违反公司法的规定未交付货币、实物或者未转移财产权，虚假出资，或者在公司成立后又抽逃其出资，数额巨大、后果严重或者有其他严重情节的，处五年以下有期徒刑或者拘役，并处或者单处虚假出资金额或者抽逃出资金额百分之二以上百分之十以下罚金。

单位犯前款罪的，对单位判处罚金，并对其直接负责的主管人员和其他直接责任人员，处五年以下有期徒刑或者拘役。

二、管辖部门

根据《公安部刑事案件管辖分工规定》，此类案件由经侦部门管辖。

三、追诉标准

《关于公安机关管辖的刑事案件立案追诉标准的规定（二）》第四条
〔虚假出资、抽逃出资案（刑法第一百五十九条）〕公司发起人、股东违反公司法的规定未交付货币、实物或者未转移财产权，虚假出资，或者在公司成立后又抽逃其出资，涉嫌下列情形之一的，应予立案追诉：

（一）法定注册资本最低限额在六百万元以下，虚假出资、抽逃出资数额占其应缴出资数额百分之六十以上的；

（二）法定注册资本最低限额超过六百万元，虚假出资、抽逃出资数额占其应缴出资数额百分之三十以上的；

（三）造成公司、股东、债权人的直接经济损失累计数额在五十万元以上的；

（四）虽未达到上述数额标准，但具有下列情形之一的：

1. 致使公司资不抵债或者无法正常经营的；

2. 公司发起人、股东合谋虚假出资、抽逃出资的；

3. 二年内因虚假出资、抽逃出资受过二次以上行政处罚，又虚假出资、抽逃出资的；

4. 利用虚假出资、抽逃出资所得资金进行违法活动的。

（五）其他后果严重或者有其他严重情节的情形。

本条只适用于依法实行注册资本实缴登记制的公司。

第三节　欺诈发行证券罪

一、刑法规定

第一百六十条　【欺诈发行证券罪】在招股说明书、认股书、公司、企业债券募集办法等发行文件中隐瞒重要事实或者编造重大虚假内容，发行股票或者公司、企业债券、存托凭证或者国务院依法认定的其他证券，数额巨大、后果严重或者有其他严重情节的，处五年以下有期徒刑或者拘役，并处或者单处罚金；数额特别巨大、后果特别严重或者有其他特别严重情节的，处五年以上有期徒刑，并处罚金。

控股股东、实际控制人组织、指使实施前款行为的，处五年以下有期徒刑或者拘役，并处或者单处非法募集资金金额百分之二十以上一倍以下罚金；数额特别巨大、后果特别严重或者有其他特别严重情节的，处五年以上有期徒刑，并处非法募集资金金额百分之二十以上一倍以下罚金。

单位犯前两款罪的，对单位判处非法募集资金金额百分之二十以上一倍以下罚金，并对其直接负责的主管人员和其他直接责任人员，依照第一款的规定处罚。

二、管辖部门

根据《公安部刑事案件管辖分工规定》，此类案件由经侦部门管辖。

三、追诉标准

《关于公安机关管辖的刑事案件立案追诉标准的规定（二）》第五条

〔欺诈发行证券案（刑法第一百六十条）〕在招股说明书、认股书、公司、企业债券募集办法等发行文件中隐瞒重要事实或者编造重大虚假内容，发行股票或者公司、企业债券、存托凭证或者国务院依法认定的其他证券，涉嫌下列情形之一的，应予立案追诉：

（一）非法募集资金金额在一千万元以上的；

（二）虚增或者虚减资产达到当期资产总额百分之三十以上的；

（三）虚增或者虚减营业收入达到当期营业收入总额百分之三十以上的；

（四）虚增或者虚减利润达到当期利润总额百分之三十以上的；

（五）隐瞒或者编造的重大诉讼、仲裁、担保、关联交易或者其他重大事项所涉及的数额或者连续十二个月的累计数额达到最近一期披露的净资产百分之五十以上的；

（六）造成投资者直接经济损失数额累计在一百万元以上的；

（七）为欺诈发行证券而伪造、变造国家机关公文、有效证明文件或者相关凭证、单据的；

（八）为欺诈发行证券向负有金融监督管理职责的单位或者人员行贿的；

（九）募集的资金全部或者主要用于违法犯罪活动的；

（十）其他后果严重或者有其他严重情节的情形。

第四节　违规披露、不披露重要信息罪

一、刑法规定

第一百六十一条　【违规披露、不披露重要信息罪】 依法负有信息披露义务的公司、企业向股东和社会公众提供虚假的或者隐瞒重要事实的财务会计报告，或者对依法应当披露的其他重要信息不按照规定披露，严重损害股东或者其他人利益，或者有其他严重情节的，对其直接负责的主管人员和其他直接责任人员，处五年以下有期徒刑或者拘役，并处或者单处罚金；情节特别严重的，处五年以上十年以下有期徒刑，并处罚金。

前款规定的公司、企业的控股股东、实际控制人实施或者组织、指使实施前款行为的，或者隐瞒相关事项导致前款规定的情形发生的，依照前款的规定处罚。

犯前款罪的控股股东、实际控制人是单位的，对单位判处罚金，并对其直接负责的主管人员和其他直接责任人员，依照第一款的规定处罚。

二、管辖部门

根据《公安部刑事案件管辖分工规定》，此类案件由经侦部门管辖。

三、追诉标准

《关于公安机关管辖的刑事案件立案追诉标准的规定（二）》第六条

〔违规披露、不披露重要信息案（刑法第一百六十一条）〕依法负有信息披露义务的公司、企业向股东和社会公众提供虚假的或者隐瞒重要事实的财务会计报告，或者对依法应当披露的其他重要信息不按照规定披露，涉嫌下列情形之一的，应予立案追诉：

（一）造成股东、债权人或者其他人直接经济损失数额累计在一百万元以

上的；

（二）虚增或者虚减资产达到当期披露的资产总额百分之三十以上的；

（三）虚增或者虚减营业收入达到当期披露的营业收入总额百分之三十以上的；

（四）虚增或者虚减利润达到当期披露的利润总额百分之三十以上的；

（五）未按照规定披露的重大诉讼、仲裁、担保、关联交易或者其他重大事项所涉及的数额或者连续十二个月的累计数额达到最近一期披露的净资产百分之五十以上的；

（六）致使不符合发行条件的公司、企业骗取发行核准或者注册并且上市交易的；

（七）致使公司、企业发行的股票或者公司、企业债券、存托凭证或者国务院依法认定的其他证券被终止上市交易的；

（八）在公司财务会计报告中将亏损披露为盈利，或者将盈利披露为亏损的；

（九）多次提供虚假的或者隐瞒重要事实的财务会计报告，或者多次对依法应当披露的其他重要信息不按照规定披露的；

（十）其他严重损害股东、债权人或者其他人利益，或者有其他严重情节的情形。

第五节　第162条妨害清算行为类犯罪

一、刑法规定

第一百六十二条　【妨害清算罪】公司、企业进行清算时，隐匿财产，对资产负债表或者财产清单作虚伪记载或者在未清偿债务前分配公司、企业财产，严重损害债权人或者其他人利益的，对其直接负责的主管人员和其他直接责任人员，处五年以下有期徒刑或者拘役，并处或者单处二万元以上二十万元以下罚金。

第一百六十二条之一　【隐匿、故意销毁会计凭证、会计账簿、财务会计报告罪】隐匿或者故意销毁依法应当保存的会计凭证、会计账簿、财务会计报告，情节严重的，处五年以下有期徒刑或者拘役，并处或者单处二万元以上二十万元以下罚金。

单位犯前款罪的，对单位判处罚金，并对其直接负责的主管人员和其他直接责任人员，依照前款的规定处罚。

第一百六十二条之二 【虚假破产罪】公司、企业通过隐匿财产、承担虚构的债务或者以其他方法转移、处分财产，实施虚假破产，严重损害债权人或者其他人利益的，对其直接负责的主管人员和其他直接责任人员，处五年以下有期徒刑或者拘役，并处或者单处二万元以上二十万元以下罚金。

二、管辖部门

根据《公安部刑事案件管辖分工规定》，此类案件由经侦部门管辖。

三、追诉标准

《关于公安机关管辖的刑事案件立案追诉标准的规定（二）》第七条

〔妨害清算案（刑法第一百六十二条）〕公司、企业进行清算时，隐匿财产，对资产负债表或者财产清单作虚伪记载或者在未清偿债务前分配公司、企业财产，涉嫌下列情形之一的，应予立案追诉：

（一）隐匿财产价值在五十万元以上的；

（二）对资产负债表或者财产清单作虚伪记载涉及金额在五十万元以上的；

（三）在未清偿债务前分配公司、企业财产价值在五十万元以上的；

（四）造成债权人或者其他人直接经济损失数额累计在十万元以上的；

（五）虽未达到上述数额标准，但应清偿的职工的工资、社会保险费用和法定补偿金得不到及时清偿，造成恶劣社会影响的；

（六）其他严重损害债权人或者其他人利益的情形。

第八条 〔隐匿、故意销毁会计凭证、会计账簿、财务会计报告案（刑法第一百六十二条之一）〕隐匿或者故意销毁依法应当保存的会计凭证、会计账簿、财务会计报告，涉嫌下列情形之一的，应予立案追诉：

（一）隐匿、故意销毁的会计凭证、会计账簿、财务会计报告涉及金额在五十万元以上的；

（二）依法应当向监察机关、司法机关、行政机关、有关主管部门等提供而隐匿、故意销毁或者拒不交出会计凭证、会计账簿、财务会计报告的；

（三）其他情节严重的情形。

第九条　〔虚假破产案（刑法第一百六十二条之二）〕公司、企业通过隐匿财产、承担虚构的债务或者以其他方法转移、处分财产，实施虚假破产，涉嫌下列情形之一的，应予立案追诉：

（一）隐匿财产价值在五十万元以上的；

（二）承担虚构的债务涉及金额在五十万元以上的；

（三）以其他方法转移、处分财产价值在五十万元以上的；

（四）造成债权人或者其他人直接经济损失数额累计在十万元以上的；

（五）虽未达到上述数额标准，但应清偿的职工的工资、社会保险费用和法定补偿金得不到及时清偿，造成恶劣社会影响的；

（六）其他严重损害债权人或者其他人利益的情形。

第六节　非国家工作人员受贿罪

一、刑法规定

第一百六十三条　【非国家工作人员受贿罪】公司、企业或者其他单位的工作人员，利用职务上的便利，索取他人财物或者非法收受他人财物，为他人谋取利益，数额较大的，处三年以下有期徒刑或者拘役，并处罚金；数额巨大或者有其他严重情节的，处三年以上十年以下有期徒刑，并处罚金；数额特别巨大或者有其他特别严重情节的，处十年以上有期徒刑或者无期徒刑，并处罚金。

公司、企业或者其他单位的工作人员在经济往来中，利用职务上的便利，违反国家规定，收受各种名义的回扣、手续费，归个人所有的，依照前款的规定处罚。

国有公司、企业或者其他国有单位中从事公务的人员和国有公司、企业或者其他国有单位委派到非国有公司、企业以及其他单位从事公务的人员有前两款行为的，依照本法第三百八十五条、第三百八十六条的规定定罪处罚。

二、管辖部门

根据《公安部刑事案件管辖分工规定》，此类案件由经侦部门管辖。

三、追诉标准

《关于公安机关管辖的刑事案件立案追诉标准的规定（二）》第十条

〔非国家工作人员受贿案（刑法第一百六十三条）〕公司、企业或者其他单位的工作人员利用职务上的便利，索取他人财物或者非法收受他人财物，为他人谋取利益，或者在经济往来中，利用职务上的便利，违反国家规定，收受各种名义的回扣、手续费，归个人所有，数额在三万元以上的，应予立案追诉。

第七节　第164条对非公人员行贿类犯罪

一、刑法规定

第一百六十四条　【对非国家工作人员行贿罪】为谋取不正当利益，给予公司、企业或者其他单位的工作人员以财物，数额较大的，处三年以下有期徒刑或者拘役，并处罚金；数额巨大的，处三年以上十年以下有期徒刑，并处罚金。

【对外国公职人员、国际公共组织官员行贿罪】为谋取不正当商业利益，给予外国公职人员或者国际公共组织官员以财物的，依照前款的规定处罚。

单位犯前两款罪的，对单位判处罚金，并对其直接负责的主管人员和其他直接责任人员，依照第一款的规定处罚。

行贿人在被追诉前主动交待行贿行为的，可以减轻处罚或者免除处罚。

二、管辖部门

根据《公安部刑事案件管辖分工规定》，此类案件由经侦部门管辖。

三、追诉标准

《关于公安机关管辖的刑事案件立案追诉标准的规定（二）》第十一条

〔对非国家工作人员行贿案（刑法第一百六十四条第一款）〕为谋取不正当利益，给予公司、企业或者其他单位的工作人员以财物，个人行贿数额在三万元以上的，单位行贿数额在二十万元以上的，应予立案追诉。

第十二条　〔对外国公职人员、国际公共组织官员行贿案（刑法第一百六十四条第二款）〕为谋取不正当商业利益，给予外国公职人员或者国际公共组织官员以财物，个人行贿数额在三万元以上的，单位行贿数额在二十万元以上的，应予立案追诉。

第八节　非法经营同类营业罪

一、刑法规定

第一百六十五条　【非法经营同类营业罪】国有公司、企业的董事、经理利用职务便利，自己经营或者为他人经营与其所任职公司、企业同类的营业，获取非法利益，数额巨大的，处三年以下有期徒刑或者拘役，并处或者单处罚金；数额特别巨大的，处三年以上七年以下有期徒刑，并处罚金。

二、管辖部门

根据《监察法实施条例》，此类案件由纪检监察部门管辖。

第九节　为亲友非法牟利罪

一、刑法规定

第一百六十六条　【为亲友非法牟利罪】国有公司、企业、事业单位的工作人员，利用职务便利，有下列情形之一，使国家利益遭受重大损失的，处三年以下有期徒刑或者拘役，并处或者单处罚金；致使国家利益遭受特别重大损失的，处三年以上七年以下有期徒刑，并处罚金：
（一）将本单位的盈利业务交由自己的亲友进行经营的；
（二）以明显高于市场的价格向自己的亲友经营管理的单位采购商品或者以明显低于市场的价格向自己的亲友经营管理的单位销售商品的；
（三）向自己的亲友经营管理的单位采购不合格商品的。

二、管辖部门

根据《监察法实施条例》，此类案件由纪检监察部门管辖。

第十节　签订、履行合同失职被骗罪

一、刑法规定

第一百六十七条　【签订、履行合同失职被骗罪】国有公司、企业、事业单位直接负责的主管人员，在签订、履行合同过程中，因严重不负责任被诈骗，致使国家利益遭受重大损失的，处三年以下有期徒刑或者拘役；致使国家利益遭受特别重大损失的，处三年以上七年以下有期徒刑。

二、管辖部门

根据《监察法实施条例》，此类案件由纪检监察部门管辖。

第十一节　国有公司、企业、事业单位人员失职罪

一、刑法规定

第一百六十八条　【国有公司、企业、事业单位人员失职罪】【国有公司、企业、事业单位人员滥用职权罪】国有公司、企业的工作人员，由于严重不负责任或者滥用职权，造成国有公司、企业破产或者严重损失，致使国家利益遭受重大损失的，处三年以下有期徒刑或者拘役；致使国家利益遭受特别重大损失的，处三年以上七年以下有期徒刑。

国有事业单位的工作人员有前款行为，致使国家利益遭受重大损失的，依照前款的规定处罚。

国有公司、企业、事业单位的工作人员，徇私舞弊，犯前两款罪的，依照第一款的规定从重处罚。

二、管辖部门

根据《监察法实施条例》，此类案件由纪检监察部门管辖。

第十二节　第169条徇私舞弊伤害公司利益类犯罪

一、刑法规定

第一百六十九条　【徇私舞弊低价折股、出售国有资产罪】国有公司、企业或者其上级主管部门直接负责的主管人员，徇私舞弊，将国有资产低价折股或者低价出售，致使国家利益遭受重大损失的，处三年以下有期徒刑或者拘役；致使国家利益遭受特别重大损失的，处三年以上七年以下有期徒刑。

第一百六十九条之一　【背信损害上市公司利益罪】上市公司的董事、监事、高级管理人员违背对公司的忠实义务，利用职务便利，操纵上市公司从事下列行为之一，致使上市公司利益遭受重大损失的，处三年以下有期徒刑或者拘役，并处或者单处罚金；致使上市公司利益遭受特别重大损失的，处三年以上七年以下有期徒刑，并处罚金：

（一）无偿向其他单位或者个人提供资金、商品、服务或者其他资产的；

（二）以明显不公平的条件，提供或者接受资金、商品、服务或者其他资产的；

（三）向明显不具有清偿能力的单位或者个人提供资金、商品、服务或者其他资产的；

（四）为明显不具有清偿能力的单位或者个人提供担保，或者无正当理由为其他单位或者个人提供担保的；

（五）无正当理由放弃债权、承担债务的；

（六）采用其他方式损害上市公司利益的。

上市公司的控股股东或者实际控制人，指使上市公司董事、监事、高级管理人员实施前款行为的，依照前款的规定处罚。

犯前款罪的上市公司的控股股东或者实际控制人是单位的，对单位判处罚金，并对其直接负责的主管人员和其他直接责任人员，依照第一款的规定处罚。

二、管辖部门

根据《监察法实施条例》，徇私舞弊低价折股、出售国有资产案件由纪检监察部门管辖。

根据《公安部刑事案件管辖分工规定》，背信损害上市公司利益案件由经侦部门管辖。

三、追诉标准

《关于公安机关管辖的刑事案件立案追诉标准的规定（二）》第十三条〔背信损害上市公司利益案（刑法第一百六十九条之一）〕上市公司的董事、监事、高级管理人员违背对公司的忠实义务，利用职务便利，操纵上市公司从事损害上市公司利益的行为，以及上市公司的控股股东或者实际控制人，指使上市公司董事、监事、高级管理人员实施损害上市公司利益的行为，涉嫌下列情形之一的，应予立案追诉：

（一）无偿向其他单位或者个人提供资金、商品、服务或者其他资产，致使上市公司直接经济损失数额在一百五十万元以上的；

（二）以明显不公平的条件，提供或者接受资金、商品、服务或者其他资产，致使上市公司直接经济损失数额在一百五十万元以上的；

（三）向明显不具有清偿能力的单位或者个人提供资金、商品、服务或者其他资产，致使上市公司直接经济损失数额在一百五十万元以上的；

（四）为明显不具有清偿能力的单位或者个人提供担保，或者无正当理由为其他单位或者个人提供担保，致使上市公司直接经济损失数额在一百五十万元以上的；

（五）无正当理由放弃债权、承担债务，致使上市公司直接经济损失数额在一百五十万元以上的；

（六）致使公司、企业发行的股票或者公司、企业债券、存托凭证或者国务院依法认定的其他证券被终止上市交易的；

（七）其他致使上市公司利益遭受重大损失的情形。

破坏金融管理秩序、金融诈骗类犯罪

此类犯罪规定于《刑法》分则第三章第四节、第五节，主要归经侦部门管辖，包括：伪造货币罪（第170条）；出售、购买、运输假币罪；金融工作人员购买假币、以假币换取货币罪（第171条）；持有、使用假币罪（第172条）；变造货币罪（第173条）；擅自设立金融机构罪，伪造、变造、转让金融机构经营许可证、批准文件罪（第174条）；高利转贷罪（第175条）；骗取贷款、票据承兑、金融票证罪（第175条之一）；非法吸收公众存款罪（第176条）；伪造、变造金融票证罪（第177条）；妨害信用卡管理罪，窃取、收买、非法提供信用卡信息罪（第177条之一）；伪造、变造国家有价证券罪，伪造、变造股票、公司、企业债券罪（第178条）；擅自发行股票、公司、企业债券罪（第179条）；内幕交易、泄露内幕信息罪，利用未公开信息交易罪（第180条）；编造并传播证券、期货交易虚假信息罪，诱骗投资者买卖证券、期货合约罪（第181条）；操纵证券、期货市场罪（第182条）；背信运用受托财产罪，违法运用资金罪（第185条之一）；违法发放贷款罪（第186条）；吸收客户资金不入账罪（第187条）；违规出具金融票证罪（第188条）；对违法票据承兑、付款、保证罪（第189条）；逃汇罪（第190条）；洗钱罪（第191条）；集资诈骗罪（第192条）；贷款诈骗罪（第193条）；票据诈骗罪，金融凭证诈骗罪（第194条）；信用证诈骗罪（第195条）；信用卡诈骗罪（第196条）；有价证券诈骗罪（第197条）；保险诈骗罪（第198条）。

第一节　伪造货币罪

一、刑法规定

第一百七十条　【伪造货币罪】伪造货币的，处三年以上十年以下有期徒刑，并处罚金；有下列情形之一的，处十年以上有期徒刑或者无期徒刑，并处罚金或者没收财产：

（一）伪造货币集团的首要分子；

（二）伪造货币数额特别巨大的；

（三）有其他特别严重情节的。

二、管辖部门

根据《公安部刑事案件管辖分工规定》，此类案件由经侦部门管辖。

三、追诉标准

《关于公安机关管辖的刑事案件立案追诉标准的规定（二）》第十四条〔伪造货币案（刑法第一百七十条）〕伪造货币，涉嫌下列情形之一的，应予立案追诉：

（一）总面额在二千元以上或者币量在二百张（枚）以上的；

（二）总面额在一千元以上或者币量在一百张（枚）以上，二年内因伪造货币受过行政处罚，又伪造货币的；

（三）制造货币版样或者为他人伪造货币提供版样的；

（四）其他伪造货币应予追究刑事责任的情形。

第二节　第171条出售、购买、运输假币类犯罪

一、刑法规定

第一百七十一条　【出售、购买、运输假币罪】出售、购买伪造的货币或者明知是伪造的货币而运输，数额较大的，处三年以下有期徒刑或者拘役，

并处二万元以上二十万元以下罚金；数额巨大的，处三年以上十年以下有期徒刑，并处五万元以上五十万元以下罚金；数额特别巨大的，处十年以上有期徒刑或者无期徒刑，并处五万元以上五十万元以下罚金或者没收财产。

【金融工作人员购买假币、以假币换取货币罪】银行或者其他金融机构的工作人员购买伪造的货币或者利用职务上的便利，以伪造的货币换取货币的，处三年以上十年以下有期徒刑，并处二万元以上二十万元以下罚金；数额巨大或者有其他严重情节的，处十年以上有期徒刑或者无期徒刑，并处二万元以上二十万元以下罚金或者没收财产；情节较轻的，处三年以下有期徒刑或者拘役，并处或者单处一万元以上十万元以下罚金。

伪造货币并出售或者运输伪造的货币的，依照本法第一百七十条的规定定罪从重处罚。

二、管辖部门

根据《公安部刑事案件管辖分工规定》，此类案件由经侦部门管辖。

三、追诉标准

《关于公安机关管辖的刑事案件立案追诉标准的规定（二）》第十五条 〔出售、购买、运输假币案（刑法第一百七十一条第一款）〕出售、购买伪造的货币或者明知是伪造的货币而运输，涉嫌下列情形之一的，应予立案追诉：

（一）总面额在四千元以上或者币量在四百张（枚）以上的；

（二）总面额在二千元以上或者币量在二百张（枚）以上，二年内因出售、购买、运输假币受过行政处罚，又出售、购买、运输假币的；

（三）其他出售、购买、运输假币应予追究刑事责任的情形。

在出售假币时被抓获的，除现场查获的假币应认定为出售假币的数额外，现场之外在行为人住所或者其他藏匿地查获的假币，也应认定为出售假币的数额。

第十六条 〔金融工作人员购买假币、以假币换取货币案（刑法第一百七十一条第二款）〕银行或者其他金融机构的工作人员购买伪造的货币或者利用职务上的便利，以伪造的货币换取货币，总面额在二千元以上或者币量在二百张（枚）以上的，应予立案追诉。

第三节 持有、使用假币罪

一、刑法规定

第一百七十二条 【持有、使用假币罪】明知是伪造的货币而持有、使用，数额较大的，处三年以下有期徒刑或者拘役，并处或者单处一万元以上十万元以下罚金；数额巨大的，处三年以上十年以下有期徒刑，并处二万元以上二十万元以下罚金；数额特别巨大的，处十年以上有期徒刑，并处五万元以上五十万元以下罚金或者没收财产。

二、管辖部门

根据《公安部刑事案件管辖分工规定》，此类案件由经侦部门管辖。

三、追诉标准

《关于公安机关管辖的刑事案件立案追诉标准的规定（二）》第十七条
〔持有、使用假币案（刑法第一百七十二条）〕明知是伪造的货币而持有、使用，涉嫌下列情形之一的，应予立案追诉：
（一）总面额在四千元以上或者币量在四百张（枚）以上的；
（二）总面额在二千元以上或者币量在二百张（枚）以上，二年内因持有、使用假币受过行政处罚，又持有、使用假币的；
（三）其他持有、使用假币应予追究刑事责任的情形。

第四节 变造货币罪

一、刑法规定

第一百七十三条 【变造货币罪】变造货币，数额较大的，处三年以下有期徒刑或者拘役，并处或者单处一万元以上十万元以下罚金；数额巨大的，处三年以上十年以下有期徒刑，并处二万元以上二十万元以下罚金。

二、管辖部门

根据《公安部刑事案件管辖分工规定》，此类案件由经侦部门管辖。

三、追诉标准

《关于公安机关管辖的刑事案件立案追诉标准的规定（二）》第十八条

〔变造货币案（刑法第一百七十三条）〕变造货币，涉嫌下列情形之一的，应予立案追诉：

（一）总面额在二千元以上或者币量在二百张（枚）以上的；

（二）总面额在一千元以上或者币量在一百张（枚）以上，二年内因变造货币受过行政处罚，又变造货币的；

（三）其他变造货币应予追究刑事责任的情形。

第五节　第174条擅立金融机构类犯罪

一、刑法规定

第一百七十四条　【擅自设立金融机构罪】未经国家有关主管部门批准，擅自设立商业银行、证券交易所、期货交易所、证券公司、期货经纪公司、保险公司或者其他金融机构的，处三年以下有期徒刑或者拘役，并处或者单处二万元以上二十万元以下罚金；情节严重的，处三年以上十年以下有期徒刑，并处五万元以上五十万元以下罚金。

【伪造、变造、转让金融机构经营许可证、批准文件罪】伪造、变造、转让商业银行、证券交易所、期货交易所、证券公司、期货经纪公司、保险公司或者其他金融机构的经营许可证或者批准文件的，依照前款的规定处罚。

单位犯前两款罪的，对单位判处罚金，并对其直接负责的主管人员和其他直接责任人员，依照第一款的规定处罚。

二、管辖部门

根据《公安部刑事案件管辖分工规定》，此类案件由经侦部门管辖。

三、追诉标准

《关于公安机关管辖的刑事案件立案追诉标准的规定（二）》第十九条
〔擅自设立金融机构案（刑法第一百七十四条第一款）〕未经国家有关主管
部门批准，擅自设立金融机构，涉嫌下列情形之一的，应予立案追诉：

（一）擅自设立商业银行、证券交易所、期货交易所、证券公司、期货公
司、保险公司或者其他金融机构的；

（二）擅自设立金融机构筹备组织的。

第二十条　〔伪造、变造、转让金融机构经营许可证、批准文件案（刑
法第一百七十四条第二款）〕伪造、变造、转让商业银行、证券交易所、期
货交易所、证券公司、期货公司、保险公司或者其他金融机构的经营许可证
或者批准文件的，应予立案追诉。

第六节　高利转贷罪；骗取贷款、票据承兑、金融票证罪

一、刑法规定

第一百七十五条　【高利转贷罪】以转贷牟利为目的，套取金融机构信
贷资金高利转贷他人，违法所得数额较大的，处三年以下有期徒刑或者拘役，
并处违法所得一倍以上五倍以下罚金；数额巨大的，处三年以上七年以下有
期徒刑，并处违法所得一倍以上五倍以下罚金。

单位犯前款罪的，对单位判处罚金，并对其直接负责的主管人员和其他
直接责任人员，处三年以下有期徒刑或者拘役。

第一百七十五条之一　【骗取贷款、票据承兑、金融票证罪】以欺骗手
段取得银行或者其他金融机构贷款、票据承兑、信用证、保函等，给银行或
者其他金融机构造成重大损失的，处三年以下有期徒刑或者拘役，并处或者
单处罚金；给银行或者其他金融机构造成特别重大损失或者有其他特别严重
情节的，处三年以上七年以下有期徒刑，并处罚金。

单位犯前款罪的，对单位判处罚金，并对其直接负责的主管人员和其他
直接责任人员，依照前款的规定处罚。

二、管辖部门

根据《公安部刑事案件管辖分工规定》，此类案件由经侦部门管辖。

三、追诉标准

《关于公安机关管辖的刑事案件立案追诉标准的规定（二）》第二十一条　〔高利转贷案（刑法第一百七十五条）〕以转贷牟利为目的，套取金融机构信贷资金高利转贷他人，违法所得数额在五十万元以上的，应予立案追诉。

第二十二条　〔骗取贷款、票据承兑、金融票证案（刑法第一百七十五条之一）〕以欺骗手段取得银行或者其他金融机构贷款、票据承兑、信用证、保函等，给银行或者其他金融机构造成直接经济损失数额在五十万元以上的，应予立案追诉。

第七节　非法吸收公众存款罪

一、刑法规定

第一百七十六条　【非法吸收公众存款罪】非法吸收公众存款或者变相吸收公众存款，扰乱金融秩序的，处三年以下有期徒刑或者拘役，并处或者单处罚金；数额巨大或者有其他严重情节的，处三年以上十年以下有期徒刑，并处罚金；数额特别巨大或者有其他特别严重情节的，处十年以上有期徒刑，并处罚金。

单位犯前款罪的，对单位判处罚金，并对其直接负责的主管人员和其他直接责任人员，依照前款的规定处罚。

有前两款行为，在提起公诉前积极退赃退赔，减少损害结果发生的，可以从轻或者减轻处罚。

二、管辖部门

根据《公安部刑事案件管辖分工规定》，此类案件由经侦部门管辖。

三、追诉标准

《关于公安机关管辖的刑事案件立案追诉标准的规定（二）》第二十三条　〔非法吸收公众存款案（刑法第一百七十六条）〕非法吸收公众存款或者变相吸收公众存款，扰乱金融秩序，涉嫌下列情形之一的，应予立案追诉：

（一）非法吸收或者变相吸收公众存款数额在一百万元以上的；

（二）非法吸收或者变相吸收公众存款对象一百五十人以上的；

（三）非法吸收或者变相吸收公众存款，给集资参与人造成直接经济损失数额在五十万元以上的；

非法吸收或者变相吸收公众存款数额在五十万元以上或者给集资参与人造成直接经济损失数额在二十五万元以上，同时涉嫌下列情形之一的，应予立案追诉：

（一）因非法集资受过刑事追究的；

（二）二年内因非法集资受过行政处罚的；

（三）造成恶劣社会影响或者其他严重后果的。

第八节　第 177 条伪造、变造金融票证类犯罪

一、刑法规定

第一百七十七条　【伪造、变造金融票证罪】有下列情形之一，伪造、变造金融票证的，处五年以下有期徒刑或者拘役，并处或者单处二万元以上二十万元以下罚金；情节严重的，处五年以上十年以下有期徒刑，并处五万元以上五十万元以下罚金；情节特别严重的，处十年以上有期徒刑或者无期徒刑，并处五万元以上五十万元以下罚金或者没收财产：

（一）伪造、变造汇票、本票、支票的；

（二）伪造、变造委托收款凭证、汇款凭证、银行存单等其他银行结算凭证的；

（三）伪造、变造信用证或者附随的单据、文件的；

（四）伪造信用卡的。

单位犯前款罪的，对单位判处罚金，并对其直接负责的主管人员和其他

直接责任人员，依照前款的规定处罚。

第一百七十七条之一　【妨害信用卡管理罪】有下列情形之一，妨害信用卡管理的，处三年以下有期徒刑或者拘役，并处或者单处一万元以上十万元以下罚金；数量巨大或者有其他严重情节的，处三年以上十年以下有期徒刑，并处二万元以上二十万元以下罚金：

（一）明知是伪造的信用卡而持有、运输的，或者明知是伪造的空白信用卡而持有、运输，数量较大的；

（二）非法持有他人信用卡，数量较大的；

（三）使用虚假的身份证明骗领信用卡的；

（四）出售、购买、为他人提供伪造的信用卡或者以虚假的身份证明骗领的信用卡的。

【窃取、收买、非法提供信用卡信息罪】窃取、收买或者非法提供他人信用卡信息资料的，依照前款规定处罚。

银行或者其他金融机构的工作人员利用职务上的便利，犯第二款罪的，从重处罚。

二、管辖部门

根据《公安部刑事案件管辖分工规定》，此类案件由经侦部门管辖。

三、追诉标准

《关于公安机关管辖的刑事案件立案追诉标准的规定（二）》第二十四条　〔伪造、变造金融票证案（刑法第一百七十七条）〕伪造、变造金融票证，涉嫌下列情形之一的，应予立案追诉：

（一）伪造、变造汇票、本票、支票，或者伪造、变造委托收款凭证、汇款凭证、银行存单等其他银行结算凭证，或者伪造、变造信用证或者附随的单据、文件，总面额在一万元以上或者数量在十张以上的；

（二）伪造信用卡一张以上，或者伪造空白信用卡十张以上的。

第二十五条　〔妨害信用卡管理案（刑法第一百七十七条之一第一款）〕妨害信用卡管理，涉嫌下列情形之一的，应予立案追诉：

（一）明知是伪造的信用卡而持有、运输的；

（二）明知是伪造的空白信用卡而持有、运输，数量累计在十张以上的；

（三）非法持有他人信用卡，数量累计在五张以上的；

（四）使用虚假的身份证明骗领信用卡的；

（五）出售、购买、为他人提供伪造的信用卡或者以虚假的身份证明骗领的信用卡的。

违背他人意愿，使用其居民身份证、军官证、士兵证、港澳居民往来内地通行证、台湾居民来往大陆通行证、护照等身份证明申领信用卡的，或者使用伪造、变造的身份证明申领信用卡的，应当认定为"使用虚假的身份证明骗领信用卡"。

第二十六条 〔窃取、收买、非法提供信用卡信息案（刑法第一百七十七条之一第二款）〕窃取、收买或者非法提供他人信用卡信息资料，足以伪造可进行交易的信用卡，或者足以使他人以信用卡持卡人名义进行交易，涉及信用卡一张以上的，应予立案追诉。

第九节　第178条伪造、变造有价票证类犯罪

一、刑法规定

第一百七十八条 【伪造、变造国家有价证券罪】伪造、变造国库券或者国家发行的其他有价证券，数额较大的，处三年以下有期徒刑或者拘役，并处或者单处二万元以上二十万元以下罚金；数额巨大的，处三年以上十年以下有期徒刑，并处五万元以上五十万元以下罚金；数额特别巨大的，处十年以上有期徒刑或者无期徒刑，并处五万元以上五十万元以下罚金或者没收财产。

【伪造、变造股票、公司、企业债券罪】伪造、变造股票或者公司、企业债券，数额较大的，处三年以下有期徒刑或者拘役，并处或者单处一万元以上十万元以下罚金；数额巨大的，处三年以上十年以下有期徒刑，并处二万元以上二十万元以下罚金。

单位犯前两款罪的，对单位判处罚金，并对其直接负责的主管人员和其他直接责任人员，依照前两款的规定处罚。

二、管辖部门

根据《公安部刑事案件管辖分工规定》，此类案件由经侦部门管辖。

三、追诉标准

《关于公安机关管辖的刑事案件立案追诉标准的规定（二）》第二十七条　〔伪造、变造国家有价证券案（刑法第一百七十八条第一款）〕伪造、变造国库券或者国家发行的其他有价证券，总面额在二千元以上的，应予立案追诉。

第二十八条　〔伪造、变造股票、公司、企业债券案（刑法第一百七十八条第二款）〕伪造、变造股票或者公司、企业债券，总面额在三万元以上的，应予立案追诉。

第十节　擅自发行股票、公司、企业债券罪

一、刑法规定

第一百七十九条　【擅自发行股票、公司、企业债券罪】未经国家有关主管部门批准，擅自发行股票或者公司、企业债券，数额巨大、后果严重或者有其他严重情节的，处五年以下有期徒刑或者拘役，并处或者单处非法募集资金金额百分之一以上百分之五以下罚金。

单位犯前款罪的，对单位判处罚金，并对其直接负责的主管人员和其他直接责任人员，处五年以下有期徒刑或者拘役。

二、管辖部门

根据《公安部刑事案件管辖分工规定》，此类案件由经侦部门管辖。

三、追诉标准

《关于公安机关管辖的刑事案件立案追诉标准的规定（二）》第二十九条　〔擅自发行股票、公司、企业债券案（刑法第一百七十九条）〕未经国家有关主管部门批准或者注册，擅自发行股票或者公司、企业债券，涉嫌下

列情形之一的，应予立案追诉：

（一）非法募集资金金额在一百万元以上的；

（二）造成投资者直接经济损失数额累计在五十万元以上的；

（三）募集的资金全部或者主要用于违法犯罪活动的；

（四）其他后果严重或者有其他严重情节的情形。

本条规定的"擅自发行股票或者公司、企业债券"，是指向社会不特定对象发行、以转让股权等方式变相发行股票或者公司、企业债券，或者向特定对象发行、变相发行股票或者公司、企业债券累计超过二百人的行为。

第十一节　内幕交易、泄露内幕信息罪；利用未公开信息交易罪

一、刑法规定

第一百八十条　【内幕交易、泄露内幕信息罪】证券、期货交易内幕信息的知情人员或者非法获取证券、期货交易内幕信息的人员，在涉及证券的发行，证券、期货交易或者其他对证券、期货交易价格有重大影响的信息尚未公开前，买入或者卖出该证券，或者从事与该内幕信息有关的期货交易，或者泄露该信息，或者明示、暗示他人从事上述交易活动，情节严重的，处五年以下有期徒刑或者拘役，并处或者单处违法所得一倍以上五倍以下罚金；情节特别严重的，处五年以上十年以下有期徒刑，并处违法所得一倍以上五倍以下罚金。

单位犯前款罪的，对单位判处罚金，并对其直接负责的主管人员和其他直接责任人员，处五年以下有期徒刑或者拘役。

内幕信息、知情人员的范围，依照法律、行政法规的规定确定。

【利用未公开信息交易罪】证券交易所、期货交易所、证券公司、期货经纪公司、基金管理公司、商业银行、保险公司等金融机构的从业人员以及有关监管部门或者行业协会的工作人员，利用因职务便利获取的内幕信息以外的其他未公开的信息，违反规定，从事与该信息相关的证券、期货交易活动，或者明示、暗示他人从事相关交易活动，情节严重的，依照第一款的规定处罚。

二、管辖部门

根据《公安部刑事案件管辖分工规定》，此类案件由经侦部门管辖。

三、追诉标准

《关于公安机关管辖的刑事案件立案追诉标准的规定（二）》第三十条
〔内幕交易、泄露内幕信息案（刑法第一百八十条第一款）〕证券、期货交易内幕信息的知情人员、单位或者非法获取证券、期货交易内幕信息的人员、单位，在涉及证券的发行，证券、期货交易或者其他对证券、期货交易价格有重大影响的信息尚未公开前，买入或者卖出该证券，或者从事与该内幕信息有关的期货交易，或者泄露该信息，或者明示、暗示他人从事上述交易活动，涉嫌下列情形之一的，应予立案追诉：

（一）获利或者避免损失数额在五十万元以上的；

（二）证券交易成交额在二百万元以上的；

（三）期货交易占用保证金数额在一百万元以上的；

（四）二年内三次以上实施内幕交易、泄露内幕信息行为的；

（五）明示、暗示三人以上从事与内幕信息相关的证券、期货交易活动的；

（六）具有其他严重情节的。

内幕交易获利或者避免损失数额在二十五万元以上，或者证券交易成交额在一百万元以上，或者期货交易占用保证金数额在五十万元以上，同时涉嫌下列情形之一的，应予立案追诉：

（一）证券法规定的证券交易内幕信息的知情人实施或者与他人共同实施内幕交易行为的；

（二）以出售或者变相出售内幕信息等方式，明示、暗示他人从事与该内幕信息相关的交易活动的；

（三）因证券、期货犯罪行为受过刑事追究的；

（四）二年内因证券、期货违法行为受过行政处罚的；

（五）造成其他严重后果的。

第三十一条　〔利用未公开信息交易案（刑法第一百八十条第四款）〕证券交易所、期货交易所、证券公司、期货公司、基金管理公司、商业银行、保险公司等金融机构的从业人员以及有关监管部门或者行业协会的工作人员，利用因职务便利获取的内幕信息以外的其他未公开的信息，违反规定，从事与该信息相关的证券、期货交易活动，或者明示、暗示他人从事相关交易活动，涉嫌下列情形之一的，应予立案追诉：

（一）获利或者避免损失数额在一百万元以上的；

（二）二年内三次以上利用未公开信息交易的；

（三）明示、暗示三人以上从事相关交易活动的；

（四）具有其他严重情节的。

利用未公开信息交易，获利或者避免损失数额在五十万元以上，或者证券交易成交额在五百万元以上，或者期货交易占用保证金数额在一百万元以上，同时涉嫌下列情形之一的，应予立案追诉：

（一）以出售或者变相出售未公开信息等方式，明示、暗示他人从事相关交易活动的；

（二）因证券、期货犯罪行为受过刑事追究的；

（三）二年内因证券、期货违法行为受过行政处罚的；

（四）造成其他严重后果的。

第十二节 第181条编造、诱骗投资信息类犯罪

一、刑法规定

第一百八十一条 【编造并传播证券、期货交易虚假信息罪】编造并且传播影响证券、期货交易的虚假信息，扰乱证券、期货交易市场，造成严重后果的，处五年以下有期徒刑或者拘役，并处或者单处一万元以上十万元以下罚金。

【诱骗投资者买卖证券、期货合约罪】证券交易所、期货交易所、证券公司、期货经纪公司的从业人员，证券业协会、期货业协会或者证券期货监督管理部门的工作人员，故意提供虚假信息或者伪造、变造、销毁交易记录，诱骗投资者买卖证券、期货合约，造成严重后果的，处五年以下有期徒刑或者拘役，并处或者单处一万元以上十万元以下罚金；情节特别恶劣的，处五年以上十年以下有期徒刑，并处二万元以上二十万元以下罚金。

单位犯前两款罪的，对单位判处罚金，并对其直接负责的主管人员和其他直接责任人员，处五年以下有期徒刑或者拘役。

二、管辖部门

根据《公安部刑事案件管辖分工规定》，此类案件由经侦部门管辖。

三、追诉标准

《关于公安机关管辖的刑事案件立案追诉标准的规定（二）》第三十二条　〔编造并传播证券、期货交易虚假信息案（刑法第一百八十一条第一款）〕编造并且传播影响证券、期货交易的虚假信息，扰乱证券、期货交易市场，涉嫌下列情形之一的，应予立案追诉：

（一）获利或者避免损失数额在五万元以上的；

（二）造成投资者直接经济损失数额在五十万元以上的；

（三）虽未达到上述数额标准，但多次编造并且传播影响证券、期货交易的虚假信息的；

（四）致使交易价格或者交易量异常波动的；

（五）造成其他严重后果的。

第三十三条　〔诱骗投资者买卖证券、期货合约案（刑法第一百八十一条第二款）〕证券交易所、期货交易所、证券公司、期货公司的从业人员，证券业协会、期货业协会或者证券期货监督管理部门的工作人员，故意提供虚假信息或者伪造、变造、销毁交易记录，诱骗投资者买卖证券、期货合约，涉嫌下列情形之一的，应予立案追诉：

（一）获利或者避免损失数额在五万元以上的；

（二）造成投资者直接经济损失数额在五十万元以上的；

（三）虽未达到上述数额标准，但多次诱骗投资者买卖证券、期货合约的；

（四）致使交易价格或者交易量异常波动的；

（五）造成其他严重后果的。

第十三节　操纵证券、期货市场罪

一、刑法规定

第一百八十二条　【操纵证券、期货市场罪】有下列情形之一，操纵证券、期货市场，影响证券、期货交易价格或者证券、期货交易量，情节严重的，处五年以下有期徒刑或者拘役，并处或者单处罚金；情节特别严重的，处五年以上十年以下有期徒刑，并处罚金：

（一）单独或者合谋，集中资金优势、持股或者持仓优势或者利用信息优势联合或者连续买卖的；

（二）与他人串通，以事先约定的时间、价格和方式相互进行证券、期货交易的；

（三）在自己实际控制的账户之间进行证券交易，或者以自己为交易对象，自买自卖期货合约的；

（四）不以成交为目的，频繁或者大量申报买入、卖出证券、期货合约并撤销申报的；

（五）利用虚假或者不确定的重大信息，诱导投资者进行证券、期货交易的；

（六）对证券、证券发行人、期货交易标的公开作出评价、预测或者投资建议，同时进行反向证券交易或者相关期货交易的；

（七）以其他方法操纵证券、期货市场的。

单位犯前款罪的，对单位判处罚金，并对其直接负责的主管人员和其他直接责任人员，依照前款的规定处罚。

二、管辖部门

根据《公安部刑事案件管辖分工规定》，此类案件由经侦部门管辖。

三、追诉标准

《关于公安机关管辖的刑事案件立案追诉标准的规定（二）》第三十四条　〔操纵证券、期货市场案（刑法第一百八十二条）〕操纵证券、期货市场，影响证券、期货交易价格或者证券、期货交易量，涉嫌下列情形之一的，应予立案追诉：

（一）持有或者实际控制证券的流通股份数量达到该证券的实际流通股份总量百分之十以上，实施刑法第一百八十二条第一款第一项操纵证券市场行为，连续十个交易日的累计成交量达到同期该证券总成交量百分之二十以上的；

（二）实施刑法第一百八十二条第一款第二项、第三项操纵证券市场行为，连续十个交易日的累计成交量达到同期该证券总成交量百分之二十以上的；

（三）利用虚假或者不确定的重大信息，诱导投资者进行证券交易，行为人进行相关证券交易的成交额在一千万元以上的；

（四）对证券、证券发行人公开作出评价、预测或者投资建议，同时进行反向证券交易，证券交易成交额在一千万元以上的；

（五）通过策划、实施资产收购或者重组、投资新业务、股权转让、上市公司收购等虚假重大事项，误导投资者作出投资决策，并进行相关交易或者谋取相关利益，证券交易成交额在一千万元以上的；

（六）通过控制发行人、上市公司信息的生成或者控制信息披露的内容、时点、节奏，误导投资者作出投资决策，并进行相关交易或者谋取相关利益，证券交易成交额在一千万元以上的；

（七）实施刑法第一百八十二条第一款第一项操纵期货市场行为，实际控制的账户合并持仓连续十个交易日的最高值超过期货交易所限仓标准的二倍，累计成交量达到同期该期货合约总成交量百分之二十以上，且期货交易占用保证金数额在五百万元以上的；

（八）通过囤积现货，影响特定期货品种市场行情，并进行相关期货交易，实际控制的账户合并持仓连续十个交易日的最高值超过期货交易所限仓标准的二倍，累计成交量达到同期该期货合约总成交量百分之二十以上，且期货交易占用保证金数额在五百万元以上的；

（九）实施刑法第一百八十二条第一款第二项、第三项操纵期货市场行为，实际控制的账户连续十个交易日的累计成交量达到同期该期货合约总成交量百分之二十以上，且期货交易占用保证金数额在五百万元以上的；

（十）利用虚假或者不确定的重大信息，诱导投资者进行期货交易，行为人进行相关期货交易，实际控制的账户连续十个交易日的累计成交量达到同期该期货合约总成交量百分之二十以上，且期货交易占用保证金数额在五百万元以上的；

（十一）对期货交易标的公开作出评价、预测或者投资建议，同时进行相关期货交易，实际控制的账户连续十个交易日的累计成交量达到同期该期货合约总成交量的百分之二十以上，且期货交易占用保证金数额在五百万元以上的；

（十二）不以成交为目的，频繁或者大量申报买入、卖出证券、期货合约并撤销申报，当日累计撤回申报量达到同期该证券、期货合约总申报量百分之五十以上，且证券撤回申报额在一千万元以上、撤回申报的期货合约占用保证金数额在五百万元以上的；

（十三）实施操纵证券、期货市场行为，获利或者避免损失数额在一百万元以上的。

操纵证券、期货市场，影响证券、期货交易价格或者证券、期货交易量，获利或者避免损失数额在五十万元以上，同时涉嫌下列情形之一的，应予立案追诉：

（一）发行人、上市公司及其董事、监事、高级管理人员、控股股东或者实际控制人实施操纵证券、期货市场行为的；

（二）收购人、重大资产重组的交易对方及其董事、监事、高级管理人员、控股股东或者实际控制人实施操纵证券、期货市场行为的；

（三）行为人明知操纵证券、期货市场行为被有关部门调查，仍继续实施的；

（四）因操纵证券、期货市场行为受过刑事追究的；

（五）二年内因操纵证券、期货市场行为受过行政处罚的；

（六）在市场出现重大异常波动等特定时段操纵证券、期货市场的；

（七）造成其他严重后果的。

对于在全国中小企业股份转让系统中实施操纵证券市场行为，社会危害性大，严重破坏公平公正的市场秩序的，比照本条的规定执行，但本条第一款第一项和第二项除外。

第十四节　第185条挪用资金类犯罪

一、刑法规定

第一百八十五条　【挪用资金罪】商业银行、证券交易所、期货交易所、证券公司、期货经纪公司、保险公司或者其他金融机构的工作人员利用职务上的便利，挪用本单位或者客户资金的，依照本法第二百七十二条的规定定罪处罚。

【挪用公款罪】国有商业银行、证券交易所、期货交易所、证券公司、期货经纪公司、保险公司或者其他国有金融机构的工作人员和国有商业银行、证券交易所、期货交易所、证券公司、期货经纪公司、保险公司或者其他国有金融机构委派到前款规定中的非国有机构从事公务的人员有前款行为的，依照本法第三百八十四条的规定定罪处罚。

第一百八十五条之一　【背信运用受托财产罪】商业银行、证券交易所、期货交易所、证券公司、期货经纪公司、保险公司或者其他金融机构，违背受托义务，擅自运用客户资金或者其他委托、信托的财产，情节严重的，对单位判处罚金，并对其直接负责的主管人员和其他直接责任人员，处三年以下有期徒刑或者拘役，并处三万元以上三十万元以下罚金；情节特别严重的，处三年以上十年以下有期徒刑，并处五万元以上五十万元以下罚金。

【违法运用资金罪】社会保障基金管理机构、住房公积金管理机构等公众资金管理机构，以及保险公司、保险资产管理公司、证券投资基金管理公司，违反国家规定运用资金的，对其直接负责的主管人员和其他直接责任人员，依照前款的规定处罚。

二、管辖部门

根据《公安部刑事案件管辖分工规定》，此类案件由经侦部门管辖。

三、追诉标准

《关于公安机关管辖的刑事案件立案追诉标准的规定（二）》第三十五条　〔背信运用受托财产案（刑法第一百八十五条之一第一款）〕商业银

行、证券交易所、期货交易所、证券公司、期货公司、保险公司或者其他金融机构，违背受托义务，擅自运用客户资金或者其他委托、信托的财产，涉嫌下列情形之一的，应予立案追诉：

（一）擅自运用客户资金或者其他委托、信托的财产数额在三十万元以上的；

（二）虽未达到上述数额标准，但多次擅自运用客户资金或者其他委托、信托的财产，或者擅自运用多个客户资金或者其他委托、信托的财产的；

（三）其他情节严重的情形。

第三十六条　〔违法运用资金案（刑法第一百八十五条之一第二款）〕社会保障基金管理机构、住房公积金管理机构等公众资金管理机构，以及保险公司、保险资产管理公司、证券投资基金管理公司，违反国家规定运用资金，涉嫌下列情形之一的，应予立案追诉：

（一）违反国家规定运用资金数额在三十万元以上的；

（二）虽未达到上述数额标准，但多次违反国家规定运用资金的；

（三）其他情节严重的情形。

第十五节　违法发放贷款罪

一、刑法规定

第一百八十六条　【违法发放贷款罪】银行或者其他金融机构的工作人员违反国家规定发放贷款，数额巨大或者造成重大损失的，处五年以下有期徒刑或者拘役，并处一万元以上十万元以下罚金；数额特别巨大或者造成特别重大损失的，处五年以上有期徒刑，并处二万元以上二十万元以下罚金。

银行或者其他金融机构的工作人员违反国家规定，向关系人发放贷款的，依照前款的规定从重处罚。

单位犯前两款罪的，对单位判处罚金，并对其直接负责的主管人员和其他直接责任人员，依照前两款的规定处罚。

关系人的范围，依照《中华人民共和国商业银行法》和有关金融法规确定。

二、管辖部门

根据《公安部刑事案件管辖分工规定》，此类案件由经侦部门管辖。

三、追诉标准

《关于公安机关管辖的刑事案件立案追诉标准的规定（二）》第三十七条　〔违法发放贷款案（刑法第一百八十六条）〕银行或者其他金融机构及其工作人员违反国家规定发放贷款，涉嫌下列情形之一的，应予立案追诉：

（一）违法发放贷款，数额在二百万元以上的；

（二）违法发放贷款，造成直接经济损失数额在五十万元以上的。

第十六节　吸收客户资金不入账罪

一、刑法规定

第一百八十七条　【吸收客户资金不入账罪】银行或者其他金融机构的工作人员吸收客户资金不入账，数额巨大或者造成重大损失的，处五年以下有期徒刑或者拘役，并处二万元以上二十万元以下罚金；数额特别巨大或者造成特别重大损失的，处五年以上有期徒刑，并处五万元以上五十万元以下罚金。

单位犯前款罪的，对单位判处罚金，并对其直接负责的主管人员和其他直接责任人员，依照前款的规定处罚。

二、管辖部门

根据《公安部刑事案件管辖分工规定》，此类案件由经侦部门管辖。

三、追诉标准

《关于公安机关管辖的刑事案件立案追诉标准的规定（二）》第三十八条　〔吸收客户资金不入账案（刑法第一百八十七条）〕银行或者其他金融机构及其工作人员吸收客户资金不入账，涉嫌下列情形之一的，应予立案追诉：

（一）吸收客户资金不入账，数额在二百万元以上的；

（二）吸收客户资金不入账，造成直接经济损失数额在五十万元以上的。

第十七节　违法出具金融票证罪

一、刑法规定

第一百八十八条　【违规出具金融票证罪】银行或者其他金融机构的工作人员违反规定，为他人出具信用证或者其他保函、票据、存单、资信证明，情节严重的，处五年以下有期徒刑或者拘役；情节特别严重的，处五年以上有期徒刑。

单位犯前款罪的，对单位判处罚金，并对其直接负责的主管人员和其他直接责任人员，依照前款的规定处罚。

二、管辖部门

根据《公安部刑事案件管辖分工规定》，此类案件由经侦部门管辖。

三、追诉标准

《关于公安机关管辖的刑事案件立案追诉标准的规定（二）》第三十九条　〔违规出具金融票证案（刑法第一百八十八条）〕银行或者其他金融机构及其工作人员违反规定，为他人出具信用证或者其他保函、票据、存单、资信证明，涉嫌下列情形之一的，应予立案追诉：

（一）违反规定为他人出具信用证或者其他保函、票据、存单、资信证明，数额在二百万元以上的；

（二）违反规定为他人出具信用证或者其他保函、票据、存单、资信证明，造成直接经济损失数额在五十万元以上的；

（三）多次违规出具信用证或者其他保函、票据、存单、资信证明的；

（四）接受贿赂违规出具信用证或者其他保函、票据、存单、资信证明的；

（五）其他情节严重的情形。

第十八节　对违法票据承兑、付款、保证罪

一、刑法规定

第一百八十九条　【对违法票据承兑、付款、保证罪】银行或者其他金融机构的工作人员在票据业务中，对违反票据法规定的票据予以承兑、付款或者保证，造成重大损失的，处五年以下有期徒刑或者拘役；造成特别重大损失的，处五年以上有期徒刑。

单位犯前款罪的，对单位判处罚金，并对其直接负责的主管人员和其他直接责任人员，依照前款的规定处罚。

二、管辖部门

根据《公安部刑事案件管辖分工规定》，此类案件由经侦部门管辖。

三、追诉标准

《关于公安机关管辖的刑事案件立案追诉标准的规定（二）》第四十条

〔对违法票据承兑、付款、保证案（刑法第一百八十九条）〕银行或者其他金融机构及其工作人员在票据业务中，对违反票据法规定的票据予以承兑、付款或者保证，造成直接经济损失数额在五十万元以上的，应予立案追诉。

第十九节　逃汇罪

一、刑法规定

第一百九十条　【逃汇罪】公司、企业或者其他单位，违反国家规定，擅自将外汇存放境外，或者将境内的外汇非法转移到境外，数额较大的，对单位判处逃汇数额百分之五以上百分之三十以下罚金，并对其直接负责的主管人员和其他直接责任人员处五年以下有期徒刑或者拘役；数额巨大或者有其他严重情节的，对单位判处逃汇数额百分之五以上百分之三十以下罚金，并对其直接负责的主管人员和其他直接责任人员处五年以上有期徒刑。

二、管辖部门

根据《公安部刑事案件管辖分工规定》，此类案件由经侦部门管辖。

三、追诉标准

《关于公安机关管辖的刑事案件立案追诉标准的规定（二）》第四十一条 〔逃汇案（刑法第一百九十条）〕公司、企业或者其他单位，违反国家规定，擅自将外汇存放境外，或者将境内的外汇非法转移到境外，单笔在二百万美元以上或者累计数额在五百万美元以上的，应予立案追诉。

第二十节 洗钱罪

一、刑法规定

第一百九十一条 【洗钱罪】为掩饰、隐瞒毒品犯罪、黑社会性质的组织犯罪、恐怖活动犯罪、走私犯罪、贪污贿赂犯罪、破坏金融管理秩序犯罪、金融诈骗犯罪的所得及其产生的收益的来源和性质，有下列行为之一的，没收实施以上犯罪的所得及其产生的收益，处五年以下有期徒刑或者拘役，并处或者单处罚金；情节严重的，处五年以上十年以下有期徒刑，并处罚金：

（一）提供资金账户的；

（二）将财产转换为现金、金融票据、有价证券的；

（三）通过转账或者其他支付结算方式转移资金的；

（四）跨境转移资产的；

（五）以其他方法掩饰、隐瞒犯罪所得及其收益的来源和性质的。

单位犯前款罪的，对单位判处罚金，并对其直接负责的主管人员和其他直接责任人员，依照前款的规定处罚。

二、管辖部门

根据《公安部刑事案件管辖分工规定》，此类案件由经侦部门管辖。

三、追诉标准

《关于公安机关管辖的刑事案件立案追诉标准的规定（二）》第四十三条　〔洗钱案（刑法第一百九十一条）〕为掩饰、隐瞒毒品犯罪、黑社会性质的组织犯罪、恐怖活动犯罪、走私犯罪、贪污贿赂犯罪、破坏金融管理秩序犯罪、金融诈骗犯罪的所得及其产生的收益的来源和性质，涉嫌下列情形之一的，应予立案追诉：

（一）提供资金账户的；

（二）将财产转换为现金、金融票据、有价证券的；

（三）通过转账或者其他支付结算方式转移资金的；

（四）跨境转移资产的；

（五）以其他方法掩饰、隐瞒犯罪所得及其收益的来源和性质的。

第二十一节　集资诈骗罪

一、刑法规定

第一百九十二条　【集资诈骗罪】以非法占有为目的，使用诈骗方法非法集资，数额较大的，处三年以上七年以下有期徒刑，并处罚金；数额巨大或者有其他严重情节的，处七年以上有期徒刑或者无期徒刑，并处罚金或者没收财产。

单位犯前款罪的，对单位判处罚金，并对其直接负责的主管人员和其他直接责任人员，依照前款的规定处罚。

二、管辖部门

根据《公安部刑事案件管辖分工规定》，此类案件由经侦部门管辖。

三、追诉标准

《关于公安机关管辖的刑事案件立案追诉标准的规定（二）》第四十四条　〔集资诈骗案（刑法第一百九十二条）〕以非法占有为目的，使用诈骗方法非法集资，数额在十万元以上的，应予立案追诉。

第二十二节　贷款诈骗罪

一、刑法规定

第一百九十三条　【贷款诈骗罪】有下列情形之一，以非法占有为目的，诈骗银行或者其他金融机构的贷款，数额较大的，处五年以下有期徒刑或者拘役，并处二万元以上二十万元以下罚金；数额巨大或者有其他严重情节的，处五年以上十年以下有期徒刑，并处五万元以上五十万元以下罚金；数额特别巨大或者有其他特别严重情节的，处十年以上有期徒刑或者无期徒刑，并处五万元以上五十万元以下罚金或者没收财产：

（一）编造引进资金、项目等虚假理由的；

（二）使用虚假的经济合同的；

（三）使用虚假的证明文件的；

（四）使用虚假的产权证明作担保或者超出抵押物价值重复担保的；

（五）以其他方法诈骗贷款的。

二、管辖部门

根据《公安部刑事案件管辖分工规定》，此类案件由经侦部门管辖。

三、追诉标准

《关于公安机关管辖的刑事案件立案追诉标准的规定（二）》第四十五条　〔贷款诈骗案（刑法第一百九十三条）〕以非法占有为目的，诈骗银行或者其他金融机构的贷款，数额在五万元以上的，应予立案追诉。

第二十三节　票据诈骗罪

一、刑法规定

第一百九十四条　【票据诈骗罪】有下列情形之一，进行金融票据诈骗活动，数额较大的，处五年以下有期徒刑或者拘役，并处二万元以上二十万元以下罚金；数额巨大或者有其他严重情节的，处五年以上十年以下有期徒刑，并处五万元以上五十万元以下罚金；数额特别巨大或者有其他特别严重情节的，处十年以上有期徒刑或者无期徒刑，并处五万元以上五十万元以下罚金或者没收财产：

（一）明知是伪造、变造的汇票、本票、支票而使用的；

（二）明知是作废的汇票、本票、支票而使用的；

（三）冒用他人的汇票、本票、支票的；

（四）签发空头支票或者与其预留印鉴不符的支票，骗取财物的；

（五）汇票、本票的出票人签发无资金保证的汇票、本票或者在出票时作虚假记载，骗取财物的。

【金融凭证诈骗罪】使用伪造、变造的委托收款凭证、汇款凭证、银行存单等其他银行结算凭证的，依照前款的规定处罚。

二、管辖部门

根据《公安部刑事案件管辖分工规定》，此类案件由经侦部门管辖。

三、追诉标准

《关于公安机关管辖的刑事案件立案追诉标准的规定（二）》第四十六条　〔票据诈骗案（刑法第一百九十四条第一款）〕进行金融票据诈骗活动，数额在五万元以上的，应予立案追诉。

第四十七条　〔金融凭证诈骗案（刑法第一百九十四条第二款）〕使用伪造、变造的委托收款凭证、汇款凭证、银行存单等其他银行结算凭证进行诈骗活动，数额在五万元以上的，应予立案追诉。

第二十四节　信用证诈骗罪

一、刑法规定

第一百九十五条　【信用证诈骗罪】有下列情形之一，进行信用证诈骗活动的，处五年以下有期徒刑或者拘役，并处二万元以上二十万元以下罚金；数额巨大或者有其他严重情节的，处五年以上十年以下有期徒刑，并处五万元以上五十万元以下罚金；数额特别巨大或者有其他特别严重情节的，处十年以上有期徒刑或者无期徒刑，并处五万元以上五十万元以下罚金或者没收财产：

（一）使用伪造、变造的信用证或者附随的单据、文件的；

（二）使用作废的信用证的；

（三）骗取信用证的；

（四）以其他方法进行信用证诈骗活动的。

二、管辖部门

根据《公安部刑事案件管辖分工规定》，此类案件由经侦部门管辖。

三、追诉标准

《关于公安机关管辖的刑事案件立案追诉标准的规定（二）》第四十八条 〔信用证诈骗案（刑法第一百九十五条）〕进行信用证诈骗活动，涉嫌下列情形之一的，应予立案追诉：

（一）使用伪造、变造的信用证或者附随的单据、文件的；

（二）使用作废的信用证的；

（三）骗取信用证的；

（四）以其他方法进行信用证诈骗活动的。

第二十五节　信用卡诈骗罪

一、刑法规定

第一百九十六条 【信用卡诈骗罪】有下列情形之一，进行信用卡诈骗活动，数额较大的，处五年以下有期徒刑或者拘役，并处二万元以上二十万元以下罚金；数额巨大或者有其他严重情节的，处五年以上十年以下有期徒刑，并处五万元以上五十万元以下罚金；数额特别巨大或者有其他特别严重情节的，处十年以上有期徒刑或者无期徒刑，并处五万元以上五十万元以下罚金或者没收财产：

（一）使用伪造的信用卡，或者使用以虚假的身份证明骗领的信用卡的；

（二）使用作废的信用卡的；

（三）冒用他人信用卡的；

（四）恶意透支的。

前款所称恶意透支，是指持卡人以非法占有为目的，超过规定限额或者规定期限透支，并且经发卡银行催收后仍不归还的行为。

【盗窃罪】盗窃信用卡并使用的，依照本法第二百六十四条的规定定罪处罚。

二、管辖部门

根据《公安部刑事案件管辖分工规定》，此类案件由经侦部门管辖。

三、追诉标准

《关于公安机关管辖的刑事案件立案追诉标准的规定（二）》第四十九条　〔信用卡诈骗案（刑法第一百九十六条）〕进行信用卡诈骗活动，涉嫌下列情形之一的，应予立案追诉：

（一）使用伪造的信用卡、以虚假的身份证明骗领的信用卡、作废的信用卡或者冒用他人信用卡，进行诈骗活动，数额在五千元以上的；

（二）恶意透支，数额在五万元以上的。

本条规定的"恶意透支"，是指持卡人以非法占有为目的，超过规定限额或者规定期限透支，经发卡银行两次有效催收后超过三个月仍不归还的。

恶意透支的数额，是指公安机关刑事立案时尚未归还的实际透支的本金数额，不包括利息、复利、滞纳金、手续费等发卡银行收取的费用。归还或者支付的数额，应当认定为归还实际透支的本金。

恶意透支，数额在五万元以上不满五十万元的，在提起公诉前全部归还或者具有其他情节轻微情形的，可以不起诉。但是，因信用卡诈骗受过二次以上处罚的除外。

第二十六节　有价证券诈骗罪

一、刑法规定

第一百九十七条　【有价证券诈骗罪】使用伪造、变造的国库券或者国家发行的其他有价证券，进行诈骗活动，数额较大的，处五年以下有期徒刑或者拘役，并处二万元以上二十万元以下罚金；数额巨大或者有其他严重情节的，处五年以上十年以下有期徒刑，并处五万元以上五十万元以下罚金；数额特别巨大或者有其他特别严重情节的，处十年以上有期徒刑或者无期徒刑，并处五万元以上五十万元以下罚金或者没收财产。

二、管辖部门

根据《公安部刑事案件管辖分工规定》，此类案件由经侦部门管辖。

三、追诉标准

《关于公安机关管辖的刑事案件立案追诉标准的规定（二）》第五十条

〔有价证券诈骗案（刑法第一百九十七条）〕使用伪造、变造的国库券或者国家发行的其他有价证券进行诈骗活动，数额在五万元以上的，应予立案追诉。

第二十七节　保险诈骗罪

一、刑法规定

第一百九十八条 　【保险诈骗罪】有下列情形之一，进行保险诈骗活动，数额较大的，处五年以下有期徒刑或者拘役，并处一万元以上十万元以下罚金；数额巨大或者有其他严重情节的，处五年以上十年以下有期徒刑，并处二万元以上二十万元以下罚金；数额特别巨大或者有其他特别严重情节的，处十年以上有期徒刑，并处二万元以上二十万元以下罚金或者没收财产：

（一）投保人故意虚构保险标的，骗取保险金的；

（二）投保人、被保险人或者受益人对发生的保险事故编造虚假的原因或者夸大损失的程度，骗取保险金的；

（三）投保人、被保险人或者受益人编造未曾发生的保险事故，骗取保险金的；

（四）投保人、被保险人故意造成财产损失的保险事故，骗取保险金的；

（五）投保人、受益人故意造成被保险人死亡、伤残或者疾病，骗取保险金的。

有前款第四项、第五项所列行为，同时构成其他犯罪的，依照数罪并罚的规定处罚。

单位犯第一款罪的，对单位判处罚金，并对其直接负责的主管人员和其他直接责任人员，处五年以下有期徒刑或者拘役；数额巨大或者有其他严重情节的，处五年以上十年以下有期徒刑；数额特别巨大或者有其他特别严重情节的，处十年以上有期徒刑。

保险事故的鉴定人、证明人、财产评估人故意提供虚假的证明文件，为他人诈骗提供条件的，以保险诈骗的共犯论处。

二、管辖部门

根据《公安部刑事案件管辖分工规定》，此类案件由经侦部门管辖。

三、追诉标准

《关于公安机关管辖的刑事案件立案追诉标准的规定（二）》第五十一条　〔保险诈骗案（刑法第一百九十八条）〕进行保险诈骗活动，数额在五万元以上的，应予立案追诉。

危害税收征管类犯罪

此类犯罪规定于《刑法》分则第三章第六节，主要归经侦部门管辖，包括：逃税罪（第 201 条）；抗税罪（第 202 条）；逃避追缴欠税罪（第 203 条）；骗取出口退税罪（第 204 条）；虚开增值税专用发票、用于骗取出口退税、抵扣税款发票罪（第 205 条）；虚开发票罪（第 205 条之一）；伪造、出售伪造的增值税专用发票罪（第 206 条）；非法出售增值税专用发票罪（第 207 条）；非法购买增值税专用发票、购买伪造的增值税专用发票罪（第 208 条）；非法制造、出售非法制造的用于骗取出口退税、抵扣税款发票罪，非法制造、出售非法制造的发票罪，非法出售用于骗取出口退税、抵扣税款发票罪，非法出售发票罪（第 209 条）；持有伪造的发票罪（第 210 条之一）。

第一节 逃税罪

一、刑法规定

第二百零一条 【逃税罪】纳税人采取欺骗、隐瞒手段进行虚假纳税申报或者不申报，逃避缴纳税款数额较大并且占应纳税额百分之十以上的，处三年以下有期徒刑或者拘役，并处罚金；数额巨大并且占应纳税额百分之三十以上的，处三年以上七年以下有期徒刑，并处罚金。

扣缴义务人采取前款所列手段，不缴或者少缴已扣、已收税款，数额较大的，依照前款的规定处罚。

对多次实施前两款行为，未经处理的，按照累计数额计算。

有第一款行为，经税务机关依法下达追缴通知后，补缴应纳税款，缴纳滞纳金，已受行政处罚的，不予追究刑事责任；但是，五年内因逃避缴纳税款受过刑事处罚或者被税务机关给予二次以上行政处罚的除外。

二、管辖部门

根据《公安部刑事案件管辖分工规定》，此类案件由经侦部门管辖。

三、追诉标准

《关于公安机关管辖的刑事案件立案追诉标准的规定（二）》第五十二条　〔逃税案（刑法第二百零一条）〕逃避缴纳税款，涉嫌下列情形之一的，应予立案追诉：

（一）纳税人采取欺骗、隐瞒手段进行虚假纳税申报或者不申报，逃避缴纳税款，数额在十万元以上并且占各税种应纳税总额百分之十以上，经税务机关依法下达追缴通知后，不补缴应纳税款、不缴纳滞纳金或者不接受行政处罚的；

（二）纳税人五年内因逃避缴纳税款受过刑事处罚或者被税务机关给予二次以上行政处罚，又逃避缴纳税款，数额在十万元以上并且占各税种应纳税总额百分之十以上的；

（三）扣缴义务人采取欺骗、隐瞒手段，不缴或者少缴已扣、已收税款，数额在十万元以上的。

纳税人在公安机关立案后再补缴应纳税款、缴纳滞纳金或者接受行政处罚的，不影响刑事责任的追究。

第二节　抗税罪

一、刑法规定

第二百零二条　【抗税罪】以暴力、威胁方法拒不缴纳税款的，处三年以下有期徒刑或者拘役，并处拒缴税款一倍以上五倍以下罚金；情节严重的，处三年以上七年以下有期徒刑，并处拒缴税款一倍以上五倍以下罚金。

二、管辖部门

根据《公安部刑事案件管辖分工规定》，此类案件由经侦部门管辖。

三、追诉标准

《关于公安机关管辖的刑事案件立案追诉标准的规定（二）》第五十三条 〔抗税案（刑法第二百零二条）〕以暴力、威胁方法拒不缴纳税款，涉嫌下列情形之一的，应予立案追诉：

（一）造成税务工作人员轻微伤以上的；

（二）以给税务工作人员及其亲友的生命、健康、财产等造成损害为威胁，抗拒缴纳税款的；

（三）聚众抗拒缴纳税款的；

（四）以其他暴力、威胁方法拒不缴纳税款的。

第三节　逃避追缴欠税罪

一、刑法规定

第二百零三条　【逃避追缴欠税罪】纳税人欠缴应纳税款，采取转移或者隐匿财产的手段，致使税务机关无法追缴欠缴的税款，数额在一万元以上不满十万元的，处三年以下有期徒刑或者拘役，并处或者单处欠缴税款一倍以上五倍以下罚金；数额在十万元以上的，处三年以上七年以下有期徒刑，并处欠缴税款一倍以上五倍以下罚金。

二、管辖部门

根据《公安部刑事案件管辖分工规定》，此类案件由经侦部门管辖。

三、追诉标准

《关于公安机关管辖的刑事案件立案追诉标准的规定（二）》第五十四条 〔逃避追缴欠税案（刑法第二百零三条）〕纳税人欠缴应纳税款，采取转移或者隐匿财产的手段，致使税务机关无法追缴欠缴的税款，数额在一万元以上的，应予立案追诉。

第四节　骗取出口退税罪

一、刑法规定

第二百零四条　【骗取出口退税罪】【逃税罪】以假报出口或者其他欺骗手段，骗取国家出口退税款，数额较大的，处五年以下有期徒刑或者拘役，并处骗取税款一倍以上五倍以下罚金；数额巨大或者有其他严重情节的，处五年以上十年以下有期徒刑，并处骗取税款一倍以上五倍以下罚金；数额特别巨大或者有其他特别严重情节的，处十年以上有期徒刑或者无期徒刑，并处骗取税款一倍以上五倍以下罚金或者没收财产。

纳税人缴纳税款后，采取前款规定的欺骗方法，骗取所缴纳的税款的，依照本法第二百零一条的规定定罪处罚；骗取税款超过所缴纳的税款部分，依照前款的规定处罚。

二、管辖部门

根据《公安部刑事案件管辖分工规定》，此类案件由经侦部门管辖。

三、追诉标准

《关于公安机关管辖的刑事案件立案追诉标准的规定（二）》第五十五条　〔骗取出口退税案（刑法第二百零四条）〕以假报出口或者其他欺骗手段，骗取国家出口退税款，数额在十万元以上的，应予立案追诉。

第五节　第205条虚开类犯罪

一、刑法规定

第二百零五条　【虚开增值税专用发票、用于骗取出口退税、抵扣税款发票罪】虚开增值税专用发票或者虚开用于骗取出口退税、抵扣税款的其他发票的，处三年以下有期徒刑或者拘役，并处二万元以上二十万元以下罚金；虚开的税款数额较大或者有其他严重情节的，处三年以上十年以下有期徒刑，并处五万元以上五十万元以下罚金；虚开的税款数额巨大或者有其他特别严重情节的，处十年以上有期徒刑或者无期徒刑，并处五万元以上五十万元以下罚金或者没收财产。

单位犯本条规定之罪的，对单位判处罚金，并对其直接负责的主管人员和其他直接责任人员，处三年以下有期徒刑或者拘役；虚开的税款数额较大或者有其他严重情节的，处三年以上十年以下有期徒刑；虚开的税款数额巨大或者有其他特别严重情节的，处十年以上有期徒刑或者无期徒刑。

虚开增值税专用发票或者虚开用于骗取出口退税、抵扣税款的其他发票，是指有为他人虚开、为自己虚开、让他人为自己虚开、介绍他人虚开行为之一的。

第二百零五条之一　【虚开发票罪】虚开本法第二百零五条规定以外的其他发票，情节严重的，处二年以下有期徒刑、拘役或者管制，并处罚金；情节特别严重的，处二年以上七年以下有期徒刑，并处罚金。

单位犯前款罪的，对单位判处罚金，并对其直接负责的主管人员和其他直接责任人员，依照前款的规定处罚。

二、管辖部门

根据《公安部刑事案件管辖分工规定》，此类案件由经侦部门管辖。

三、追诉标准

《关于公安机关管辖的刑事案件立案追诉标准的规定（二）》第五十六条　〔虚开增值税专用发票、用于骗取出口退税、抵扣税款发票案（刑法第二百零五条）〕虚开增值税专用发票或者虚开用于骗取出口退税、抵扣税款的其他发票，虚开的税款数额在十万元以上或者造成国家税款损失数额在五万元以上的，应予立案追诉。

第五十七条　〔虚开发票案（刑法第二百零五条之一）〕虚开刑法第二百零五条规定以外的其他发票，涉嫌下列情形之一的，应予立案追诉：

（一）虚开发票金额累计在五十万元以上的；

（二）虚开发票一百份以上且票面金额在三十万元以上的；

（三）五年内因虚开发票受过刑事处罚或者二次以上行政处罚，又虚开发票，数额达到第一、二项标准百分之六十以上的。

第六节 伪造、出售伪造的增值税专用发票罪

一、刑法规定

第二百零六条 【伪造、出售伪造的增值税专用发票罪】伪造或者出售伪造的增值税专用发票的，处三年以下有期徒刑、拘役或者管制，并处二万元以上二十万元以下罚金；数量较大或者有其他严重情节的，处三年以上十年以下有期徒刑，并处五万元以上五十万元以下罚金；数量巨大或者有其他特别严重情节的，处十年以上有期徒刑或者无期徒刑，并处五万元以上五十万元以下罚金或者没收财产。

单位犯本条规定之罪的，对单位判处罚金，并对其直接负责的主管人员和其他直接责任人员，处三年以下有期徒刑、拘役或者管制；数量较大或者有其他严重情节的，处三年以上十年以下有期徒刑；数量巨大或者有其他特别严重情节的，处十年以上有期徒刑或者无期徒刑。

二、管辖部门

根据《公安部刑事案件管辖分工规定》，此类案件由经侦部门管辖。

三、追诉标准

《关于公安机关管辖的刑事案件立案追诉标准的规定（二）》第五十八条 〔伪造、出售伪造的增值税专用发票案（刑法第二百零六条）〕伪造或者出售伪造的增值税专用发票，涉嫌下列情形之一的，应予立案追诉：

（一）票面税额累计在十万元以上的；

（二）伪造或者出售伪造的增值税专用发票十份以上且票面税额在六万元以上的；

（三）非法获利数额在一万元以上的。

第七节 非法出售增值税专用发票罪

一、刑法规定

第二百零七条 【非法出售增值税专用发票罪】非法出售增值税专用发票的，处三年以下有期徒刑、拘役或者管制，并处二万元以上二十万元以下罚金；数量较大的，处三年以上十年以下有期徒刑，并处五万元以上五十万元以下罚金；数量巨大的，处十年以上有期徒刑或者无期徒刑，并处五万元以上五十万元以下罚金或者没收财产。

二、管辖部门

根据《公安部刑事案件管辖分工规定》，此类案件由经侦部门管辖。

三、追诉标准

《关于公安机关管辖的刑事案件立案追诉标准的规定（二）》第五十九条 〔非法出售增值税专用发票案（刑法第二百零七条）〕非法出售增值税专用发票，涉嫌下列情形之一的，应予立案追诉：
（一）票面税额累计在十万元以上的；
（二）非法出售增值税专用发票十份以上且票面税额在六万元以上的；
（三）非法获利数额在一万元以上的。

第八节 第 208 条涉增值税发票类犯罪

一、刑法规定

第二百零八条第一款 【非法购买增值税专用发票、购买伪造的增值税专用发票罪】非法购买增值税专用发票或者购买伪造的增值税专用发票的，处五年以下有期徒刑或者拘役，并处或者单处二万元以上二十万元以下罚金。

二、管辖部门

根据《公安部刑事案件管辖分工规定》，此类案件由经侦部门管辖。

三、追诉标准

《关于公安机关管辖的刑事案件立案追诉标准的规定（二）》第六十条〔非法购买增值税专用发票、购买伪造的增值税专用发票案（刑法第二百零八条第一款）〕非法购买增值税专用发票或者购买伪造的增值税专用发票，涉嫌下列情形之一的，应予立案追诉：

（一）非法购买增值税专用发票或者购买伪造的增值税专用发票二十份以上且票面税额在十万元以上的；

（二）票面税额累计在二十万元以上的。

第九节　第209条发票类犯罪

一、刑法规定

第二百零九条　【非法制造、出售非法制造的用于骗取出口退税、抵扣税款发票罪】伪造、擅自制造或者出售伪造、擅自制造的可以用于骗取出口退税、抵扣税款的其他发票的，处三年以下有期徒刑、拘役或者管制，并处二万元以上二十万元以下罚金；数量巨大的，处三年以上七年以下有期徒刑，并处五万元以上五十万元以下罚金；数量特别巨大的，处七年以上有期徒刑，并处五万元以上五十万元以下罚金或者没收财产。

【非法制造、出售非法制造的发票罪】伪造、擅自制造或者出售伪造、擅自制造的前款规定以外的其他发票的，处二年以下有期徒刑、拘役或者管制，并处或者单处一万元以上五万元以下罚金；情节严重的，处二年以上七年以下有期徒刑，并处五万元以上五十万元以下罚金。

【非法出售用于骗取出口退税、抵扣税款发票罪】非法出售可以用于骗取出口退税、抵扣税款的其他发票的，依照第一款的规定处罚。

【非法出售发票罪】非法出售第三款规定以外的其他发票的，依照第二款的规定处罚。

二、管辖部门

根据《公安部刑事案件管辖分工规定》，此类案件由经侦部门管辖。

三、追诉标准

《关于公安机关管辖的刑事案件立案追诉标准的规定（二）》第六十一条　〔非法制造、出售非法制造的用于骗取出口退税、抵扣税款发票案（刑法第二百零九条第一款）〕伪造、擅自制造或者出售伪造、擅自制造的用于骗取出口退税、抵扣税款的其他发票，涉嫌下列情形之一的，应予立案追诉：

（一）票面可以退税、抵扣税额累计在十万元以上的；

（二）伪造、擅自制造或者出售伪造、擅自制造的发票十份以上且票面可以退税、抵扣税额在六万元以上的；

（三）非法获利数额在一万元以上的。

第六十二条　〔非法制造、出售非法制造的发票案（刑法第二百零九条第二款）〕伪造、擅自制造或者出售伪造、擅自制造的不具有骗取出口退税、抵扣税款功能的其他发票，涉嫌下列情形之一的，应予立案追诉：

（一）伪造、擅自制造或者出售伪造、擅自制造的不具有骗取出口退税、抵扣税款功能的其他发票一百份以上且票面金额累计在三十万元以上的；

（二）票面金额累计在五十万元以上的；

（三）非法获利数额在一万元以上的。

第六十三条　〔非法出售用于骗取出口退税、抵扣税款发票案（刑法第二百零九条第三款）〕非法出售可以用于骗取出口退税、抵扣税款的其他发票，涉嫌下列情形之一的，应予立案追诉：

（一）票面可以退税、抵扣税额累计在十万元以上的；

（二）非法出售用于骗取出口退税、抵扣税款的其他发票十份以上且票面可以退税、抵扣税额在六万元以上的；

（三）非法获利数额在一万元以上的。

第六十四条　〔非法出售发票案（刑法第二百零九条第四款）〕非法出售增值税专用发票、用于骗取出口退税、抵扣税款的其他发票以外的发票，涉嫌下列情形之一的，应予立案追诉：

（一）非法出售增值税专用发票、用于骗取出口退税、抵扣税款的其他发票以外的发票一百份以上且票面金额累计在三十万元以上的；

（二）票面金额累计在五十万元以上的；

（三）非法获利数额在一万元以上的。

第十节 持有伪造的发票罪

一、刑法规定

第二百一十条之一 【持有伪造的发票罪】明知是伪造的发票而持有，数量较大的，处二年以下有期徒刑、拘役或者管制，并处罚金；数量巨大的，处二年以上七年以下有期徒刑，并处罚金。

单位犯前款罪的，对单位判处罚金，并对其直接负责的主管人员和其他直接责任人员，依照前款的规定处罚。

二、管辖部门

根据《公安部刑事案件管辖分工规定》，此类案件由经侦部门管辖。

三、追诉标准

《关于公安机关管辖的刑事案件立案追诉标准的规定（二）》第六十五条 〔持有伪造的发票案（刑法第二百一十条之一）〕明知是伪造的发票而持有，涉嫌下列情形之一的，应予立案追诉：

（一）持有伪造的增值税专用发票或者可以用于骗取出口退税、抵扣税款的其他发票五十份以上且票面税额累计在二十五万元以上的；

（二）持有伪造的增值税专用发票或者可以用于骗取出口退税、抵扣税款的其他发票票面税额累计在五十万元以上的；

（三）持有伪造的第一项规定以外的其他发票一百份以上且票面金额在五十万元以上的；

（四）持有伪造的第一项规定以外的其他发票票面金额累计在一百万元以上的。

侵犯知识产权类犯罪

此类犯罪规定于《刑法》分则第三章第七节，主要归食药部门管辖，包括：假冒注册商标罪（第213条）；销售假冒注册商标的商品罪（第214条）；非法制造、销售非法制造的注册商标标识罪（第215条）；假冒专利罪（第216条）；侵犯著作权罪（第217条）；销售侵权复制品罪（第218条）；侵犯商业秘密罪（第219条）；为境外窃取、刺探、收买、非法提供商业秘密罪（第219条之一）。需要说明的是，目前尚没有对此类犯罪统一的立案追诉标准。

第一节　假冒注册商标罪

一、刑法规定

第二百一十三条　【假冒注册商标罪】未经注册商标所有人许可，在同一种商品、服务上使用与其注册商标相同的商标，情节严重的，处三年以下有期徒刑，并处或者单处罚金；情节特别严重的，处三年以上十年以下有期徒刑，并处罚金。

二、管辖部门

根据《公安部刑事案件管辖分工规定》，此类案件由食药部门管辖。

第二节　销售假冒注册商标的商品罪

一、刑法规定

第二百一十四条　【销售假冒注册商标的商品罪】销售明知是假冒注册商标的商品，违法所得数额较大或者有其他严重情节的，处三年以下有期徒刑，并处或者单处罚金；违法所得数额巨大或者有其他特别严重情节的，处三年以上十年以下有期徒刑，并处罚金。

二、管辖部门

根据《公安部刑事案件管辖分工规定》，此类案件由食药部门管辖。

第三节　非法制造、销售非法制造的注册商标标识罪

一、刑法规定

第二百一十五条　【非法制造、销售非法制造的注册商标标识罪】伪造、擅自制造他人注册商标标识或者销售伪造、擅自制造的注册商标标识，情节严重的，处三年以下有期徒刑，并处或者单处罚金；情节特别严重的，处三年以上十年以下有期徒刑，并处罚金。

二、管辖部门

根据《公安部刑事案件管辖分工规定》，此类案件由食药部门管辖。

第四节　假冒专利罪

一、刑法规定

第二百一十六条　【假冒专利罪】假冒他人专利，情节严重的，处三年以下有期徒刑或者拘役，并处或者单处罚金。

二、管辖部门

根据《公安部刑事案件管辖分工规定》，此类案件由食药部门管辖。

第五节　侵犯著作权罪

一、刑法规定

第二百一十七条　【侵犯著作权罪】以营利为目的，有下列侵犯著作权或者与著作权有关的权利的情形之一，违法所得数额较大或者有其他严重情节的，处三年以下有期徒刑，并处或者单处罚金；违法所得数额巨大或者有其他特别严重情节的，处三年以上十年以下有期徒刑，并处罚金：

（一）未经著作权人许可，复制发行、通过信息网络向公众传播其文字作品、音乐、美术、视听作品、计算机软件及法律、行政法规规定的其他作品的；

（二）出版他人享有专有出版权的图书的；

（三）未经录音录像制作者许可，复制发行、通过信息网络向公众传播其制作的录音录像的；

（四）未经表演者许可，复制发行录有其表演的录音录像制品，或者通过信息网络向公众传播其表演的；

（五）制作、出售假冒他人署名的美术作品的；

（六）未经著作权人或者与著作权有关的权利人许可，故意避开或者破坏权利人为其作品、录音录像制品等采取的保护著作权或者与著作权有关的权利的技术措施的。

二、管辖部门

根据《公安部刑事案件管辖分工规定》，此类案件由食药部门管辖。

第六节　销售侵权复制品罪

一、刑法规定

第二百一十八条　【销售侵权复制品罪】以营利为目的，销售明知是本法第二百一十七条规定的侵权复制品，违法所得数额巨大或者有其他严重情节的，处五年以下有期徒刑，并处或者单处罚金。

二、管辖部门

根据《公安部刑事案件管辖分工规定》，此类案件由食药部门管辖。

第七节　第 219 条侵犯商业秘密类犯罪

一、刑法规定

第二百一十九条　【侵犯商业秘密罪】有下列侵犯商业秘密行为之一，情节严重的，处三年以下有期徒刑，并处或者单处罚金；情节特别严重的，处三年以上十年以下有期徒刑，并处罚金：

（一）以盗窃、贿赂、欺诈、胁迫、电子侵入或者其他不正当手段获取权利人的商业秘密的；

（二）披露、使用或者允许他人使用以前项手段获取的权利人的商业秘密的；

（三）违反保密义务或者违反权利人有关保守商业秘密的要求，披露、使用或者允许他人使用其所掌握的商业秘密的。

明知前款所列行为，获取、披露、使用或者允许他人使用该商业秘密的，以侵犯商业秘密论。

本条所称权利人，是指商业秘密的所有人和经商业秘密所有人许可的商业秘密使用人。

第二百一十九条之一　【为境外窃取、刺探、收买、非法提供商业秘密罪】为境外的机构、组织、人员窃取、刺探、收买、非法提供商业秘密的，处五年以下有期徒刑，并处或者单处罚金；情节严重的，处五年以上有期徒刑，并处罚金。

二、管辖部门

根据《公安部刑事案件管辖分工规定》，此类案件由食药部门管辖。

Chapter 13 ▶第十三章
扰乱市场秩序类犯罪

此类犯罪规定于《刑法》分则第三章第八节，主要归经侦、治安、海关缉私等部门管辖，包括：损害商业信誉、商品声誉罪（第 221 条）；虚假广告罪（第 222 条）；串通投标罪（第 223 条）；合同诈骗罪（第 224 条）；组织、领导传销活动罪（第 224 条之一）；非法经营罪（第 225 条）；强迫交易罪（第 226 条）；伪造、倒卖伪造的有价票证罪，倒卖车票、船票罪（第 227 条）；非法转让、倒卖土地使用权罪（第 228 条）；提供虚假证明文件罪，出具证明文件重大失实罪（第 229 条）；逃避商检罪（第 230 条）。

第一节　损害商业信誉、商品声誉罪

一、刑法规定

第二百二十一条　【损害商业信誉、商品声誉罪】捏造并散布虚伪事实，损害他人的商业信誉、商品声誉，给他人造成重大损失或者有其他严重情节的，处二年以下有期徒刑或者拘役，并处或者单处罚金。

二、管辖部门

根据《公安部刑事案件管辖分工规定》，此类案件由经侦部门管辖。

三、追诉标准

《关于公安机关管辖的刑事案件立案追诉标准的规定（二）》第六十六条　〔损害商业信誉、商品声誉案（刑法第二百二十一条）〕捏造并散布虚伪事实，损害他人的商业信誉、商品声誉，涉嫌下列情形之一的，应予立案追诉：

（一）给他人造成直接经济损失数额在五十万元以上的；

（二）虽未达到上述数额标准，但造成公司、企业等单位停业、停产六个月以上，或者破产的；

（三）其他给他人造成重大损失或者有其他严重情节的情形。

第二节　虚假广告罪

一、刑法规定

第二百二十二条 【虚假广告罪】广告主、广告经营者、广告发布者违反国家规定，利用广告对商品或者服务作虚假宣传，情节严重的，处二年以下有期徒刑或者拘役，并处或者单处罚金。

二、管辖部门

根据《公安部刑事案件管辖分工规定》，此类案件由经侦部门管辖。

三、追诉标准

《关于公安机关管辖的刑事案件立案追诉标准的规定（二）》第六十七条 〔虚假广告案（刑法第二百二十二条）〕广告主、广告经营者、广告发布者违反国家规定，利用广告对商品或者服务作虚假宣传，涉嫌下列情形之一的，应予立案追诉：

（一）违法所得数额在十万元以上的；

（二）假借预防、控制突发事件、传染病防治的名义，利用广告作虚假宣传，致使多人上当受骗，违法所得数额在三万元以上的；

（三）利用广告对食品、药品作虚假宣传，违法所得数额在三万元以上的；

（四）虽未达到上述数额标准，但二年内因利用广告作虚假宣传受过二次以上行政处罚，又利用广告作虚假宣传的；

（五）造成严重危害后果或者恶劣社会影响的；

（六）其他情节严重的情形。

第三节　串通投标罪

一、刑法规定

第二百二十三条 【串通投标罪】投标人相互串通投标报价，损害招标人或者其他投标人利益，情节严重的，处三年以下有期徒刑或者拘役，并处或者单处罚金。

投标人与招标人串通投标，损害国家、集体、公民的合法利益的，依照前款的规定处罚。

二、管辖部门

根据《公安部刑事案件管辖分工规定》，此类案件由经侦部门管辖。

三、追诉标准

《关于公安机关管辖的刑事案件立案追诉标准的规定（二）》第六十八条 〔串通投标案（刑法第二百二十三条）〕投标人相互串通投标报价，或者投标人与招标人串通投标，涉嫌下列情形之一的，应予立案追诉：

（一）损害招标人、投标人或者国家、集体、公民的合法利益，造成直接经济损失数额在五十万元以上的；

（二）违法所得数额在二十万元以上的；

（三）中标项目金额在四百万元以上的；

（四）采取威胁、欺骗或者贿赂等非法手段的；

（五）虽未达到上述数额标准，但二年内因串通投标受过二次以上行政处罚，又串通投标的；

（六）其他情节严重的情形。

第四节　合同诈骗罪；组织、领导传销活动罪

一、刑法规定

第二百二十四条 【合同诈骗罪】有下列情形之一，以非法占有为目的，

在签订、履行合同过程中，骗取对方当事人财物，数额较大的，处三年以下有期徒刑或者拘役，并处或者单处罚金；数额巨大或者有其他严重情节的，处三年以上十年以下有期徒刑，并处罚金；数额特别巨大或者有其他特别严重情节的，处十年以上有期徒刑或者无期徒刑，并处罚金或者没收财产：

（一）以虚构的单位或者冒用他人名义签订合同的；

（二）以伪造、变造、作废的票据或者其他虚假的产权证明作担保的；

（三）没有实际履行能力，以先履行小额合同或者部分履行合同的方法，诱骗对方当事人继续签订和履行合同的；

（四）收受对方当事人给付的货物、货款、预付款或者担保财产后逃匿的；

（五）以其他方法骗取对方当事人财物的。

第二百二十四条之一　【组织、领导传销活动罪】组织、领导以推销商品、提供服务等经营活动为名，要求参加者以缴纳费用或者购买商品、服务等方式获得加入资格，并按照一定顺序组成层级，直接或者间接以发展人员的数量作为计酬或者返利依据，引诱、胁迫参加者继续发展他人参加，骗取财物，扰乱经济社会秩序的传销活动的，处五年以下有期徒刑或者拘役，并处罚金；情节严重的，处五年以上有期徒刑，并处罚金。

二、管辖部门

根据《公安部刑事案件管辖分工规定》，此类案件由经侦部门管辖。

三、追诉标准

《关于公安机关管辖的刑事案件立案追诉标准的规定（二）》第六十九条　〔合同诈骗案（刑法第二百二十四条）〕以非法占有为目的，在签订、履行合同过程中，骗取对方当事人财物，数额在二万元以上的，应予立案追诉。

第七十条　〔组织、领导传销活动案（刑法第二百二十四条之一）〕组织、领导以推销商品、提供服务等经营活动为名，要求参加者以缴纳费用或者购买商品、服务等方式获得加入资格，并按照一定顺序组成层级，直接或者间接以发展人员的数量作为计酬或者返利依据，引诱、胁迫参加者继续发展他人参加，骗取财物，扰乱经济社会秩序的传销活动，涉嫌组织、领导的传销活动人员在三十人以上且层级在三级以上的，对组织者、领导者，应予立案追诉。

下列人员可以认定为传销活动的组织者、领导者：

（一）在传销活动中起发起、策划、操纵作用的人员；

（二）在传销活动中承担管理、协调等职责的人员；

（三）在传销活动中承担宣传、培训等职责的人员；

（四）因组织、领导传销活动受过刑事追究，或者一年内因组织、领导传销活动受过行政处罚，又直接或者间接发展参与传销活动人员在十五人以上且层级在三级以上的人员；

（五）其他对传销活动的实施、传销组织的建立、扩大等起关键作用的人员。

第五节　非法经营罪

一、刑法规定

第二百二十五条　【非法经营罪】违反国家规定，有下列非法经营行为之一，扰乱市场秩序，情节严重的，处五年以下有期徒刑或者拘役，并处或者单处违法所得一倍以上五倍以下罚金；情节特别严重的，处五年以上有期徒刑，并处违法所得一倍以上五倍以下罚金或者没收财产：

（一）未经许可经营法律、行政法规规定的专营、专卖物品或者其他限制买卖的物品的；

（二）买卖进出口许可证、进出口原产地证明以及其他法律、行政法规规定的经营许可证或者批准文件的；

（三）未经国家有关主管部门批准非法经营证券、期货、保险业务的，或者非法从事资金支付结算业务的；

（四）其他严重扰乱市场秩序的非法经营行为。

二、管辖部门

根据《公安部刑事案件管辖分工规定》，此类案件由经侦部门管辖。

三、追诉标准

《关于公安机关管辖的刑事案件立案追诉标准的规定（二）》第七十一条 〔非法经营案（刑法第二百二十五条）〕违反国家规定，进行非法经营活动，扰乱市场秩序，涉嫌下列情形之一的，应予立案追诉：

（一）违反国家烟草专卖管理法律法规，未经烟草专卖行政主管部门许可，无烟草专卖生产企业许可证、烟草专卖批发企业许可证、特种烟草专卖经营企业许可证、烟草专卖零售许可证等许可证明，非法经营烟草专卖品，具有下列情形之一的：

1. 非法经营数额在五万元以上，或者违法所得数额在二万元以上的；

2. 非法经营卷烟二十万支以上的；

3. 三年内因非法经营烟草专卖品受过二次以上行政处罚，又非法经营烟草专卖品且数额在三万元以上的。

（二）未经国家有关主管部门批准，非法经营证券、期货、保险业务，或者非法从事资金支付结算业务，具有下列情形之一的：

1. 非法经营证券、期货、保险业务，数额在一百万元以上，或者违法所得数额在十万元以上的；

2. 非法从事资金支付结算业务，数额在五百万元以上，或者违法所得数额在十万元以上的；

3. 非法从事资金支付结算业务，数额在二百五十万元以上不满五百万元，或者违法所得数额在五万元以上不满十万元，且具有下列情形之一的：

（1）因非法从事资金支付结算业务犯罪行为受过刑事追究的；

（2）二年内因非法从事资金支付结算业务违法行为受过行政处罚的；

（3）拒不交代涉案资金去向或者拒不配合追缴工作，致使赃款无法追缴的；

（4）造成其他严重后果的。

4. 使用销售点终端机具（POS机）等方法，以虚构交易、虚开价格、现金退货等方式向信用卡持卡人直接支付现金，数额在一百万元以上的，或者造成金融机构资金二十万元以上逾期未还的，或者造成金融机构经济损失十万元以上的。

（三）实施倒买倒卖外汇或者变相买卖外汇等非法买卖外汇行为，扰乱金融市场秩序，具有下列情形之一的：

1. 非法经营数额在五百万元以上的，或者违法所得数额在十万元以上的；

2. 非法经营数额在二百五十万元以上，或者违法所得数额在五万元以上，且具有下列情形之一的：

（1）因非法买卖外汇犯罪行为受过刑事追究的；

（2）二年内因非法买卖外汇违法行为受过行政处罚的；

（3）拒不交代涉案资金去向或者拒不配合追缴工作，致使赃款无法追缴的；

（4）造成其他严重后果的。

3. 公司、企业或者其他单位违反有关外贸代理业务的规定，采用非法手段，或者明知是伪造、变造的凭证、商业单据，为他人向外汇指定银行骗购外汇，数额在五百万美元以上或者违法所得数额在五十万元以上的；

4. 居间介绍骗购外汇，数额在一百万美元以上或者违法所得数额在十万元以上的。

（四）出版、印刷、复制、发行严重危害社会秩序和扰乱市场秩序的非法出版物，具有下列情形之一的：

1. 个人非法经营数额在五万元以上的，单位非法经营数额在十五万元以上的；

2. 个人违法所得数额在二万元以上的，单位违法所得数额在五万元以上的；

3. 个人非法经营报纸五千份或者期刊五千本或者图书二千册或者音像制品、电子出版物五百张（盒）以上的，单位非法经营报纸一万五千份或者期刊一万五千本或者图书五千册或者音像制品、电子出版物一千五百张（盒）以上的；

4. 虽未达到上述数额标准，但具有下列情形之一的：

（1）二年内因出版、印刷、复制、发行非法出版物受过二次以上行政处罚，又出版、印刷、复制、发行非法出版物的；

（2）因出版、印刷、复制、发行非法出版物造成恶劣社会影响或者其他严重后果的。

（五）非法从事出版物的出版、印刷、复制、发行业务，严重扰乱市场秩序，具有下列情形之一的：

1. 个人非法经营数额在十五万元以上的，单位非法经营数额在五十万元以上的；

2. 个人违法所得数额在五万元以上的，单位违法所得数额在十五万元以上的；

3. 个人非法经营报纸一万五千份或者期刊一万五千本或者图书五千册或者音像制品、电子出版物一千五百张（盒）以上的，单位非法经营报纸五万份或者期刊五万本或者图书一万五千册或者音像制品、电子出版物五千张（盒）以上的；

4. 虽未达到上述数额标准，二年内因非法从事出版物的出版、印刷、复制、发行业务受过二次以上行政处罚，又非法从事出版物的出版、印刷、复制、发行业务的。

（六）采取租用国际专线、私设转接设备或者其他方法，擅自经营国际电信业务或者涉港澳台电信业务进行营利活动，扰乱电信市场管理秩序，具有下列情形之一的：

1. 经营去话业务数额在一百万元以上的；

2. 经营来话业务造成电信资费损失数额在一百万元以上的；

3. 虽未达到上述数额标准，但具有下列情形之一的：

（1）二年内因非法经营国际电信业务或者涉港澳台电信业务行为受过二次以上行政处罚，又非法经营国际电信业务或者涉港澳台电信业务的；

（2）因非法经营国际电信业务或者涉港澳台电信业务行为造成其他严重后果的。

（七）以营利为目的，通过信息网络有偿提供删除信息服务，或者明知是虚假信息，通过信息网络有偿提供发布信息等服务，扰乱市场秩序，具有下列情形之一的：

1. 个人非法经营数额在五万元以上，或者违法所得数额在二万元以上的；

2. 单位非法经营数额在十五万元以上，或者违法所得数额在五万元以上的。

（八）非法生产、销售"黑广播""伪基站"、无线电干扰器等无线电设备，具有下列情形之一的：

1. 非法生产、销售无线电设备三套以上的；

2. 非法经营数额在五万元以上的；

3. 虽未达到上述数额标准，但二年内因非法生产、销售无线电设备受过二次以上行政处罚，又非法生产、销售无线电设备的。

（九）以提供给他人开设赌场为目的，违反国家规定，非法生产、销售具有退币、退分、退钢珠等赌博功能的电子游戏设施设备或者其专用软件，具有下列情形之一的：

1. 个人非法经营数额在五万元以上，或者违法所得数额在一万元以上的；

2. 单位非法经营数额在五十万元以上，或者违法所得数额在十万元以上的；

3. 虽未达到上述数额标准，但二年内因非法生产、销售赌博机行为受过二次以上行政处罚，又进行同种非法经营行为的；

4. 其他情节严重的情形。

（十）实施下列危害食品安全行为，非法经营数额在十万元以上，或者违法所得数额在五万元以上的：

1. 以提供给他人生产、销售食品为目的，违反国家规定，生产、销售国家禁止用于食品生产、销售的非食品原料的；

2. 以提供给他人生产、销售食用农产品为目的，违反国家规定，生产、销售国家禁用农药、食品动物中禁止使用的药品及其他化合物等有毒、有害的非食品原料，或者生产、销售添加上述有毒、有害的非食品原料的农药、兽药、饲料、饲料添加剂、饲料原料的；

3. 违反国家规定，私设生猪屠宰厂（场），从事生猪屠宰、销售等经营活动的。

（十一）未经监管部门批准，或者超越经营范围，以营利为目的，以超过百分之三十六的实际年利率经常性地向社会不特定对象发放贷款，具有下列情形之一的：

1. 个人非法放贷数额累计在二百万元以上的，单位非法放贷数额累计在一千万元以上的；

2. 个人违法所得数额累计在八十万元以上的，单位违法所得数额累计在四百万元以上的；

3. 个人非法放贷对象累计在五十人以上的，单位非法放贷对象累计在一百五十人以上的；

4. 造成借款人或者其近亲属自杀、死亡或者精神失常等严重后果的。

5. 虽未达到上述数额标准，但具有下列情形之一的：

（1）二年内因实施非法放贷行为受过二次以上行政处罚的；

（2）以超过百分之七十二的实际年利率实施非法放贷行为十次以上的。

黑恶势力非法放贷的，按照第 1、2、3 项规定的相应数额、数量标准的百分之五十确定。同时具有第 5 项规定情形的，按照相应数额、数量标准的百分之四十确定。

（十二）从事其他非法经营活动，具有下列情形之一的：

1. 个人非法经营数额在五万元以上，或者违法所得数额在一万元以上的；

2. 单位非法经营数额在五十万元以上，或者违法所得数额在十万元以上的；

3. 虽未达到上述数额标准，但二年内因非法经营行为受过二次以上行政处罚，又从事同种非法经营行为的；

4. 其他情节严重的情形。

法律、司法解释对非法经营罪的立案追诉标准另有规定的，依照其规定。

第六节　强迫交易罪

一、刑法规定

第二百二十六条　【强迫交易罪】以暴力、威胁手段，实施下列行为之一，情节严重的，处三年以下有期徒刑或者拘役，并处或者单处罚金；情节特别严重的，处三年以上七年以下有期徒刑，并处罚金：

（一）强买强卖商品的；

（二）强迫他人提供或者接受服务的；

（三）强迫他人参与或者退出投标、拍卖的；

（四）强迫他人转让或者收购公司、企业的股份、债券或者其他资产的；

（五）强迫他人参与或者退出特定的经营活动的。

二、管辖部门

根据《公安部刑事案件管辖分工规定》，此类案件由治安部门管辖。

第七节　伪造、倒卖伪造的有价票证罪；倒卖车票、船票罪

一、刑法规定

第二百二十七条　【伪造、倒卖伪造的有价票证罪】伪造或者倒卖伪造的车票、船票、邮票或者其他有价票证，数额较大的，处二年以下有期徒刑、拘役或者管制，并处或者单处票证价额一倍以上五倍以下罚金；数额巨大的，处二年以上七年以下有期徒刑，并处票证价额一倍以上五倍以下罚金。

【倒卖车票、船票罪】倒卖车票、船票，情节严重的，处三年以下有期徒刑、拘役或者管制，并处或者单处票证价额一倍以上五倍以下罚金。

二、管辖部门

根据《公安部刑事案件管辖分工规定》，此类案件由治安部门管辖。

第八节　非法转让、倒卖土地使用权罪

一、刑法规定

第二百二十八条　【非法转让、倒卖土地使用权罪】以牟利为目的，违反土地管理法规，非法转让、倒卖土地使用权，情节严重的，处三年以下有期徒刑或者拘役，并处或者单处非法转让、倒卖土地使用权价额百分之五以上百分之二十以下罚金；情节特别严重的，处三年以上七年以下有期徒刑，并处非法转让、倒卖土地使用权价额百分之五以上百分之二十以下罚金。

二、管辖部门

根据《公安部刑事案件管辖分工规定》，此类案件由经侦部门管辖。

三、追诉标准

《关于公安机关管辖的刑事案件立案追诉标准的规定（二）》第七十二条　〔非法转让、倒卖土地使用权案（刑法第二百二十八条）〕以牟利为目的，违反土地管理法规，非法转让、倒卖土地使用权，涉嫌下列情形之一的，

应予立案追诉：

（一）非法转让、倒卖永久基本农田五亩以上的；

（二）非法转让、倒卖永久基本农田以外的耕地十亩以上的；

（三）非法转让、倒卖其他土地二十亩以上的；

（四）违法所得数额在五十万元以上的；

（五）虽未达到上述数额标准，但因非法转让、倒卖土地使用权受过行政处罚，又非法转让、倒卖土地的；

（六）其他情节严重的情形。

第九节　第229条提供、出具虚假证明文件类犯罪

一、刑法规定

第二百二十九条　【提供虚假证明文件罪】承担资产评估、验资、验证、会计、审计、法律服务、保荐、安全评价、环境影响评价、环境监测等职责的中介组织的人员故意提供虚假证明文件，情节严重的，处五年以下有期徒刑或者拘役，并处罚金；有下列情形之一的，处五年以上十年以下有期徒刑，并处罚金：

（一）提供与证券发行相关的虚假的资产评估、会计、审计、法律服务、保荐等证明文件，情节特别严重的；

（二）提供与重大资产交易相关的虚假的资产评估、会计、审计等证明文件，情节特别严重的；

（三）在涉及公共安全的重大工程、项目中提供虚假的安全评价、环境影响评价等证明文件，致使公共财产、国家和人民利益遭受特别重大损失的。

【提供虚假证明文件罪】有前款行为，同时索取他人财物或者非法收受他人财物构成犯罪的，依照处罚较重的规定定罪处罚。

【出具证明文件重大失实罪】第一款规定的人员，严重不负责任，出具的证明文件有重大失实，造成严重后果的，处三年以下有期徒刑或者拘役，并处或者单处罚金。

二、管辖部门

根据《公安部刑事案件管辖分工规定》，此类案件由经侦部门管辖。

三、追诉标准

《关于公安机关管辖的刑事案件立案追诉标准的规定（二）》第七十三条 〔提供虚假证明文件案（刑法第二百二十九条第一款）〕承担资产评估、验资、验证、会计、审计、法律服务、保荐、安全评价、环境影响评价、环境监测等职责的中介组织的人员故意提供虚假证明文件，涉嫌下列情形之一的，应予立案追诉：

（一）给国家、公众或者其他投资者造成直接经济损失数额在五十万元以上的；

（二）违法所得数额在十万元以上的；

（三）虚假证明文件虚构数额在一百万元以上且占实际数额百分之三十以上的；

（四）虽未达到上述数额标准，但二年内因提供虚假证明文件受过二次以上行政处罚，又提供虚假证明文件的；

（五）其他情节严重的情形。

第七十四条 〔出具证明文件重大失实案（刑法第二百二十九条第三款）〕承担资产评估、验资、验证、会计、审计、法律服务、保荐、安全评价、环境影响评价、环境监测等职责的中介组织的人员严重不负责任，出具的证明文件有重大失实，涉嫌下列情形之一的，应予立案追诉：

（一）给国家、公众或者其他投资者造成直接经济损失数额在一百万元以上的；

（二）其他造成严重后果的情形。

第十节　逃避商检罪

一、刑法规定

第二百三十条 【逃避商检罪】违反进出口商品检验法的规定，逃避商品检验，将必须经商检机构检验的进口商品未报经检验而擅自销售、使用，或者将必须经商检机构检验的出口商品未报经检验合格而擅自出口，情节严重的，处三年以下有期徒刑或者拘役，并处或者单处罚金。

二、管辖部门

根据《公安部刑事案件管辖分工规定》，此类案件由海关缉私部门管辖。

三、追诉标准

《关于公安机关管辖的刑事案件立案追诉标准的规定（二）》第七十五条　〔逃避商检案（刑法第二百三十条）〕违反进出口商品检验法的规定，逃避商品检验，将必须经商检机构检验的进口商品未报经检验而擅自销售、使用，或者将必须经商检机构检验的出口商品未报经检验合格而擅自出口，涉嫌下列情形之一的，应予立案追诉：

（一）给国家、单位或者个人造成直接经济损失数额在五十万元以上的；

（二）逃避商检的进出口货物货值金额在三百万元以上的；

（三）导致病疫流行、灾害事故的；

（四）多次逃避商检的；

（五）引起国际经济贸易纠纷，严重影响国家对外贸易关系，或者严重损害国家声誉的；

（六）其他情节严重的情形。

其他常见涉企业管理人员类犯罪

此类犯罪规定散见于《刑法》分则，主要归刑侦、经侦、治安、纪检监察等部门管辖，包括：职务侵占罪（第271条）；挪用资金罪（第272条）；故意毁坏财物罪（第275条）；破坏生产经营罪（第276条）；拒不支付劳动报酬罪（第276条之一）；伪造、变造、买卖国家机关公文、证件、印章罪，盗窃、抢夺、毁灭国家机关公文、证件、印章罪，伪造公司、企业、事业单位、人民团体印章罪，伪造、变造、买卖身份证件罪（第280条）；组织、领导、参加黑社会性质组织罪（第294条）；虚假诉讼罪（第307条之一）；掩饰、隐瞒犯罪所得、犯罪所得收益罪（第312条）；拒不执行判决、裁定罪（第313条）；非法处置查封、扣押、冻结的财产罪（第314条）；受贿罪（第385条）；单位受贿罪（第387条）；利用影响力受贿罪（第388条之一）；行贿罪（第389条）；对有影响力的人行贿罪（第390条之一）；对单位行贿罪（第391条）；介绍贿赂罪（第392条）；单位行贿罪（第393条）；职务侵占罪（保险公司）（第183条、第271条）；贪污罪（保险公司）（第183条、第382条）；非国家工作人员受贿罪（第163条）；受贿罪（第184条、第385条）；挪用资金罪（第185条、第272条）；挪用公款罪（第185条、第384条）。

第一节　职务侵占罪

一、刑法规定

第二百七十一条第一款　【职务侵占罪】公司、企业或者其他单位的工作人员，利用职务上的便利，将本单位财物非法占为己有，数额较大的，处三年以下有期徒刑或者拘役，并处罚金；数额巨大的，处三年以上十年以下有期徒刑，并处罚金；数额特别巨大的，处十年以上有期徒刑或者无期徒刑，并处罚金。

二、管辖部门

根据《公安部刑事案件管辖分工规定》，此类案件由经侦部门管辖。

三、追诉标准

《关于公安机关管辖的刑事案件立案追诉标准的规定（二）》第七十六条　〔职务侵占案（刑法第二百七十一条第一款）〕公司、企业或者其他单位的人员，利用职务上的便利，将本单位财物非法占为己有，数额在三万元以上的，应予立案追诉。

第二节　挪用资金罪

一、刑法规定

第二百七十二条第一款　【挪用资金罪】公司、企业或者其他单位的工作人员，利用职务上的便利，挪用本单位资金归个人使用或者借贷给他人，数额较大、超过三个月未还的，或者虽未超过三个月，但数额较大、进行营利活动的，或者进行非法活动的，处三年以下有期徒刑或者拘役；挪用本单位资金数额巨大的，处三年以上七年以下有期徒刑；数额特别巨大的，处七年以上有期徒刑。

二、管辖部门

根据《公安部刑事案件管辖分工规定》，此类案件由经侦部门管辖。

三、追诉标准

《关于公安机关管辖的刑事案件立案追诉标准的规定（二）》第七十七条　〔挪用资金案（刑法第二百七十二条第一款）〕公司、企业或者其他单位的工作人员，利用职务上的便利，挪用本单位资金归个人使用或者借贷给他人，涉嫌下列情形之一的，应予立案追诉：

（一）挪用本单位资金数额在五万元以上，超过三个月未还的；

（二）挪用本单位资金数额在五万元以上，进行营利活动的；

（三）挪用本单位资金数额在三万元以上，进行非法活动的。

具有下列情形之一的，属于本条规定的"归个人使用"：

（一）将本单位资金供本人、亲友或者其他自然人使用的；

（二）以个人名义将本单位资金供其他单位使用的；

（三）个人决定以单位名义将本单位资金供其他单位使用，谋取个人利益的。

第三节　故意毁坏财物罪

一、刑法规定

第二百七十五条　【故意毁坏财物罪】故意毁坏公私财物，数额较大或者有其他严重情节的，处三年以下有期徒刑、拘役或者罚金；数额巨大或者有其他特别严重情节的，处三年以上七年以下有期徒刑。

二、管辖部门

根据《公安部刑事案件管辖分工规定》，此类案件由治安部门管辖。

三、追诉标准

《关于公安机关管辖的刑事案件立案追诉标准的规定（一）》第三十三条　［故意毁坏财物案（刑法第二百七十五条）］故意毁坏公私财物，涉嫌下列情形之一的，应予立案追诉：

（一）造成公私财物损失五千元以上的；

（二）毁坏公私财物三次以上的；

（三）纠集三人以上公然毁坏公私财物的；

（四）其他情节严重的情形。

第四节　破坏生产经营罪；拒不支付劳动报酬罪

一、刑法规定

第二百七十六条　【破坏生产经营罪】由于泄愤报复或者其他个人目的，毁坏机器设备、残害耕畜或者以其他方法破坏生产经营的，处三年以下有期徒刑、拘役或者管制；情节严重的，处三年以上七年以下有期徒刑。

第二百七十六条之一　【拒不支付劳动报酬罪】以转移财产、逃匿等方法逃避支付劳动者的劳动报酬或者有能力支付而不支付劳动者的劳动报酬，数额较大，经政府有关部门责令支付仍不支付的，处三年以下有期徒刑或者拘役，并处或者单处罚金；造成严重后果的，处三年以上七年以下有期徒刑，并处罚金。

单位犯前款罪的，对单位判处罚金，并对其直接负责的主管人员和其他直接责任人员，依照前款的规定处罚。

有前两款行为，尚未造成严重后果，在提起公诉前支付劳动者的劳动报酬，并依法承担相应赔偿责任的，可以减轻或者免除处罚。

二、管辖部门

根据《公安部刑事案件管辖分工规定》，此类案件由治安部门管辖。

三、追诉标准

《关于公安机关管辖的刑事案件立案追诉标准的规定（一）》第三十四条　［破坏生产经营案（刑法第二百七十六条）］由于泄愤报复或者其他个人目的，毁坏机器设备、残害耕畜或者以其他方法破坏生产经营，涉嫌下列情形之一的，应予立案追诉：

（一）造成公私财物损失五千元以上的；

（二）破坏生产经营三次以上的；

（三）纠集三人以上公然破坏生产经营的；

（四）其他破坏生产经营应予追究刑事责任的情形。

第五节 第 280 条涉印章类犯罪

一、刑法规定

第二百八十条 【伪造、变造、买卖国家机关公文、证件、印章罪】【盗窃、抢夺、毁灭国家机关公文、证件、印章罪】伪造、变造、买卖或者盗窃、抢夺、毁灭国家机关的公文、证件、印章的，处三年以下有期徒刑、拘役、管制或者剥夺政治权利，并处罚金；情节严重的，处三年以上十年以下有期徒刑，并处罚金。

【伪造公司、企业、事业单位、人民团体印章罪】伪造公司、企业、事业单位、人民团体的印章的，处三年以下有期徒刑、拘役、管制或者剥夺政治权利，并处罚金。

【伪造、变造、买卖身份证件罪】伪造、变造、买卖居民身份证、护照、社会保障卡、驾驶证等依法可以用于证明身份的证件的，处三年以下有期徒刑、拘役、管制或者剥夺政治权利，并处罚金；情节严重的，处三年以上七年以下有期徒刑，并处罚金。

二、管辖部门

根据《公安部刑事案件管辖分工规定》，此类案件由刑侦部门管辖。

第六节 组织、领导、参加黑社会性质组织罪

一、刑法规定

第二百九十四条第一款 【组织、领导、参加黑社会性质组织罪】组织、领导黑社会性质的组织的，处七年以上有期徒刑，并处没收财产；积极参加的，处三年以上七年以下有期徒刑，可以并处罚金或者没收财产；其他参加的，处三年以下有期徒刑、拘役、管制或者剥夺政治权利，可以并处罚金。

二、管辖部门

根据《公安部刑事案件管辖分工规定》，此类案件由刑侦部门管辖。

第七节　虚假诉讼罪

一、刑法规定

第三百零七条之一　【虚假诉讼罪】以捏造的事实提起民事诉讼，妨害司法秩序或者严重侵害他人合法权益的，处三年以下有期徒刑、拘役或者管制，并处或者单处罚金；情节严重的，处三年以上七年以下有期徒刑，并处罚金。

单位犯前款罪的，对单位判处罚金，并对其直接负责的主管人员和其他直接责任人员，依照前款的规定处罚。

有第一款行为，非法占有他人财产或者逃避合法债务，又构成其他犯罪的，依照处罚较重的规定定罪从重处罚。

司法工作人员利用职权，与他人共同实施前三款行为的，从重处罚；同时构成其他犯罪的，依照处罚较重的规定定罪从重处罚。

二、管辖部门

根据《公安部刑事案件管辖分工规定》，此类案件由经侦部门管辖。

三、追诉标准

《关于公安机关管辖的刑事案件立案追诉标准的规定（二）》第七十八条　〔虚假诉讼案（刑法第三百零七条之一）〕单独或者与他人恶意串通，以捏造的事实提起民事诉讼，涉嫌下列情形之一的，应予立案追诉：

（一）致使人民法院基于捏造的事实采取财产保全或者行为保全措施的；

（二）致使人民法院开庭审理，干扰正常司法活动的；

（三）致使人民法院基于捏造的事实作出裁判文书、制作财产分配方案，或者立案执行基于捏造的事实作出的仲裁裁决、公证债权文书的；

（四）多次以捏造的事实提起民事诉讼的；

（五）因以捏造的事实提起民事诉讼被采取民事诉讼强制措施或者受过刑事追究的；

（六）其他妨害司法秩序或者严重侵害他人合法权益的情形。

第八节　掩饰、隐瞒犯罪所得、犯罪所得收益罪

一、刑法规定

第三百一十二条　【掩饰、隐瞒犯罪所得、犯罪所得收益罪】明知是犯罪所得及其产生的收益而予以窝藏、转移、收购、代为销售或者以其他方法掩饰、隐瞒的，处三年以下有期徒刑、拘役或者管制，并处或者单处罚金；情节严重的，处三年以上七年以下有期徒刑，并处罚金。

单位犯前款罪的，对单位判处罚金，并对其直接负责的主管人员和其他直接责任人员，依照前款的规定处罚。

二、管辖部门

根据《公安部刑事案件管辖分工规定》，此类案件由刑侦部门管辖。

第九节　拒不执行判决、裁定罪

一、刑法规定

第三百一十三条　【拒不执行判决、裁定罪】对人民法院的判决、裁定有能力执行而拒不执行，情节严重的，处三年以下有期徒刑、拘役或者罚金；情节特别严重的，处三年以上七年以下有期徒刑，并处罚金。

单位犯前款罪的，对单位判处罚金，并对其直接负责的主管人员和其他直接责任人员，依照前款的规定处罚。

二、管辖部门

根据《公安部刑事案件管辖分工规定》，此类案件由刑侦部门管辖。

第十节　非法处置查封、扣押、冻结的财产罪

一、刑法规定

第三百一十四条　【非法处置查封、扣押、冻结的财产罪】隐藏、转移、

变卖、故意毁损已被司法机关查封、扣押、冻结的财产，情节严重的，处三年以下有期徒刑、拘役或者罚金。

二、管辖部门

根据《公安部刑事案件管辖分工规定》，此类案件由刑侦部门管辖。

第十一节　受贿罪

一、刑法规定

第三百八十五条　【受贿罪】国家工作人员利用职务上的便利，索取他人财物的，或者非法收受他人财物，为他人谋取利益的，是受贿罪。

国家工作人员在经济往来中，违反国家规定，收受各种名义的回扣、手续费，归个人所有的，以受贿论处。

二、管辖部门

根据《监察法实施条例》，此类案件由纪检监察部门管辖。

三、追诉标准

（1）受贿数额在3万元以上（三种情形：1万元以上不满3万元）不满20万元的，应予立案，处3年以下有期徒刑或者拘役，并处罚金；

（2）受贿数额在20万元以上（三种情形：10万元以上不满20万元）不满300万元的，处3年以上10年以下有期徒刑，并处罚金或者没收财产；

（3）受贿数额在300万元以上（三种情形：150万元以上不满300万元）的，处10年以上有期徒刑或者无期徒刑，并处罚金或者没收财产。

三种情形：

（1）多次索贿的；（2）为他人谋取不正当利益，致使公共财产、国家和人民利益遭受损失的；（3）为他人谋取职务提拔、调整的。

第十二节　单位受贿罪

一、刑法规定

第三百八十七条　【单位受贿罪】国家机关、国有公司、企业、事业单位、人民团体，索取、非法收受他人财物，为他人谋取利益，情节严重的，对单位判处罚金，并对其直接负责的主管人员和其他直接责任人员，处五年以下有期徒刑或者拘役。

前款所列单位，在经济往来中，在账外暗中收受各种名义的回扣、手续费的，以受贿论，依照前款的规定处罚。

二、管辖部门

根据《监察法实施条例》，此类案件由纪检监察部门管辖。

三、追诉标准

单位受贿数额在 10 万元以上（不满 10 万元，但故意刁难、要挟有关单位、个人，造成恶劣影响，或者强行索取财物，或者致使国家或者社会利益遭受重大损失）的，应予立案，处 5 年以下有期徒刑或者拘役。

第十三节　利用影响力受贿罪

一、刑法规定

第三百八十八条之一　【利用影响力受贿罪】国家工作人员的近亲属或者其他与该国家工作人员关系密切的人，通过该国家工作人员职务上的行为，或者利用该国家工作人员职权或者地位形成的便利条件，通过其他国家工作人员职务上的行为，为请托人谋取不正当利益，索取请托人财物或者收受请托人财物，数额较大或者有其他较重情节的，处三年以下有期徒刑或者拘役，并处罚金；数额巨大或者有其他严重情节的，处三年以上七年以下有期徒刑，并处罚金；数额特别巨大或者有其他特别严重情节的，处七年以上有期徒刑，并处罚金或者没收财产。

离职的国家工作人员或者其近亲属以及其他与其关系密切的人，利用该离职的国家工作人员原职权或者地位形成的便利条件实施前款行为的，依照前款的规定定罪处罚。

二、管辖部门

根据《监察法实施条例》，此类案件由纪检监察部门管辖。

三、追诉标准

（1）受贿数额在 3 万元以上（三种情形：1 万元以上不满 3 万元）不满 20 万元的，应予立案，处 3 年以下有期徒刑或者拘役，并处罚金；

（2）受贿数额在 20 万元以上（三种情形：10 万元以上不满 20 万元）不满 300 万元的，处 3 年以上 7 年以下有期徒刑，并处罚金；

（3）受贿数额在 300 万元以上（三种情形：150 万元以上不满 300 万元）的，处 7 年以上有期徒刑，并处罚金或者没收财产。

三种情形：

（1）多次索贿的；（2）为他人谋取不正当利益，致使公共财产、国家和人民利益遭受损失的；（3）为他人谋取职务提拔、调整的。

第十四节　行贿罪

一、刑法规定

第三百八十九条　【行贿罪】为谋取不正当利益，给予国家工作人员以财物的，是行贿罪。

在经济往来中，违反国家规定，给予国家工作人员以财物，数额较大的，或者违反国家规定，给予国家工作人员以各种名义的回扣、手续费的，以行贿论处。

因被勒索给予国家工作人员以财物，没有获得不正当利益的，不是行贿。

二、管辖部门

根据《监察法实施条例》，此类案件由纪检监察部门管辖。

三、追诉标准

（1）行贿数额在 3 万元以上（六种情形：1 万元以上不满 3 万元）的，应予立案，处 5 年以下有期徒刑或者拘役，并处罚金；

（2）行贿数额在 100 万元以上（下列前五种情形或行贿造成经济损失数额在 100 万元以上不满 500 万元；50 万元以上不满 100 万元）不满 500 万元或具有其他严重的情节，处 5 年以上 10 年以下有期徒刑，并处罚金；

（3）行贿数额在 500 万元以上（下列前五种情形或行贿造成经济损失数额在 500 万元以上；250 万元以上不满 500 万元）或具有其他特别严重的情节，处 10 年以上有期徒刑或者无期徒刑，并处罚金或者没收财产。

六种情形：（1）向三人以上行贿的；（2）将违法所得用于行贿的；（3）通过行贿谋取职务提拔、调整的；（4）向负有食品、药品、安全生产、环境保护等监督管理职责的国家工作人员行贿，实施非法活动的；（5）向司法工作人员行贿，影响司法公正的；（6）造成经济损失数额在 50 万元以上不满 100 万元的。

第十五节　对有影响力的人行贿罪

一、刑法规定

第三百九十条之一　【对有影响力的人行贿罪】为谋取不正当利益，向国家工作人员的近亲属或者其他与该国家工作人员关系密切的人，或者向离职的国家工作人员或者其近亲属以及其他与其关系密切的人行贿的，处三年以下有期徒刑或者拘役，并处罚金；情节严重的，或者使国家利益遭受重大损失的，处三年以上七年以下有期徒刑，并处罚金；情节特别严重的，或者使国家利益遭受特别重大损失的，处七年以上十年以下有期徒刑，并处罚金。

单位犯前款罪的，对单位判处罚金，并对其直接负责的主管人员和其他直接责任人员，处三年以下有期徒刑或者拘役，并处罚金。

二、管辖部门

根据《监察法实施条例》，此类案件由纪检监察部门管辖。

三、追诉标准

（1）行贿数额在 3 万元以上（六种情形：1 万元以上不满 3 万元）的，应予立案，处 3 年以下有期徒刑或者拘役，并处罚金；

（2）行贿数额在 100 万元以上（下列前五种情形或造成损失 100 万元以上：50 万元以上不满 100 万元）或具有其他严重的情节，处 3 年以上 7 年以下有期徒刑，并处罚金；

（3）行贿数额在 500 万元以上（下列前五种情形或造成损失 500 万元以上：250 万元以上不满 500 万元）或具有其他特别严重的情节，处 7 年以上 10 年以下有期徒刑，并处罚金。

单位对有影响力的人行贿数额在 20 万元以上的，应予立案，处 3 年以下有期徒刑或者拘役，并处罚金。

六种情形：（1）向三人以上行贿的；（2）将违法所得用于行贿的；（3）通过行贿谋取职务提拔、调整的；（4）向负有食品、药品、安全生产、环境保护等监督管理职责的国家工作人员行贿，实施非法活动的；（5）向司法工作人员行贿，影响司法公正的；（6）造成经济损失数额在 50 万元以上不满 100 万元的。

第十六节　对单位行贿罪

一、刑法规定

第三百九十一条　【对单位行贿罪】为谋取不正当利益，给予国家机关、国有公司、企业、事业单位、人民团体以财物的，或者在经济往来中，违反国家规定，给予各种名义的回扣、手续费的，处三年以下有期徒刑或者拘役，并处罚金。

单位犯前款罪的，对单位判处罚金，并对其直接负责的主管人员和其他直接责任人员，依照前款的规定处罚。

二、管辖部门

根据《监察法实施条例》，此类案件由纪检监察部门管辖。

三、追诉标准

涉嫌下列情形之一的，应予立案，处 3 年以下有期徒刑或者拘役，并处罚金：（1）个人行贿 10 万元以上、单位行贿 20 万元以上的；（2）个人行贿不满 10 万元、单位行贿 10 万元以上不满 20 万元，但具有下列情形之一的：①为谋取非法利益而行贿的；②向三个以上单位行贿的；③向党政机关、司法机关、行政执法机关行贿的；④致使国家或者社会利益遭受重大损失的。

第十七节　介绍贿赂罪

一、刑法规定

第三百九十二条　【介绍贿赂罪】向国家工作人员介绍贿赂，情节严重的，处三年以下有期徒刑或者拘役，并处罚金。

介绍贿赂人在被追诉前主动交待介绍贿赂行为的，可以减轻处罚或者免除处罚。

二、管辖部门

根据《监察法实施条例》，此类案件由纪检监察部门管辖。

三、追诉标准

涉嫌下列情形之一的，应予立案，处 3 年以下有期徒刑或者拘役，并处罚金：（1）介绍个人行贿 3 万元以上的；介绍单位行贿 20 万元以上的；（2）介绍贿赂数额不满上述标准，但具有下列情形之一的：①为使行贿人获取非法利益而介绍贿赂的；②三次以上或者为三人以上介绍贿赂的；③向党政领导、司法工作人员、行政执法人员介绍贿赂的；④致使国家或者社会利益遭受重大损失的。

第十八节　单位行贿罪

一、刑法规定

第三百九十三条　【单位行贿罪】单位为谋取不正当利益而行贿，或者违反国家规定，给予国家工作人员以回扣、手续费，情节严重的，对单位判处罚金，并对其直接负责的主管人员和其他直接责任人员，处五年以下有期徒刑或者拘役，并处罚金。因行贿取得的违法所得归个人所有的，依照本法第三百八十九条、第三百九十条的规定定罪处罚。

二、管辖部门

根据《监察法实施条例》，比类案件由纪检监察部门管辖。

三、追诉标准

涉嫌下列情形之一的，应予立案，处 5 年以下有期徒刑或者拘役，并处罚金：（1）单位行贿 20 万元以上的；（2）单位行贿 10 万元以上不满 20 万元，但具有下列情形之一的：①为谋取非法利益而行贿的；②向 3 人以上行贿的；③向党政领导、司法工作人员、行政执法人员行贿的；④致使国家或者社会利益遭受重大损失的。

第十九节　职务侵占罪（保险公司）

一、刑法规定

第一百八十三条第一款　【职务侵占罪】保险公司的工作人员利用职务上的便利，故意编造未曾发生的保险事故进行虚假理赔，骗取保险金归自己所有的，依照本法第二百七十一条的规定定罪处罚。

第二百七十一条第一款　【职务侵占罪】公司、企业或者其他单位的工作人员，利用职务上的便利，将本单位财物非法占为己有，数额较大的，处三年以下有期徒刑或者拘役，并处罚金；数额巨大的，处三年以上十年以下有期徒刑，并处罚金；数额特别巨大的，处十年以上有期徒刑或者无期徒刑，并处罚金。

二、管辖部门

根据《公安部刑事案件管辖分工规定》，此类案件由经侦部门管辖。

第二十节 贪污罪（保险公司）

一、刑法规定

第一百八十三条第二款 【贪污罪】国有保险公司工作人员和国有保险公司委派到非国有保险公司从事公务的人员有前款行为的，依照本法第三百八十二条、第三百八十三条的规定定罪处罚。

第三百八十二条 【贪污罪】国家工作人员利用职务上的便利，侵吞、窃取、骗取或者以其他手段非法占有公共财物的，是贪污罪。

受国家机关、国有公司、企业、事业单位、人民团体委托管理、经营国有财产的人员，利用职务上的便利，侵吞、窃取、骗取或者以其他手段非法占有国有财物的，以贪污论。

与前两款所列人员勾结，伙同贪污的，以共犯论处。

第三百八十三条 【贪污罪的处罚规定】对犯贪污罪的，根据情节轻重，分别依照下列规定处罚：

（一）贪污数额较大或者有其他较重情节的，处三年以下有期徒刑或者拘役，并处罚金。

（二）贪污数额巨大或者有其他严重情节的，处三年以上十年以下有期徒刑，并处罚金或者没收财产。

（三）贪污数额特别巨大或者有其他特别严重情节的，处十年以上有期徒刑或者无期徒刑，并处罚金或者没收财产；数额特别巨大，并使国家和人民利益遭受特别重大损失的，处无期徒刑或者死刑，并处没收财产。

对多次贪污未经处理的，按照累计贪污数额处罚。

犯第一款罪，在提起公诉前如实供述自己罪行、真诚悔罪、积极退赃，避免、减少损害结果的发生，有第一项规定情形的，可以从轻、减轻或者免除处罚；有第二项、第三项规定情形的，可以从轻处罚。

犯第一款罪，有第三项规定情形被判处死刑缓期执行的，人民法院根据犯罪情节等情况可以同时决定在其死刑缓期执行二年期满依法减为无期徒刑后，终身监禁，不得减刑、假释。

二、管辖部门

根据《监察法实施条例》，比类案件由纪检监察部门管辖。

三、追诉标准

（1）贪污数额在 3 万元以上（六种情形：1 万元以上不满 3 万元）不满 20 万元的，处 3 年以下有期徒刑或者拘役，并处罚金；

（2）贪污数额在 20 万元以上（六种情形：10 万元以上不满 20 万元）不满 300 万元的，处 3 年以上 10 年以下有期徒刑，并处罚金或者没收财产；

（3）贪污数额在 300 万元以上（六种情形：150 万元不满 300 万元）的，处 10 年以上有期徒刑或者无期徒刑，并处罚金或者没收财产。

六种情形：

（1）贪污救灾、抢险、防汛、优抚、扶贫、移民、救济、防疫、社会捐助等特定款物的；（2）曾因贪污、受贿、挪用公款受过党纪、行政处分的；（3）曾因故意犯罪受过刑事追究的；（4）赃款赃物用于非法活动的；（5）拒不交待赃款赃物去向或者拒不配合追缴工作，致使无法追缴的；（6）造成恶劣影响或者其他严重后果的。

第二十一节　非国家工作人员受贿罪

一、刑法规定

第一百六十三条　【非国家工作人员受贿罪】公司、企业或者其他单位的工作人员，利用职务上的便利，索取他人财物或者非法收受他人财物，为他人谋取利益，数额较大的，处三年以下有期徒刑或者拘役，并处罚金；数额巨大或者有其他严重情节的，处三年以上十年以下有期徒刑，并处罚金；数额特别巨大或者有其他特别严重情节的，处十年以上有期徒刑或者无期徒刑，并处罚金。

公司、企业或者其他单位的工作人员在经济往来中，利用职务上的便利，违反国家规定，收受各种名义的回扣、手续费，归个人所有的，依照前款的规定处罚。

国有公司、企业或者其他国有单位中从事公务的人员和国有公司、企业或者其他国有单位委派到非国有公司、企业以及其他单位从事公务的人员有前两款行为的，依照本法第三百八十五条、第三百八十六条的规定定罪处罚。

第一百八十四条第一款 【非国家工作人员受贿罪】银行或者其他金融机构的工作人员在金融业务活动中索取他人财物或者非法收受他人财物，为他人谋取利益的，或者违反国家规定，收受各种名义的回扣、手续费，归个人所有的，依照本法第一百六十三条的规定定罪处罚。

二、管辖部门

根据《监察法实施条例》，此类案件由纪检监察部门管辖。

三、追诉标准

（1）受贿数额在 6 万元以上不满 40 万元的，应予立案，处 3 年以下有期徒刑或者拘役，并处罚金；

（2）受贿数额在 100 万元以上不满 1500 万元的，处 3 年以上 10 年以下有期徒刑，并处罚金；

（3）受贿数额特别巨大或者有其他特别严重情节的，处 10 年以上有期徒刑或者无期徒刑，并处罚金。

第二十二节 受贿罪

一、刑法规定

第一百八十四条第二款 【受贿罪】国有金融机构工作人员和国有金融机构委派到非国有金融机构从事公务的人员有前款行为的，依照本法第三百八十五条、第三百八十六条的规定定罪处罚。

第三百八十五条 【受贿罪】国家工作人员利用职务上的便利，索取他人财物的，或者非法收受他人财物，为他人谋取利益的，是受贿罪。

国家工作人员在经济往来中，违反国家规定，收受各种名义的回扣、手续费，归个人所有的，以受贿论处。

第三百八十六条 【受贿罪的处罚规定】对犯受贿罪的，根据受贿所得数额及情节，依照本法第三百八十三条的规定处罚。索贿的从重处罚。

二、管辖部门

根据《监察法实施条例》，此类案件由纪检监察部门管辖。

三、追诉标准

（1）受贿数额在 3 万元以上（三种情形：1 万元以上不满 3 万元）不满 20 万元的，应予立案，处 3 年以下有期徒刑或者拘役，并处罚金；

（2）受贿数额在 20 万元以上（三种情形：10 万元以上不满 20 万元）不满 20 万元的，处 3 年以上 10 年以下有期徒刑，并处罚金或者没收财产；

（3）受贿数额在 300 万元以上（三种情形：150 万元以上不满 300 万元）的，处 10 年以上有期徒刑或者无期徒刑，并处罚金或者没收财产。

三种情形：

（1）多次索贿的；（2）为他人谋取不正当利益，致使公共财产、国家和人民利益遭受损失的；（3）为他人谋取职务提拔、调整的。

第二十三节　挪用资金罪

一、刑法规定

第一百八十五条第一款 【挪用资金罪】商业银行、证券交易所、期货交易所、证券公司、期货经纪公司、保险公司或者其他金融机构的工作人员利用职务上的便利，挪用本单位或者客户资金的，依照本法第二百七十二条的规定定罪处罚。

第二百七十二条第一款 【挪用资金罪】公司、企业或者其他单位的工作人员，利用职务上的便利，挪用本单位资金归个人使用或者借贷给他人，数额较大、超过三个月未还的，或者虽未超过三个月，但数额较大、进行营利活动的，或者进行非法活动的，处三年以下有期徒刑或者拘役；挪用本单位资金数额巨大的，处三年以上七年以下有期徒刑；数额特别巨大的，处七年以上有期徒刑。

二、管辖部门

根据《公安部刑事案件管辖分工规定》，此类案件由经侦部门管辖。

三、追诉标准

《关于公安机关管辖的刑事案件立案追诉标准的规定（二）》第七十七条 〔挪用资金案（刑法第二百七十二条第一款）〕公司、企业或者其他单位的工作人员，利用职务上的便利，挪用本单位资金归个人使用或者借贷给他人，涉嫌下列情形之一的，应予立案追诉：

（一）挪用本单位资金数额在五万元以上，超过三个月未还的；

（二）挪用本单位资金数额在五万元以上，进行营利活动的；

（三）挪用本单位资金数额在三万元以上，进行非法活动的。

具有下列情形之一的，属于本条规定的"归个人使用"：

（一）将本单位资金供本人、亲友或者其他自然人使用的；

（二）以个人名义将本单位资金供其他单位使用的；

（三）个人决定以单位名义将本单位资金供其他单位使用，谋取个人利益的。

第二十四节　挪用公款罪

一、刑法规定

第一百八十五条第二款 【挪用公款罪】国有商业银行、证券交易所、期货交易所、证券公司、期货经纪公司、保险公司或者其他国有金融机构的工作人员和国有商业银行、证券交易所、期货交易所、证券公司、期货经纪公司、保险公司或者其他国有金融机构委派到前款规定中的非国有机构从事公务的人员有前款行为的，依照本法第三百八十四条的规定定罪处罚。

第二百七十二条第二款 【挪用公款罪】国有公司、企业或者其他国有单位中从事公务的人员和国有公司、企业或者其他国有单位委派到非国有公司、企业以及其他单位从事公务的人员有前款行为的，依照本法第三百八十四条的规定定罪处罚。

第三百八十四条　【挪用公款罪】国家工作人员利用职务上的便利，挪用公款归个人使用，进行非法活动的，或者挪用公款数额较大、进行营利活动的，或者挪用公款数额较大、超过三个月未还的，是挪用公款罪，处五年以下有期徒刑或者拘役；情节严重的，处五年以上有期徒刑。挪用公款数额巨大不退还的，处十年以上有期徒刑或者无期徒刑。

挪用用于救灾、抢险、防汛、优抚、扶贫、移民、救济款物归个人使用的，从重处罚。

二、管辖部门

根据《监察法实施条例》，此类案件由纪检监察部门管辖。

三、追诉标准

（1）挪用公款归个人使用，进行非法活动，数额在 3 万元以上的；进行营利活动或者超过 3 个月未还，数额在 5 万元以上的，应予立案，处 5 年以下有期徒刑或者拘役；

（2）涉嫌下列情形之一的，处 5 年以上有期徒刑：①挪用公款，进行非法活动的数额在 100 万元以上、进行营利活动的数额在 200 万元以上的；②挪用救灾、抢险、防汛、优抚、扶贫、移民、救济特定款物，进行非法活动的数额在 50 万元以上，进行营利活动的数额在 100 万元以上不满 200 万元的；③挪用公款不退还，进行非法活动的数额在 50 万元以上，进行营利活动 100 万元以上不满 200 万元的；④其他严重的情节。

（3）进行非法活动的数额在 300 万元以上，进行营利活动的数额在 500 万元以上，不退还的，处 10 年以上有期徒刑或者无期徒刑。

我只关心你的安全

　　《商务刑法》即将付梓之时，回想起办案过程中的种种经历，不禁掩卷深思，所思一二，以为结语。

　　诚然，这一版问题多多，连笔者自己都十分不满，过于枯燥、过于死板。但是，无论如何，笔者都希望能通过自己的努力，让企业家意识到、看到种种藏在正常经营表象之下的刑事风险。将来，笔者会调整体例、增加案例、让这本书更通俗、更友好。

　　最后笔者想强调，包括笔者到企业里面去讲课的时候也一直在强调，现代企业，一定要设立首席法务官。现在的企业有首席执行官 CEO、首席财务官 CFO、首席运营官 COO，各种各样的首席官，但是很多企业没有首席法务官，笔者建议所有企业，一定要设立首席法务官 CLO，如果你的企业很小，那你自己就要兼任首席法务官，时刻注意自己给自己提醒。而且，这个首席法务官，不仅要关注企业经营中的商业风险，更要防止企业出现刑事风险这种根本性的、带有颠覆性质的错误。

　　大家都会关心你做的大不大，而笔者，只关心你安不安全。

[1] 马克昌主编：《犯罪通论》（第3版），武汉大学出版社1999年版。

[2] 马克昌主编：《刑罚通论》（第2版），武汉大学出版社1999年版。

[3] 马克昌主编：《刑法》，高等教育出版社2007年版。

[4] 高铭暄主编：《刑法专论》，高等教育出版社2002年版。

[5] 陈忠林主编：《刑法总论》，高等教育出版社2007年版。

[6] 陈忠林主编：《刑法分论》，高等教育出版社2007年版。

[7] 张明楷：《刑法学》（第2版），法律出版社2003年版。

[8] 刘德法、邸瑛琪主编：《刑法学》（第2版），郑州大学出版社2010年版。

附　录

刑法（节选）

第一编　总　则

第一章　刑法的任务、基本原则和适用范围

第一条　【立法宗旨】为了惩罚犯罪，保护人民，根据宪法，结合我国同犯罪作斗争的具体 经验及实际情况，制定本法。

第二条　【本法任务】中华人民共和国刑法的任务，是用刑罚同一切犯罪行为作斗争，以保卫国家安全，保卫人民民主专政的政权和社会主义制度，保护国有财产和劳动群众集体所有的财产，保护公民私人所有的财产，保护公民的人身权利、民主权利和其他权利，维护社会秩序、经济秩序，保障社会主义建设事业的顺利进行。

第三条　【罪刑法定】法律明文规定为犯罪行为的，依照法律定罪处刑；法律没有明文规定为犯罪行为的，不得定罪处刑。

第四条　【适用刑法人人平等】对任何人犯罪，在适用法律上一律平等。不允许任何人有超越法律的特权。

第五条　【罪责刑相适应】刑罚的轻重，应当与犯罪分子所犯罪行和承担的刑事责任相适应。

第六条　【属地管辖权】凡在中华人民共和国领域内犯罪的，除法律有特别规定的以外，都适用本法。

凡在中华人民共和国船舶或者航空器内犯罪的，也适用本法。

犯罪的行为或者结果有一项发生在中华人民共和国领域内的，就认为是在中华人民共和国领域内犯罪。

第七条　【属人管辖权】中华人民共和国公民在中华人民共和国领域外犯本法规定之罪的，适用本法，但是按本法规定的最高刑为三年以下有期徒刑的，可以不予追究。

中华人民共和国国家工作人员和军人在中华人民共和国领域外犯本法规定之罪的，适用本法。

第八条　【保护管辖权】外国人在中华人民共和国领域外对中华人民共和国国家或者公民犯罪，而按本法规定的最低刑为三年以上有期徒刑的，可以适用本法，但是按照犯罪地的法律不受处罚的除外。

第九条　【普遍管辖权】对于中华人民共和国缔结或者参加的国际条约所规定的罪行，中华人民共和国在所承担条约义务的范围内行使刑事管辖权的，适用本法。

第十条　【对外国刑事判决的消极承认】凡在中华人民共和国领域外犯罪，依照本法应当负刑事责任的，虽然经过外国审判，仍然可以依照本法追究，但是在外国已经受过刑罚处罚的，可以免除或者减轻处罚。

第十一条　【外交代表刑事管辖豁免】享有外交特权和豁免权的外国人的刑事责任，通过外交途径解决。

第十二条　【刑法溯及力】中华人民共和国成立以后本法施行以前的行为，如果当时的法律不认为是犯罪的，适用当时的法律；如果当时的法律认为是犯罪的，依照本法总则第四章第八节的规定应当追诉的，按照当时的法律追究刑事责任，但是如果本法不认为是犯罪或者处刑较轻的，适用本法。

本法施行以前，依照当时的法律已经作出的生效判决，继续有效。

第二章　犯罪

第一节　犯罪和刑事责任

第十三条　【犯罪概念】一切危害国家主权、领土完整和安全，分裂国家、颠覆人民民主专政的政权和推翻社会主义制度，破坏社会秩序和经济秩序，侵犯国有财产或者劳动群众集体所有的财产，侵犯公民私人所有的财产，侵犯公民的人身权利、民主权利和其他权利，以及其他危害社会的行为，依照法律应当受刑罚处罚的，都是犯罪，但是情节显著轻微危害不大的，不认为是犯罪。

第十四条 【故意犯罪】明知自己的行为会发生危害社会的结果，并且希望或者放任这种结果发生，因而构成犯罪的，是故意犯罪。

故意犯罪，应当负刑事责任。

第十五条 【过失犯罪】应当预见自己的行为可能发生危害社会的结果，因为疏忽大意而没有预见，或者已经预见而轻信能够避免，以致发生这种结果的，是过失犯罪。

过失犯罪，法律有规定的才负刑事责任。

第十六条 【不可抗力和意外事件】行为在客观上虽然造成了损害结果，但是不是出于故意或者过失，而是由于不能抗拒或者不能预见的原因所引起的，不是犯罪。

第十七条 【刑事责任年龄】已满十六周岁的人犯罪，应当负刑事责任。

已满十四周岁不满十六周岁的人，犯故意杀人、故意伤害致人重伤或者死亡、强奸、抢劫、贩卖毒品、放火、爆炸、投放危险物质罪的，应当负刑事责任。

已满十二周岁不满十四周岁的人，犯故意杀人、故意伤害罪，致人死亡或者以特别残忍手段致人重伤造成严重残疾，情节恶劣，经最高人民检察院核准追诉的，应当负刑事责任。

对依照前三款规定追究刑事责任的不满十八周岁的人，应当从轻或者减轻处罚。

因不满十六周岁不予刑事处罚的，责令其父母或者其他监护人加以管教；在必要的时候，依法进行专门矫治教育。

第十七条之一 【刑事责任年龄】已满七十五周岁的人故意犯罪的，可以从轻或者减轻处罚；过失犯罪的，应当从轻或者减轻处罚。

第十八条 【特殊人员的刑事责任能力】精神病人在不能辨认或者不能控制自己行为的时候造成危害结果，经法定程序鉴定确认的，不负刑事责任，但是应当责令他的家属或者监护人严加看管和医疗；在必要的时候，由政府强制医疗。

间歇性的精神病人在精神正常的时候犯罪，应当负刑事责任。

尚未完全丧失辨认或者控制自己行为能力的精神病人犯罪的，应当负刑事责任，但是可以从轻或者减轻处罚。

醉酒的人犯罪，应当负刑事责任。

第十九条　【又聋又哑的人或盲人犯罪的刑事责任】又聋又哑的人或者盲人犯罪，可以从轻、减轻或者免除处罚。

第二十条　【正当防卫】为了使国家、公共利益、本人或者他人的人身、财产和其他权利免受正在进行的不法侵害，而采取的制止不法侵害的行为，对不法侵害人造成损害的，属于正当防卫，不负刑事责任。

正当防卫明显超过必要限度造成重大损害的，应当负刑事责任，但是应当减轻或者免除处罚。

对正在进行行凶、杀人、抢劫、强奸、绑架以及其他严重危及人身安全的暴力犯罪，采取防卫行为，造成不法侵害人伤亡的，不属于防卫过当，不负刑事责任。

第二十一条　【紧急避险】为了使国家、公共利益、本人或者他人的人身、财产和其他权利免受正在发生的危险，不得已采取的紧急避险行为，造成损害的，不负刑事责任。

紧急避险超过必要限度造成不应有的损害的，应当负刑事责任，但是应当减轻或者免除处罚。

第一款中关于避免本人危险的规定，不适用于职务上、业务上负有特定责任的人。

第二节　犯罪的预备、未遂和中止

第二十二条　【犯罪预备】为了犯罪，准备工具、制造条件的，是犯罪预备。

对于预备犯，可以比照既遂犯从轻、减轻处罚或者免除处罚。

第二十三条　【犯罪未遂】已经着手实行犯罪，由于犯罪分子意志以外的原因而未得逞的，是犯罪未遂。

对于未遂犯，可以比照既遂犯从轻或者减轻处罚。

第二十四条　【犯罪中止】在犯罪过程中，自动放弃犯罪或者自动有效地防止犯罪结果发生的，是犯罪中止。

对于中止犯，没有造成损害的，应当免除处罚；造成损害的，应当减轻处罚。

第三节　共同犯罪

第二十五条　【共同犯罪的概念】共同犯罪是指二人以上共同故意犯罪。

二人以上共同过失犯罪，不以共同犯罪论处；应当负刑事责任的，按照他们所犯的罪分别处罚。

第二十六条　【主犯】组织、领导犯罪集团进行犯罪活动的或者在共同犯罪中起主要作用的，是主犯。

三人以上为共同实施犯罪而组成的较为固定的犯罪组织，是犯罪集团。

对组织、领导犯罪集团的首要分子，按照集团所犯的全部罪行处罚。

对于第三款规定以外的主犯，应当按照其所参与的或者组织、指挥的全部犯罪处罚。

第二十七条　【从犯】在共同犯罪中起次要或者辅助作用的，是从犯。

对于从犯，应当从轻、减轻处罚或者免除处罚。

第二十八条　【胁从犯】对于被胁迫参加犯罪的，应当按照他的犯罪情节减轻处罚或者免除处罚。

第二十九条　【教唆犯】教唆他人犯罪的，应当按照他在共同犯罪中所起的作用处罚。教唆不满十八周岁的人犯罪的，应当从重处罚。

如果被教唆的人没有犯被教唆的罪，对于教唆犯，可以从轻或者减轻处罚。

第四节　单位犯罪

第三十条　【单位负刑事责任的范围】公司、企业、事业单位、机关、团体实施的危害社会的行为，法律规定为单位犯罪的，应当负刑事责任。

第三十一条　【单位犯罪的处罚原则】单位犯罪的，对单位判处罚金，并对其直接负责的主管人员和其他直接责任人员判处刑罚。本法分则和其他法律另有规定的，依照规定。

第二编　分　则

第三章　破坏社会主义市场经济秩序罪

第一节　生产、销售伪劣商品罪

第一百四十条　【生产、销售伪劣产品罪】生产者、销售者在产品中掺杂、掺假，以假充真，以次充好或者以不合格产品冒充合格产品，销售金额五万元以上不满二十万元的，处二年以下有期徒刑或者拘役，并处或者单处销售金额百分之五十以上二倍以下罚金；销售金额二十万元以上不满五十万元的，处二年以上七年以下有期徒刑，并处销售金额百分之五十以上二倍以下罚金；销售金额五十万元以上不满二百万元的，处七年以上有期徒刑，并处销售金额百分之五十以上二倍以下罚金；销售金额二百万元以上的，处十五年有期徒刑或者无期徒刑，并处销售金额百分之五十以上二倍以下罚金或者没收财产。

第一百四十一条　【生产、销售、提供假药罪】生产、销售假药的，处三年以下有期徒刑或者拘役，并处罚金；对人体健康造成严重危害或者有其他严重情节的，处三年以上十年以下有期徒刑，并处罚金；致人死亡或者有其他特别严重情节的，处十年以上有期徒刑、无期徒刑或者死刑，并处罚金或者没收财产。

药品使用单位的人员明知是假药而提供给他人使用的，依照前款的规定处罚。

第一百四十二条　【生产、销售、提供劣药罪】生产、销售劣药，对人体健康造成严重危害的，处三年以上十年以下有期徒刑，并处罚金；后果特别严重的，处十年以上有期徒刑或者无期徒刑，并处罚金或者没收财产。

药品使用单位的人员明知是劣药而提供给他人使用的，依照前款的规定处罚。

第一百四十二条之一　【妨害药品管理罪】违反药品管理法规，有下列情形之一，足以严重危害人体健康的，处三年以下有期徒刑或者拘役，并处或者单处罚金；对人体健康造成严重危害或者有其他严重情节的，处三年以上七年以下有期徒刑，并处罚金：

（一）生产、销售国务院药品监督管理部门禁止使用的药品的；

（二）未取得药品相关批准证明文件生产、进口药品或者明知是上述药品而销售的；

（三）药品申请注册中提供虚假的证明、数据、资料、样品或者采取其他欺骗手段的；

（四）编造生产、检验记录的。

有前款行为，同时又构成本法第一百四十一条、第一百四十二条规定之罪或者其他犯罪的，依照处罚较重的规定定罪处罚。

第一百四十三条 【生产、销售不符合安全标准的食品罪】生产、销售不符合食品安全标准的食品，足以造成严重食物中毒事故或者其他严重食源性疾病的，处三年以下有期徒刑或者拘役，并处罚金；对人体健康造成严重危害或者有其他严重情节的，处三年以上七年以下有期徒刑，并处罚金；后果特别严重的，处七年以上有期徒刑或者无期徒刑，并处罚金或者没收财产。

第一百四十四条 【生产、销售有毒、有害食品罪】在生产、销售的食品中掺入有毒、有害的非食品原料的，或者销售明知掺有有毒、有害的非食品原料的食品的，处五年以下有期徒刑，并处罚金；对人体健康造成严重危害或者有其他严重情节的，处五年以上十年以下有期徒刑，并处罚金；致人死亡或者有其他特别严重情节的，依照本法第一百四十一条的规定处罚。

第一百四十五条 【生产、销售不符合标准的医用器材罪】生产不符合保障人体健康的国家标准、行业标准的医疗器械、医用卫生材料，或者销售明知是不符合保障人体健康的国家标准、行业标准的医疗器械、医用卫生材料，足以严重危害人体健康的，处三年以下有期徒刑或者拘役，并处销售金额百分之五十以上二倍以下罚金；对人体健康造成严重危害的，处三年以上十年以下有期徒刑，并处销售金额百分之五十以上二倍以下罚金；后果特别严重的，处十年以上有期徒刑或者无期徒刑，并处销售金额百分之五十以上二倍以下罚金或者没收财产。

第一百四十六条 【生产、销售不符合安全标准的产品罪】生产不符合保障人身、财产安全的国家标准、行业标准的电器、压力容器、易燃易爆产品或者其他不符合保障人身、财产安全的国家标准、行业标准的产品，或者销售明知是以上不符合保障人身、财产安全的国家标准、行业标准的产品，造成严重后果的，处五年以下有期徒刑，并处销售金额百分之五十以上二倍以下罚金；后果特别严重的，处五年以上有期徒刑，并处销售金额百分之五十以上二倍以下罚金。

第一百四十七条　【生产、销售伪劣农药、兽药、化肥、种子罪】生产假农药、假兽药、假化肥，销售明知是假的或者失去使用效能的农药、兽药、化肥、种子，或者生产者、销售者以不合格的农药、兽药、化肥、种子冒充合格的农药、兽药、化肥、种子，使生产遭受较大损失的，处三年以下有期徒刑或者拘役，并处或者单处销售金额百分之五十以上二倍以下罚金；使生产遭受重大损失的，处三年以上七年以下有期徒刑，并处销售金额百分之五十以上二倍以下罚金；使生产遭受特别重大损失的，处七年以上有期徒刑或者无期徒刑，并处销售金额百分之五十以上二倍以下罚金或者没收财产。

第一百四十八条　【生产、销售不符合卫生标准的化妆品罪】生产不符合卫生标准的化妆品，或者销售明知是不符合卫生标准的化妆品，造成严重后果的，处三年以下有期徒刑或者拘役，并处或者单处销售金额百分之五十以上二倍以下罚金。

第一百四十九条　【对生产、销售伪劣商品行为的法条适用】生产、销售本节第一百四十一条至第一百四十八条所列产品，不构成各该条规定的犯罪，但是销售金额在五万元以上的，依照本节第一百四十条的规定定罪处罚。

生产、销售本节第一百四十一条至第一百四十八条所列产品，构成各该条规定的犯罪，同时又构成本节第一百四十条规定之罪的，依照处罚较重的规定定罪处罚。

第一百五十条　【单位犯本节规定之罪的处理】单位犯本节第一百四十条至第一百四十八条规定之罪的，对单位判处罚金，并对其直接负责的主管人员和其他直接责任人员，依照各该条的规定处罚。

第二节　走私罪

第一百五十一条　【走私武器、弹药罪】【走私核材料罪】【走私假币罪】走私武器、弹药、核材料或者伪造的货币的，处七年以上有期徒刑，并处罚金或者没收财产；情节特别严重的，处无期徒刑，并处没收财产；情节较轻的，处三年以上七年以下有期徒刑，并处罚金。

【走私文物罪】【走私贵重金属罪】【走私珍贵动物、珍贵动物制品罪】走私国家禁止出口的文物、黄金、白银和其他贵重金属或者国家禁止进出口的珍贵动物及其制品的，处五年以上十年以下有期徒刑，并处罚金；情节特别严重的，处十年以上有期徒刑或者无期徒刑，并处没收财产；情节较轻的，处五年以下有期徒刑，并处罚金。

【走私国家禁止进出口的货物、物品罪】走私珍稀植物及其制品等国家禁止进出口的其他货物、物品的，处五年以下有期徒刑或者拘役，并处或者单处罚金；情节严重的，处五年以上有期徒刑，并处罚金。

单位犯本条规定之罪的，对单位判处罚金，并对其直接负责的主管人员和其他直接责任人员，依照本条各款的规定处罚。

第一百五十二条　【走私淫秽物品罪】以牟利或者传播为目的，走私淫秽的影片、录像带、录音带、图片、书刊或者其他淫秽物品的，处三年以上十年以下有期徒刑，并处罚金；情节严重的，处十年以上有期徒刑或者无期徒刑，并处罚金或者没收财产；情节较轻的，处三年以下有期徒刑、拘役或者管制，并处罚金。

【走私废物罪】逃避海关监管将境外固体废物、液态废物和气态废物运输进境，情节严重的，处五年以下有期徒刑，并处或者单处罚金；情节特别严重的，处五年以上有期徒刑，并处罚金。

单位犯前两款罪的，对单位判处罚金，并对其直接负责的主管人员和其他直接责任人员，依照前两款的规定处罚。

第一百五十三条　【走私普通货物、物品罪】走私本法第一百五十一条、第一百五十二条、第三百四十七条规定以外的货物、物品的，根据情节轻重，分别依照下列规定处罚：

（一）走私货物、物品偷逃应缴税额较大或者一年内曾因走私被给予二次行政处罚后又走私的，处三年以下有期徒刑或者拘役，并处偷逃应缴税额一倍以上五倍以下罚金。

（二）走私货物、物品偷逃应缴税额巨大或者有其他严重情节的，处三年以上十年以下有期徒刑，并处偷逃应缴税额一倍以上五倍以下罚金。

（三）走私货物、物品偷逃应缴税额特别巨大或者有其他特别严重情节的，处十年以上有期徒刑或者无期徒刑，并处偷逃应缴税额一倍以上五倍以下罚金或者没收财产。

单位犯前款罪的，对单位判处罚金，并对其直接负责的主管人员和其他直接责任人员，处三年以下有期徒刑或者拘役；情节严重的，处三年以上十年以下有期徒刑；情节特别严重的，处十年以上有期徒刑。

对多次走私未经处理的，按照累计走私货物、物品的偷逃应缴税额处罚。

第一百五十四条　【走私货物、物品罪的特殊形式】下列走私行为，根据本节规定构成犯罪的，依照本法第一百五十三条的规定定罪处罚：

（一）未经海关许可并且未补缴应缴税额，擅自将批准进口的来料加工、来件装配、补偿贸易的原材料、零件、制成品、设备等保税货物，在境内销售牟利的；

（二）未经海关许可并且未补缴应缴税额，擅自将特定减税、免税进口的货物、物品，在境内销售牟利的。

第一百五十五条　【以走私罪论处的间接走私行为】下列行为，以走私罪论处，依照本节的有关规定处罚：

（一）直接向走私人非法收购国家禁止进口物品的，或者直接向走私人非法收购走私进口的其他货物、物品，数额较大的；

（二）在内海、领海、界河、界湖运输、收购、贩卖国家禁止进出口物品的，或者运输、收购、贩卖国家限制进出口货物、物品，数额较大，没有合法证明的。

第一百五十六条　【走私共犯】与走私罪犯通谋，为其提供贷款、资金、账号、发票、证明，或者为其提供运输、保管、邮寄或者其他方便的，以走私罪的共犯论处。

第一百五十七条　【武装掩护走私、抗拒缉私的规定】武装掩护走私的，依照本法第一百五十一条第一款的规定从重处罚。

以暴力、威胁方法抗拒缉私的，以走私罪和本法第二百七十七条规定的阻碍国家机关工作人员依法执行职务罪，依照数罪并罚的规定处罚。

第三节　妨害对公司、企业的管理秩序罪

第一百五十八条　【虚报注册资本罪】申请公司登记使用虚假证明文件或者采取其他欺诈手段虚报注册资本，欺骗公司登记主管部门，取得公司登记，虚报注册资本数额巨大、后果严重或者有其他严重情节的，处三年以下有期徒刑或者拘役，并处或者单处虚报注册资本金额百分之一以上百分之五以下罚金。

单位犯前款罪的，对单位判处罚金，并对其直接负责的主管人员和其他

直接责任人员，处三年以下有期徒刑或者拘役。

第一百五十九条 【虚假出资、抽逃出资罪】公司发起人、股东违反公司法的规定未交付货币、实物或者未转移财产权，虚假出资，或者在公司成立后又抽逃其出资，数额巨大、后果严重或者有其他严重情节的，处五年以下有期徒刑或者拘役，并处或者单处虚假出资金额或者抽逃出资金额百分之二以上百分之十以下罚金。

单位犯前款罪的，对单位判处罚金，并对其直接负责的主管人员和其他直接责任人员，处五年以下有期徒刑或者拘役。

第一百六十条 【欺诈发行证券罪】在招股说明书、认股书、公司、企业债券募集办法等发行文件中隐瞒重要事实或者编造重大虚假内容，发行股票或者公司、企业债券、存托凭证或者国务院依法认定的其他证券，数额巨大、后果严重或者有其他严重情节的，处五年以下有期徒刑或者拘役，并处或者单处罚金；数额特别巨大、后果特别严重或者有其他特别严重情节的，处五年以上有期徒刑，并处罚金。

控股股东、实际控制人组织、指使实施前款行为的，处五年以下有期徒刑或者拘役，并处或者单处非法募集资金金额百分之二十以上一倍以下罚金；数额特别巨大、后果特别严重或者有其他特别严重情节的，处五年以上有期徒刑，并处非法募集资金金额百分之二十以上一倍以下罚金。

单位犯前两款罪的，对单位判处非法募集资金金额百分之二十以上一倍以下罚金，并对其直接负责的主管人员和其他直接责任人员，依照第一款的规定处罚。

第一百六十一条 【违规披露、不披露重要信息罪】依法负有信息披露义务的公司、企业向股东和社会公众提供虚假的或者隐瞒重要事实的财务会计报告，或者对依法应当披露的其他重要信息不按照规定披露，严重损害股东或者其他人利益，或者有其他严重情节的，对其直接负责的主管人员和其他直接责任人员，处五年以下有期徒刑或者拘役，并处或者单处罚金；情节特别严重的，处五年以上十年以下有期徒刑，并处罚金。

前款规定的公司、企业的控股股东、实际控制人实施或者组织、指使实施前款行为的，或者隐瞒相关事项导致前款规定的情形发生的，依照前款的规定处罚。

犯前款罪的控股股东、实际控制人是单位的，对单位判处罚金，并对其直接负责的主管人员和其他直接责任人员，依照第一款的规定处罚。

第一百六十二条 【妨害清算罪】公司、企业进行清算时，隐匿财产，对资产负债表或者财产清单作虚伪记载或者在未清偿债务前分配公司、企业财产，严重损害债权人或者其他人利益的，对其直接负责的主管人员和其他直接责任人员，处五年以下有期徒刑或者拘役，并处或者单处二万元以上二十万元以下罚金。

第一百六十二条之一 【隐匿、故意销毁会计凭证、会计账簿、财务会计报告罪】隐匿或者故意销毁依法应当保存的会计凭证、会计账簿、财务会计报告，情节严重的，处五年以下有期徒刑或者拘役，并处或者单处二万元以上二十万元以下罚金。

单位犯前款罪的，对单位判处罚金，并对其直接负责的主管人员和其他直接责任人员，依照前款的规定处罚。

第一百六十二条之二 【虚假破产罪】公司、企业通过隐匿财产、承担虚构的债务或者以其他方法转移、处分财产，实施虚假破产，严重损害债权人或者其他人利益的，对其直接负责的主管人员和其他直接责任人员，处五年以下有期徒刑或者拘役，并处或者单处二万元以上二十万元以下罚金。

第一百六十三条 【非国家工作人员受贿罪】公司、企业或者其他单位的工作人员，利用职务上的便利，索取他人财物或者非法收受他人财物，为他人谋取利益，数额较大的，处三年以下有期徒刑或者拘役，并处罚金；数额巨大或者有其他严重情节的，处三年以上十年以下有期徒刑，并处罚金；数额特别巨大或者有其他特别严重情节的，处十年以上有期徒刑或者无期徒刑，并处罚金。

公司、企业或者其他单位的工作人员在经济往来中，利用职务上的便利，违反国家规定，收受各种名义的回扣、手续费，归个人所有的，依照前款的规定处罚。

国有公司、企业或者其他国有单位中从事公务的人员和国有公司、企业或者其他国有单位委派到非国有公司、企业以及其他单位从事公务的人员有前两款行为的，依照本法第三百八十五条、第三百八十六条的规定定罪处罚。

第一百六十四条 【对非国家工作人员行贿罪】为谋取不正当利益，给予公司、企业或者其他单位的工作人员以财物，数额较大的，处三年以下有期徒刑或者拘役，并处罚金；数额巨大的，处三年以上十年以下有期徒刑，并处罚金。

【对外国公职人员、国际公共组织官员行贿罪】为谋取不正当商业利益，给予外国公职人员或者国际公共组织官员以财物的，依照前款的规定处罚。

单位犯前两款罪的，对单位判处罚金，并对其直接负责的主管人员和其他直接责任人员，依照第一款的规定处罚。

行贿人在被追诉前主动交待行贿行为的，可以减轻处罚或者免除处罚。

第一百六十五条 【非法经营同类营业罪】国有公司、企业的董事、经理利用职务便利，自己经营或者为他人经营与其所任职公司、企业同类的营业，获取非法利益，数额巨大的，处三年以下有期徒刑或者拘役，并处或者单处罚金；数额特别巨大的，处三年以上七年以下有期徒刑，并处罚金。

第一百六十六条 【为亲友非法牟利罪】国有公司、企业、事业单位的工作人员，利用职务便利，有下列情形之一，使国家利益遭受重大损失的，处三年以下有期徒刑或者拘役，并处或者单处罚金；致使国家利益遭受特别重大损失的，处三年以上七年以下有期徒刑，并处罚金：

（一）将本单位的盈利业务交由自己的亲友进行经营的；

（二）以明显高于市场的价格向自己的亲友经营管理的单位采购商品或者以明显低于市场的价格向自己的亲友经营管理的单位销售商品的；

（三）向自己的亲友经营管理的单位采购不合格商品的。

第一百六十七条 【签订、履行合同失职被骗罪】国有公司、企业、事业单位直接负责的主管人员，在签订、履行合同过程中，因严重不负责任被诈骗，致使国家利益遭受重大损失的，处三年以下有期徒刑或者拘役；致使国家利益遭受特别重大损失的，处三年以上七年以下有期徒刑。

第一百六十八条 【国有公司、企业、事业单位人员失职罪】【国有公司、企业、事业单位人员滥用职权罪】国有公司、企业的工作人员，由于严重不负责任或者滥用职权，造成国有公司、企业破产或者严重损失，致使国家利益遭受重大损失的，处三年以下有期徒刑或者拘役；致使国家利益遭受特别重大损失的，处三年以上七年以下有期徒刑。

国有事业单位的工作人员有前款行为，致使国家利益遭受重大损失的，依照前款的规定处罚。

国有公司、企业、事业单位的工作人员，徇私舞弊，犯前两款罪的，依照第一款的规定从重处罚。

第一百六十九条 【徇私舞弊低价折股、出售国有资产罪】国有公司、企业或者其上级主管部门直接负责的主管人员，徇私舞弊，将国有资产低价折股或者低价出售，致使国家利益遭受重大损失的，处三年以下有期徒刑或者拘役；致使国家利益遭受特别重大损失的，处三年以上七年以下有期徒刑。

第一百六十九条之一 【背信损害上市公司利益罪】上市公司的董事、监事、高级管理人员违背对公司的忠实义务，利用职务便利，操纵上市公司从事下列行为之一，致使上市公司利益遭受重大损失的，处三年以下有期徒刑或者拘役，并处或者单处罚金；致使上市公司利益遭受特别重大损失的，处三年以上七年以下有期徒刑，并处罚金：

（一）无偿向其他单位或者个人提供资金、商品、服务或者其他资产的；

（二）以明显不公平的条件，提供或者接受资金、商品、服务或者其他资产的；

（三）向明显不具有清偿能力的单位或者个人提供资金、商品、服务或者其他资产的；

（四）为明显不具有清偿能力的单位或者个人提供担保，或者无正当理由为其他单位或者个人提供担保的；

（五）无正当理由放弃债权、承担债务的；

（六）采用其他方式损害上市公司利益的。

上市公司的控股股东或者实际控制人，指使上市公司董事、监事、高级管理人员实施前款行为的，依照前款的规定处罚。

犯前款罪的上市公司的控股股东或者实际控制人是单位的，对单位判处罚金，并对其直接负责的主管人员和其他直接责任人员，依照第一款的规定处罚。

第四节 破坏金融管理秩序罪

第一百七十条 【伪造货币罪】伪造货币的，处三年以上十年以下有期徒刑，并处罚金；有下列情形之一的，处十年以上有期徒刑或者无期徒刑，并处罚金或者没收财产：

（一）伪造货币集团的首要分子；

（二）伪造货币数额特别巨大的；

（三）有其他特别严重情节的。

第一百七十一条 【出售、购买、运输假币罪】出售、购买伪造的货币或者明知是伪造的货币而运输，数额较大的，处三年以下有期徒刑或者拘役，并处二万元以上二十万元以下罚金；数额巨大的，处三年以上十年以下有期徒刑，并处五万元以上五十万元以下罚金；数额特别巨大的，处十年以上有期徒刑或者无期徒刑，并处五万元以上五十万元以下罚金或者没收财产。

【金融工作人员购买假币、以假币换取货币罪】银行或者其他金融机构的工作人员购买伪造的货币或者利用职务上的便利，以伪造的货币换取货币的，处三年以上十年以下有期徒刑，并处二万元以上二十万元以下罚金；数额巨大或者有其他严重情节的，处十年以上有期徒刑或者无期徒刑，并处二万元以上二十万元以下罚金或者没收财产；情节较轻的，处三年以下有期徒刑或者拘役，并处或者单处一万元以上十万元以下罚金。

伪造货币并出售或者运输伪造的货币的，依照本法第一百七十条的规定定罪从重处罚。

第一百七十二条 【持有、使用假币罪】明知是伪造的货币而持有、使用，数额较大的，处三年以下有期徒刑或者拘役，并处或者单处一万元以上十万元以下罚金；数额巨大的，处三年以上十年以下有期徒刑，并处二万元以上二十万元以下罚金；数额特别巨大的，处十年以上有期徒刑，并处五万元以上五十万元以下罚金或者没收财产。

第一百七十三条 【变造货币罪】变造货币，数额较大的，处三年以下有期徒刑或者拘役，并处或者单处一万元以上十万元以下罚金；数额巨大的，处三年以上十年以下有期徒刑，并处二万元以上二十万元以下罚金。

第一百七十四条 【擅自设立金融机构罪】未经国家有关主管部门批准，擅自设立商业银行、证券交易所、期货交易所、证券公司、期货经纪公司、保险公司或者其他金融机构的，处三年以下有期徒刑或者拘役，并处或者单处二万元以上二十万元以下罚金；情节严重的，处三年以上十年以下有期徒刑，并处五万元以上五十万元以下罚金。

【伪造、变造、转让金融机构经营许可证、批准文件罪】伪造、变造、转让商业银行、证券交易所、期货交易所、证券公司、期货经纪公司、保险公司或者其他金融机构的经营许可证或者批准文件的，依照前款的规定处罚。

单位犯前两款罪的，对单位判处罚金，并对其直接负责的主管人员和其他直接责任人员，依照第一款的规定处罚。

第一百七十五条 【高利转贷罪】以转贷牟利为目的,套取金融机构信贷资金高利转贷他人,违法所得数额较大的,处三年以下有期徒刑或者拘役,并处违法所得一倍以上五倍以下罚金;数额巨大的,处三年以上七年以下有期徒刑,并处违法所得一倍以上五倍以下罚金。

单位犯前款罪的,对单位判处罚金,并对其直接负责的主管人员和其他直接责任人员,处三年以下有期徒刑或者拘役。

第一百七十五条之一 【骗取贷款、票据承兑、金融票证罪】以欺骗手段取得银行或者其他金融机构贷款、票据承兑、信用证、保函等,给银行或者其他金融机构造成重大损失的,处三年以下有期徒刑或者拘役,并处或者单处罚金;给银行或者其他金融机构造成特别重大损失或者有其他特别严重情节的,处三年以上七年以下有期徒刑,并处罚金。

单位犯前款罪的,对单位判处罚金,并对其直接负责的主管人员和其他直接责任人员,依照前款的规定处罚。

第一百七十六条 【非法吸收公众存款罪】非法吸收公众存款或者变相吸收公众存款,扰乱金融秩序的,处三年以下有期徒刑或者拘役,并处或者单处罚金;数额巨大或者有其他严重情节的,处三年以上十年以下有期徒刑,并处罚金;数额特别巨大或者有其他特别严重情节的,处十年以上有期徒刑,并处罚金。

单位犯前款罪的,对单位判处罚金,并对其直接负责的主管人员和其他直接责任人员,依照前款的规定处罚。

有前两款行为,在提起公诉前积极退赃退赔,减少损害结果发生的,可以从轻或者减轻处罚。

第一百七十七条 【伪造、变造金融票证罪】有下列情形之一,伪造、变造金融票证的,处五年以下有期徒刑或者拘役,并处或者单处二万元以上二十万元以下罚金;情节严重的,处五年以上十年以下有期徒刑,并处五万元以上五十万元以下罚金;情节特别严重的,处十年以上有期徒刑或者无期徒刑,并处五万元以上五十万元以下罚金或者没收财产:

(一) 伪造、变造汇票、本票、支票的;

(二) 伪造、变造委托收款凭证、汇款凭证、银行存单等其他银行结算凭证的;

(三) 伪造、变造信用证或者附随的单据、文件的;

（四）伪造信用卡的。

单位犯前款罪的，对单位判处罚金，并对其直接负责的主管人员和其他直接责任人员，依照前款的规定处罚。

第一百七十七条之一 【妨害信用卡管理罪】有下列情形之一，妨害信用卡管理的，处三年以下有期徒刑或者拘役，并处或者单处一万元以上十万元以下罚金；数量巨大或者有其他严重情节的，处三年以上十年以下有期徒刑，并处二万元以上二十万元以下罚金：

（一）明知是伪造的信用卡而持有、运输的，或者明知是伪造的空白信用卡而持有、运输，数量较大的；

（二）非法持有他人信用卡，数量较大的；

（三）使用虚假的身份证明骗领信用卡的；

（四）出售、购买、为他人提供伪造的信用卡或者以虚假的身份证明骗领的信用卡的。

【窃取、收买、非法提供信用卡信息罪】窃取、收买或者非法提供他人信用卡信息资料的，依照前款规定处罚。

银行或者其他金融机构的工作人员利用职务上的便利，犯第二款罪的，从重处罚。

第一百七十八条 【伪造、变造国家有价证券罪】伪造、变造国库券或者国家发行的其他有价证券，数额较大的，处三年以下有期徒刑或者拘役，并处或者单处二万元以上二十万元以下罚金；数额巨大的，处三年以上十年以下有期徒刑，并处五万元以上五十万元以下罚金；数额特别巨大的，处十年以上有期徒刑或者无期徒刑，并处五万元以上五十万元以下罚金或者没收财产。

【伪造、变造股票、公司、企业债券罪】伪造、变造股票或者公司、企业债券，数额较大的，处三年以下有期徒刑或者拘役，并处或者单处一万元以上十万元以下罚金；数额巨大的，处三年以上十年以下有期徒刑，并处二万元以上二十万元以下罚金。

单位犯前两款罪的，对单位判处罚金，并对其直接负责的主管人员和其他直接责任人员，依照前两款的规定处罚。

第一百七十九条 【擅自发行股票、公司、企业债券罪】未经国家有关主管部门批准，擅自发行股票或者公司、企业债券，数额巨大、后果严重或者有其他严重情节的，处五年以下有期徒刑或者拘役，并处或者单处非法募集资金金额百分之一以上百分之五以下罚金。

单位犯前款罪的，对单位判处罚金，并对其直接负责的主管人员和其他直接责任人员，处五年以下有期徒刑或者拘役。

第一百八十条　【内幕交易、泄露内幕信息罪】证券、期货交易内幕信息的知情人员或者非法获取证券、期货交易内幕信息的人员，在涉及证券的发行，证券、期货交易或者其他对证券、期货交易价格有重大影响的信息尚未公开前，买入或者卖出该证券，或者从事与该内幕信息有关的期货交易，或者泄露该信息，或者明示、暗示他人从事上述交易活动，情节严重的，处五年以下有期徒刑或者拘役，并处或者单处违法所得一倍以上五倍以下罚金；情节特别严重的，处五年以上十年以下有期徒刑，并处违法所得一倍以上五倍以下罚金。

单位犯前款罪的，对单位判处罚金，并对其直接负责的主管人员和其他直接责任人员，处五年以下有期徒刑或者拘役。

内幕信息、知情人员的范围，依照法律、行政法规的规定确定。

【利用未公开信息交易罪】证券交易所、期货交易所、证券公司、期货经纪公司、基金管理公司、商业银行、保险公司等金融机构的从业人员以及有关监管部门或者行业协会的工作人员，利用因职务便利获取的内幕信息以外的其他未公开的信息，违反规定，从事与该信息相关的证券、期货交易活动，或者明示、暗示他人从事相关交易活动，情节严重的，依照第一款的规定处罚。

第一百八十一条　【编造并传播证券、期货交易虚假信息罪】编造并且传播影响证券、期货交易的虚假信息，扰乱证券、期货交易市场，造成严重后果的，处五年以下有期徒刑或者拘役，并处或者单处一万元以上十万元以下罚金。

【诱骗投资者买卖证券、期货合约罪】证券交易所、期货交易所、证券公司、期货经纪公司的从业人员，证券业协会、期货业协会或者证券期货监督管理部门的工作人员，故意提供虚假信息或者伪造、变造、销毁交易记录，诱骗投资者买卖证券、期货合约，造成严重后果的，处五年以下有期徒刑或者拘役，并处或者单处一万元以上十万元以下罚金；情节特别恶劣的，处五年以上十年以下有期徒刑，并处二万元以上二十万元以下罚金。

单位犯前两款罪的，对单位判处罚金，并对其直接负责的主管人员和其他直接责任人员，处五年以下有期徒刑或者拘役。

第一百八十二条 【操纵证券、期货市场罪】有下列情形之一，操纵证券、期货市场，影响证券、期货交易价格或者证券、期货交易量，情节严重的，处五年以下有期徒刑或者拘役，并处或者单处罚金；情节特别严重的，处五年以上十年以下有期徒刑，并处罚金：

（一）单独或者合谋，集中资金优势、持股或者持仓优势或者利用信息优势联合或者连续买卖的；

（二）与他人串通，以事先约定的时间、价格和方式相互进行证券、期货交易的；

（三）在自己实际控制的账户之间进行证券交易，或者以自己为交易对象，自买自卖期货合约的；

（四）不以成交为目的，频繁或者大量申报买入、卖出证券、期货合约并撤销申报的；

（五）利用虚假或者不确定的重大信息，诱导投资者进行证券、期货交易的；

（六）对证券、证券发行人、期货交易标的公开作出评价、预测或者投资建议，同时进行反向证券交易或者相关期货交易的；

（七）以其他方法操纵证券、期货市场的。

单位犯前款罪的，对单位判处罚金，并对其直接负责的主管人员和其他直接责任人员，依照前款的规定处罚。

第一百八十三条 【职务侵占罪】保险公司的工作人员利用职务上的便利，故意编造未曾发生的保险事故进行虚假理赔，骗取保险金归自己所有的，依照本法第二百七十一条的规定定罪处罚。

【贪污罪】国有保险公司工作人员和国有保险公司委派到非国有保险公司从事公务的人员有前款行为的，依照本法第三百八十二条、第三百八十三条的规定定罪处罚。

第一百八十四条 【非国家工作人员受贿罪】银行或者其他金融机构的工作人员在金融业务活动中索取他人财物或者非法收受他人财物，为他人谋取利益的，或者违反国家规定，收受各种名义的回扣、手续费，归个人所有的，依照本法第一百六十三条的规定定罪处罚。

　　【受贿罪】国有金融机构工作人员和国有金融机构委派到非国有金融机构从事公务的人员有前款行为的，依照本法第三百八十五条、第三百八十六条的规定定罪处罚。

　　第一百八十五条　　【挪用资金罪】商业银行、证券交易所、期货交易所、证券公司、期货经纪公司、保险公司或者其他金融机构的工作人员利用职务上的便利，挪用本单位或者客户资金的，依照本法第二百七十二条的规定定罪处罚。

　　【挪用公款罪】国有商业银行、证券交易所、期货交易所、证券公司、期货经纪公司、保险公司或者其他国有金融机构的工作人员和国有商业银行、证券交易所、期货交易所、证券公司、期货经纪公司、保险公司或者其他国有金融机构委派到前款规定中的非国有机构从事公务的人员有前款行为的，依照本法第三百八十四条的规定定罪处罚。

　　第一百八十五条之一　　【背信运用受托财产罪】商业银行、证券交易所、期货交易所、证券公司、期货经纪公司、保险公司或者其他金融机构，违背受托义务，擅自运用客户资金或者其他委托、信托的财产，情节严重的，对单位判处罚金，并对其直接负责的主管人员和其他直接责任人员，处三年以下有期徒刑或者拘役，并处三万元以上三十万元以下罚金；情节特别严重的，处三年以上十年以下有期徒刑，并处五万元以上五十万元以下罚金。

　　【违法运用资金罪】社会保障基金管理机构、住房公积金管理机构等公众资金管理机构，以及保险公司、保险资产管理公司、证券投资基金管理公司，违反国家规定运用资金的，对其直接负责的主管人员和其他直接责任人员，依照前款的规定处罚。

　　第一百八十六条　　【违法发放贷款罪】银行或者其他金融机构的工作人员违反国家规定发放贷款，数额巨大或者造成重大损失的，处五年以下有期徒刑或者拘役，并处一万元以上十万元以下罚金；数额特别巨大或者造成特别重大损失的，处五年以上有期徒刑，并处二万元以上二十万元以下罚金。

　　银行或者其他金融机构的工作人员违反国家规定，向关系人发放贷款的，依照前款的规定从重处罚。

　　单位犯前两款罪的，对单位判处罚金，并对其直接负责的主管人员和其他直接责任人员，依照前两款的规定处罚。

　　关系人的范围，依照《中华人民共和国商业银行法》和有关金融法规确定。

第一百八十七条 【吸收客户资金不入账罪】银行或者其他金融机构的工作人员吸收客户资金不入账，数额巨大或者造成重大损失的，处五年以下有期徒刑或者拘役，并处二万元以上二十万元以下罚金；数额特别巨大或者造成特别重大损失的，处五年以上有期徒刑，并处五万元以上五十万元以下罚金。

单位犯前款罪的，对单位判处罚金，并对其直接负责的主管人员和其他直接责任人员，依照前款的规定处罚。

第一百八十八条 【违规出具金融票证罪】银行或者其他金融机构的工作人员违反规定，为他人出具信用证或者其他保函、票据、存单、资信证明，情节严重的，处五年以下有期徒刑或者拘役；情节特别严重的，处五年以上有期徒刑。

单位犯前款罪的，对单位判处罚金，并对其直接负责的主管人员和其他直接责任人员，依照前款的规定处罚。

第一百八十九条 【对违法票据承兑、付款、保证罪】银行或者其他金融机构的工作人员在票据业务中，对违反票据法规定的票据予以承兑、付款或者保证，造成重大损失的，处五年以下有期徒刑或者拘役；造成特别重大损失的，处五年以上有期徒刑。

单位犯前款罪的，对单位判处罚金，并对其直接负责的主管人员和其他直接责任人员，依照前款的规定处罚。

第一百九十条 【逃汇罪】公司、企业或者其他单位，违反国家规定，擅自将外汇存放境外，或者将境内的外汇非法转移到境外，数额较大的，对单位判处逃汇数额百分之五以上百分之三十以下罚金，并对其直接负责的主管人员和其他直接责任人员处五年以下有期徒刑或者拘役；数额巨大或者有其他严重情节的，对单位判处逃汇数额百分之五以上百分之三十以下罚金，并对其直接负责的主管人员和其他直接责任人员处五年以上有期徒刑。

第一百九十一条 【洗钱罪】为掩饰、隐瞒毒品犯罪、黑社会性质的组织犯罪、恐怖活动犯罪、走私犯罪、贪污贿赂犯罪、破坏金融管理秩序犯罪、金融诈骗犯罪的所得及其产生的收益的来源和性质，有下列行为之一的，没收实施以上犯罪的所得及其产生的收益，处五年以下有期徒刑或者拘役，并处或者单处罚金；情节严重的，处五年以上十年以下有期徒刑，并处罚金：

（一）提供资金账户的；

（二）将财产转换为现金、金融票据、有价证券的；

（三）通过转账或者其他支付结算方式转移资金的；

（四）跨境转移资产的；

（五）以其他方法掩饰、隐瞒犯罪所得及其收益的来源和性质的。

单位犯前款罪的，对单位判处罚金，并对其直接负责的主管人员和其他直接责任人员，依照前款的规定处罚。

第五节　金融诈骗罪

第一百九十二条　【集资诈骗罪】以非法占有为目的，使用诈骗方法非法集资，数额较大的，处三年以上七年以下有期徒刑，并处罚金；数额巨大或者有其他严重情节的，处七年以上有期徒刑或者无期徒刑，并处罚金或者没收财产。

单位犯前款罪的，对单位判处罚金，并对其直接负责的主管人员和其他直接责任人员，依照前款的规定处罚。

第一百九十三条　【贷款诈骗罪】有下列情形之一，以非法占有为目的，诈骗银行或者其他金融机构的贷款，数额较大的，处五年以下有期徒刑或者拘役，并处二万元以上二十万元以下罚金；数额巨大或者有其他严重情节的，处五年以上十年以下有期徒刑，并处五万元以上五十万元以下罚金；数额特别巨大或者有其他特别严重情节的，处十年以上有期徒刑或者无期徒刑，并处五万元以上五十万元以下罚金或者没收财产：

（一）编造引进资金、项目等虚假理由的；

（二）使用虚假的经济合同的；

（三）使用虚假的证明文件的；

（四）使用虚假的产权证明作担保或者超出抵押物价值重复担保的；

（五）以其他方法诈骗贷款的。

第一百九十四条　【票据诈骗罪】有下列情形之一，进行金融票据诈骗活动，数额较大的，处五年以下有期徒刑或者拘役，并处二万元以上二十万元以下罚金；数额巨大或者有其他严重情节的，处五年以上十年以下有期徒刑，并处五万元以上五十万元以下罚金；数额特别巨大或者有其他特别严重情节的，处十年以上有期徒刑或者无期徒刑，并处五万元以上五十万元以下罚金或者没收财产：

（一）明知是伪造、变造的汇票、本票、支票而使用的；

（二）明知是作废的汇票、本票、支票而使用的；

（三）冒用他人的汇票、本票、支票的；

（四）签发空头支票或者与其预留印鉴不符的支票，骗取财物的；

（五）汇票、本票的出票人签发无资金保证的汇票、本票或者在出票时作虚假记载，骗取财物的。

【金融凭证诈骗罪】使用伪造、变造的委托收款凭证、汇款凭证、银行存单等其他银行结算凭证的，依照前款的规定处罚。

第一百九十五条 【信用证诈骗罪】有下列情形之一，进行信用证诈骗活动的，处五年以下有期徒刑或者拘役，并处二万元以上二十万元以下罚金；数额巨大或者有其他严重情节的，处五年以上十年以下有期徒刑，并处五万元以上五十万元以下罚金；数额特别巨大或者有其他特别严重情节的，处十年以上有期徒刑或者无期徒刑，并处五万元以上五十万元以下罚金或者没收财产：

（一）使用伪造、变造的信用证或者附随的单据、文件的；

（二）使用作废的信用证的；

（三）骗取信用证的；

（四）以其他方法进行信用证诈骗活动的。

第一百九十六条 【信用卡诈骗罪】有下列情形之一，进行信用卡诈骗活动，数额较大的，处五年以下有期徒刑或者拘役，并处二万元以上二十万元以下罚金；数额巨大或者有其他严重情节的，处五年以上十年以下有期徒刑，并处五万元以上五十万元以下罚金；数额特别巨大或者有其他特别严重情节的，处十年以上有期徒刑或者无期徒刑，并处五万元以上五十万元以下罚金或者没收财产：

（一）使用伪造的信用卡，或者使用以虚假的身份证明骗领的信用卡的；

（二）使用作废的信用卡的；

（三）冒用他人信用卡的；

（四）恶意透支的。

前款所称恶意透支，是指持卡人以非法占有为目的，超过规定限额或者规定期限透支，并且经发卡银行催收后仍不归还的行为。

【盗窃罪】盗窃信用卡并使用的，依照本法第二百六十四条的规定定罪处罚。

第一百九十七条　【有价证券诈骗罪】使用伪造、变造的国库券或者国家发行的其他有价证券，进行诈骗活动，数额较大的，处五年以下有期徒刑或者拘役，并处二万元以上二十万元以下罚金；数额巨大或者有其他严重情节的，处五年以上十年以下有期徒刑，并处五万元以上五十万元以下罚金；数额特别巨大或者有其他特别严重情节的，处十年以上有期徒刑或者无期徒刑，并处五万元以上五十万元以下罚金或者没收财产。

第一百九十八条　【保险诈骗罪】有下列情形之一，进行保险诈骗活动，数额较大的，处五年以下有期徒刑或者拘役，并处一万元以上十万元以下罚金；数额巨大或者有其他严重情节的，处五年以上十年以下有期徒刑，并处二万元以上二十万元以下罚金；数额特别巨大或者有其他特别严重情节的，处十年以上有期徒刑，并处二万元以上二十万元以下罚金或者没收财产：

（一）投保人故意虚构保险标的，骗取保险金的；

（二）投保人、被保险人或者受益人对发生的保险事故编造虚假的原因或者夸大损失的程度，骗取保险金的；

（三）投保人、被保险人或者受益人编造未曾发生的保险事故，骗取保险金的；

（四）投保人、被保险人故意造成财产损失的保险事故，骗取保险金的；

（五）投保人、受益人故意造成被保险人死亡、伤残或者疾病，骗取保险金的。

有前款第四项、第五项所列行为，同时构成其他犯罪的，依照数罪并罚的规定处罚。

单位犯第一款罪的，对单位判处罚金，并对其直接负责的主管人员和其他直接责任人员，处五年以下有期徒刑或者拘役；数额巨大或者有其他严重情节的，处五年以上十年以下有期徒刑；数额特别巨大或者有其他特别严重情节的，处十年以上有期徒刑。

保险事故的鉴定人、证明人、财产评估人故意提供虚假的证明文件，为他人诈骗提供条件的，以保险诈骗的共犯论处。

第一百九十九条　（根据《中华人民共和国刑法修正案（九）》删去本条内容）

第二百条 【单位犯金融诈骗罪的处罚规定】单位犯本节第一百九十四条、第一百九十五条规定之罪的，对单位判处罚金，并对其直接负责的主管人员和其他直接责任人员，处五年以下有期徒刑或者拘役，可以并处罚金；数额巨大或者有其他严重情节的，处五年以上十年以下有期徒刑，并处罚金；数额特别巨大或者有其他特别严重情节的，处十年以上有期徒刑或者无期徒刑，并处罚金。

第六节 危害税收征管罪

第二百零一条 【逃税罪】纳税人采取欺骗、隐瞒手段进行虚假纳税申报或者不申报，逃避缴纳税款数额较大并且占应纳税额百分之十以上的，处三年以下有期徒刑或者拘役，并处罚金；数额巨大并且占应纳税额百分之三十以上的，处三年以上七年以下有期徒刑，并处罚金。

扣缴义务人采取前款所列手段，不缴或者少缴已扣、已收税款，数额较大的，依照前款的规定处罚。

对多次实施前两款行为，未经处理的，按照累计数额计算。

有第一款行为，经税务机关依法下达追缴通知后，补缴应纳税款，缴纳滞纳金，已受行政处罚的，不予追究刑事责任；但是，五年内因逃避缴纳税款受过刑事处罚或者被税务机关给予二次以上行政处罚的除外。

第二百零二条 【抗税罪】以暴力、威胁方法拒不缴纳税款的，处三年以下有期徒刑或者拘役，并处拒缴税款一倍以上五倍以下罚金；情节严重的，处三年以上七年以下有期徒刑，并处拒缴税款一倍以上五倍以下罚金。

第二百零三条 【逃避追缴欠税罪】纳税人欠缴应纳税款，采取转移或者隐匿财产的手段，致使税务机关无法追缴欠缴的税款，数额在一万元以上不满十万元的，处三年以下有期徒刑或者拘役，并处或者单处欠缴税款一倍以上五倍以下罚金；数额在十万元以上的，处三年以上七年以下有期徒刑，并处欠缴税款一倍以上五倍以下罚金。

第二百零四条 【骗取出口退税罪】【逃税罪】以假报出口或者其他欺骗手段，骗取国家出口退税款，数额较大的，处五年以下有期徒刑或者拘役，并处骗取税款一倍以上五倍以下罚金；数额巨大或者有其他严重情节的，处五年以上十年以下有期徒刑，并处骗取税款一倍以上五倍以下罚金；数额特别巨大或者有其他特别严重情节的，处十年以上有期徒刑或者无期徒刑，并处骗取税款一倍以上五倍以下罚金或者没收财产。

纳税人缴纳税款后,采取前款规定的欺骗方法,骗取所缴纳的税款的,依照本法第二百零一条的规定定罪处罚;骗取税款超过所缴纳的税款部分,依照前款的规定处罚。

第二百零五条 【虚开增值税专用发票、用于骗取出口退税、抵扣税款发票罪】虚开增值税专用发票或者虚开用于骗取出口退税、抵扣税款的其他发票的,处三年以下有期徒刑或者拘役,并处二万元以上二十万元以下罚金;虚开的税款数额较大或者有其他严重情节的,处三年以上十年以下有期徒刑,并处五万元以上五十万元以下罚金;虚开的税款数额巨大或者有其他特别严重情节的,处十年以上有期徒刑或者无期徒刑,并处五万元以上五十万元以下罚金或者没收财产。

单位犯本条规定之罪的,对单位判处罚金,并对其直接负责的主管人员和其他直接责任人员,处三年以下有期徒刑或者拘役;虚开的税款数额较大或者有其他严重情节的,处三年以上十年以下有期徒刑;虚开的税款数额巨大或者有其他特别严重情节的,处十年以上有期徒刑或者无期徒刑。

虚开增值税专用发票或者虚开用于骗取出口退税、抵扣税款的其他发票,是指有为他人虚开、为自己虚开、让他人为自己虚开、介绍他人虚开行为之一的。

第二百零五条之一 【虚开发票罪】虚开本法第二百零五条规定以外的其他发票,情节严重的,处二年以下有期徒刑、拘役或者管制,并处罚金;情节特别严重的,处二年以上七年以下有期徒刑,并处罚金。

单位犯前款罪的,对单位判处罚金,并对其直接负责的主管人员和其他直接责任人员,依照前款的规定处罚。

第二百零六条 【伪造、出售伪造的增值税专用发票罪】伪造或者出售伪造的增值税专用发票的,处三年以下有期徒刑、拘役或者管制,并处二万元以上二十万元以下罚金;数量较大或者有其他严重情节的,处三年以上十年以下有期徒刑,并处五万元以上五十万元以下罚金;数量巨大或者有其他特别严重情节的,处十年以上有期徒刑或者无期徒刑,并处五万元以上五十万元以下罚金或者没收财产。

单位犯本条规定之罪的,对单位判处罚金,并对其直接负责的主管人员和其他直接责任人员,处三年以下有期徒刑、拘役或者管制;数量较大或者有其他严重情节的，处三年以上十年以下有期徒刑；数量巨大或者有其他特别严重情节的，处十年以上有期徒刑或者无期徒刑。

第二百零七条 【非法出售增值税专用发票罪】非法出售增值税专用发票的，处三年以下有期徒刑、拘役或者管制，并处二万元以上二十万元以下罚金；数量较大的，处三年以上十年以下有期徒刑，并处五万元以上五十万元以下罚金；数量巨大的，处十年以上有期徒刑或者无期徒刑，并处五万元以上五十万元以下罚金或者没收财产。

第二百零八条 【非法购买增值税专用发票、购买伪造的增值税专用发票罪】非法购买增值税专用发票或者购买伪造的增值税专用发票的，处五年以下有期徒刑或者拘役，并处或者单处二万元以上二十万元以下罚金。

【虚开增值税专用发票罪，出售伪造的增值税专用发票罪，非法出售增值税专用发票罪】非法购买增值税专用发票或者购买伪造的增值税专用发票又虚开或者出售的，分别依照本法第二百零五条、第二百零六条、第二百零七条的规定定罪处罚。

第二百零九条 【非法制造、出售非法制造的用于骗取出口退税、抵扣税款发票罪】伪造、擅自制造或者出售伪造、擅自制造的可以用于骗取出口退税、抵扣税款的其他发票的，处三年以下有期徒刑、拘役或者管制，并处二万元以上二十万元以下罚金；数量巨大的，处三年以上七年以下有期徒刑，并处五万元以上五十万元以下罚金；数量特别巨大的，处七年以上有期徒刑，并处五万元以上五十万元以下罚金或者没收财产。

【非法制造、出售非法制造的发票罪】伪造、擅自制造或者出售伪造、擅自制造的前款规定以外的其他发票的，处二年以下有期徒刑、拘役或者管制，并处或者单处一万元以上五万元以下罚金；情节严重的，处二年以上七年以下有期徒刑，并处五万元以上五十万元以下罚金。

【非法出售用于骗取出口退税、抵扣税款发票罪】非法出售可以用于骗取出口退税、抵扣税款的其他发票的，依照第一款的规定处罚。

【非法出售发票罪】非法出售第三款规定以外的其他发票的，依照第二款的规定处罚。

第二百一十条 【盗窃罪】盗窃增值税专用发票或者可以用于骗取出口退税、抵扣税款的其他发票的，依照本法第二百六十四条的规定定罪处罚。

【诈骗罪】使用欺骗手段骗取增值税专用发票或者可以用于骗取出口退

税、抵扣税款的其他发票的，依照本法第二百六十六条的规定定罪处罚。

第二百一十条之一　【持有伪造的发票罪】明知是伪造的发票而持有，数量较大的，处二年以下有期徒刑、拘役或者管制，并处罚金；数量巨大的，处二年以上七年以下有期徒刑，并处罚金。

单位犯前款罪的，对单位判处罚金，并对其直接负责的主管人员和其他直接责任人员，依照前款的规定处罚。

第二百一十一条　【单位犯危害税收征管罪的处罚规定】单位犯本节第二百零一条、第二百零三条、第二百零四条、第二百零七条、第二百零八条、第二百零九条规定之罪的，对单位判处罚金，并对其直接负责的主管人员和其他直接责任人员，依照各该条的规定处罚。

第二百一十二条　【税收征缴优先原则】犯本节第二百零一条至第二百零五条规定之罪，被判处罚金、没收财产的，在执行前，应当先由税务机关追缴税款和所骗取的出口退税款。

第七节　侵犯知识产权罪

第二百一十三条　【假冒注册商标罪】未经注册商标所有人许可，在同一种商品、服务上使用与其注册商标相同的商标，情节严重的，处三年以下有期徒刑，并处或者单处罚金；情节特别严重的，处三年以上十年以下有期徒刑，并处罚金。

第二百一十四条　【销售假冒注册商标的商品罪】销售明知是假冒注册商标的商品，违法所得数额较大或者有其他严重情节的，处三年以下有期徒刑，并处或者单处罚金；违法所得数额巨大或者有其他特别严重情节的，处三年以上十年以下有期徒刑，并处罚金。

第二百一十五条　【非法制造、销售非法制造的注册商标标识罪】伪造、擅自制造他人注册商标标识或者销售伪造、擅自制造的注册商标标识，情节严重的，处三年以下有期徒刑，并处或者单处罚金；情节特别严重的，处三年以上十年以下有期徒刑，并处罚金。

第二百一十六条　【假冒专利罪】假冒他人专利，情节严重的，处三年以下有期徒刑或者拘役，并处或者单处罚金。

第二百一十七条　【侵犯著作权罪】以营利为目的，有下列侵犯著作权或者与著作权有关的权利的情形之一，违法所得数额较大或者有其他严重情节的，处三年以下有期徒刑，并处或者单处罚金；违法所得数额巨大或者有其他特别严重情节的，处三年以上十年以下有期徒刑，并处罚金：

（一）未经著作权人许可，复制发行、通过信息网络向公众传播其文字作品、音乐、美术、视听作品、计算机软件及法律、行政法规规定的其他作品的；

（二）出版他人享有专有出版权的图书的；

（三）未经录音录像制作者许可，复制发行、通过信息网络向公众传播其制作的录音录像的；

（四）未经表演者许可，复制发行录有其表演的录音录像制品，或者通过信息网络向公众传播其表演的；

（五）制作、出售假冒他人署名的美术作品的；

（六）未经著作权人或者与著作权有关的权利人许可，故意避开或者破坏权利人为其作品、录音录像制品等采取的保护著作权或者与著作权有关的权利的技术措施的。

第二百一十八条 【销售侵权复制品罪】以营利为目的，销售明知是本法第二百一十七条规定的侵权复制品，违法所得数额巨大或者有其他严重情节的，处五年以下有期徒刑，并处或者单处罚金。

第二百一十九条 【侵犯商业秘密罪】有下列侵犯商业秘密行为之一，情节严重的，处三年以下有期徒刑，并处或者单处罚金；情节特别严重的，处三年以上十年以下有期徒刑，并处罚金：

（一）以盗窃、贿赂、欺诈、胁迫、电子侵入或者其他不正当手段获取权利人的商业秘密的；

（二）披露、使用或者允许他人使用以前项手段获取的权利人的商业秘密的；

（三）违反保密义务或者违反权利人有关保守商业秘密的要求，披露、使用或者允许他人使用其所掌握的商业秘密的。

明知前款所列行为，获取、披露、使用或者允许他人使用该商业秘密的，以侵犯商业秘密论。

本条所称权利人，是指商业秘密的所有人和经商业秘密所有人许可的商业秘密使用人。

第二百一十九条之一 【为境外窃取、刺探、收买、非法提供商业秘密罪】为境外的机构、组织、人员窃取、刺探、收买、非法提供商业秘密的，处五年以下有期徒刑，并处或者单处罚金；情节严重的，处五年以上有期徒刑，并处罚金。

第二百二十条 【单位犯侵犯知识产权罪的处罚规定】单位犯本节第二百一十三条至第二百一十九条之一规定之罪的，对单位判处罚金，并对其直接负责的主管人员和其他直接责任人员，依照本节各该条的规定处罚。

第八节 扰乱市场秩序罪

第二百二十一条 【损害商业信誉、商品声誉罪】捏造并散布虚伪事实，损害他人的商业信誉、商品声誉，给他人造成重大损失或者有其他严重情节的，处二年以下有期徒刑或者拘役，并处或者单处罚金。

第二百二十二条 【虚假广告罪】广告主、广告经营者、广告发布者违反国家规定，利用广告对商品或者服务作虚假宣传，情节严重的，处二年以下有期徒刑或者拘役，并处或者单处罚金。

第二百二十三条 【串通投标罪】投标人相互串通投标报价，损害招标人或者其他投标人利益，情节严重的，处三年以下有期徒刑或者拘役，并处或者单处罚金。

投标人与招标人串通投标，损害国家、集体、公民的合法利益的，依照前款的规定处罚。

第二百二十四条 【合同诈骗罪】有下列情形之一，以非法占有为目的，在签订、履行合同过程中，骗取对方当事人财物，数额较大的，处三年以下有期徒刑或者拘役，并处或者单处罚金；数额巨大或者有其他严重情节的，处三年以上十年以下有期徒刑，并处罚金；数额特别巨大或者有其他特别严重情节的，处十年以上有期徒刑或者无期徒刑，并处罚金或者没收财产：

（一）以虚构的单位或者冒用他人名义签订合同的；

（二）以伪造、变造、作废的票据或者其他虚假的产权证明作担保的；

（三）没有实际履行能力，以先履行小额合同或者部分履行合同的方法，诱骗对方当事人继续签订和履行合同的；

（四）收受对方当事人给付的货物、货款、预付款或者担保财产后逃匿的；

（五）以其他方法骗取对方当事人财物的。

第二百二十四条之一 【组织、领导传销活动罪】组织、领导以推销商品、提供服务等经营活动为名，要求参加者以缴纳费用或者购买商品、服务等方式获得加入资格，并按照一定顺序组成层级，直接或者间接以发展人员的数量作为计酬或者返利依据，引诱、胁迫参加者继续发展他人参加，骗取财物，扰乱经济社会秩序的传销活动的，处五年以下有期徒刑或者拘役，并处罚金；情节严重的，处五年以上有期徒刑，并处罚金。

第二百二十五条 【非法经营罪】违反国家规定，有下列非法经营行为之一，扰乱市场秩序，情节严重的，处五年以下有期徒刑或者拘役，并处或者单处违法所得一倍以上五倍以下罚金；情节特别严重的，处五年以上有期徒刑，并处违法所得一倍以上五倍以下罚金或者没收财产：

（一）未经许可经营法律、行政法规规定的专营、专卖物品或者其他限制买卖的物品的；

（二）买卖进出口许可证、进出口原产地证明以及其他法律、行政法规规定的经营许可证或者批准文件的；

（三）未经国家有关主管部门批准非法经营证券、期货、保险业务的，或者非法从事资金支付结算业务的；

（四）其他严重扰乱市场秩序的非法经营行为。

第二百二十六条 【强迫交易罪】以暴力、威胁手段，实施下列行为之一，情节严重的，处三年以下有期徒刑或者拘役，并处或者单处罚金；情节特别严重的，处三年以上七年以下有期徒刑，并处罚金：

（一）强买强卖商品的；

（二）强迫他人提供或者接受服务的；

（三）强迫他人参与或者退出投标、拍卖的；

（四）强迫他人转让或者收购公司、企业的股份、债券或者其他资产的；

（五）强迫他人参与或者退出特定的经营活动的。

第二百二十七条 【伪造、倒卖伪造的有价票证罪】伪造或者倒卖伪造的车票、船票、邮票或者其他有价票证，数额较大的，处二年以下有期徒刑、拘役或者管制，并处或者单处票证价额一倍以上五倍以下罚金；数额巨大的，处二年以上七年以下有期徒刑，并处票证价额一倍以上五倍以下罚金。

【倒卖车票、船票罪】倒卖车票、船票，情节严重的，处三年以下有期徒刑、拘役或者管制，并处或者单处票证价额一倍以上五倍以下罚金。

第二百二十八条　【非法转让、倒卖土地使用权罪】以牟利为目的，违反土地管理法规，非法转让、倒卖土地使用权，情节严重的，处三年以下有期徒刑或者拘役，并处或者单处非法转让、倒卖土地使用权价额百分之五以上百分之二十以下罚金；情节特别严重的，处三年以上七年以下有期徒刑，并处非法转让、倒卖土地使用权价额百分之五以上百分之二十以下罚金。

第二百二十九条　【提供虚假证明文件罪】承担资产评估、验资、验证、会计、审计、法律服务、保荐、安全评价、环境影响评价、环境监测等职责的中介组织的人员故意提供虚假证明文件，情节严重的，处五年以下有期徒刑或者拘役，并处罚金；有下列情形之一的，处五年以上十年以下有期徒刑，并处罚金：

（一）提供与证券发行相关的虚假的资产评估、会计、审计、法律服务、保荐等证明文件，情节特别严重的；

（二）提供与重大资产交易相关的虚假的资产评估、会计、审计等证明文件，情节特别严重的；

（三）在涉及公共安全的重大工程、项目中提供虚假的安全评价、环境影响评价等证明文件，致使公共财产、国家和人民利益遭受特别重大损失的。

【提供虚假证明文件罪】有前款行为，同时索取他人财物或者非法收受他人财物构成犯罪的，依照处罚较重的规定定罪处罚。

【出具证明文件重大失实罪】第一款规定的人员，严重不负责任，出具的证明文件有重大失实，造成严重后果的，处三年以下有期徒刑或者拘役，并处或者单处罚金。

第二百三十条　【逃避商检罪】违反进出口商品检验法的规定，逃避商品检验，将必须经商检机构检验的进口商品未报经检验而擅自销售、使用，或者将必须经商检机构检验的出口商品未报经检验合格而擅自出口，情节严重的，处三年以下有期徒刑或者拘役，并处或者单处罚金。

第二百三十一条　【单位犯扰乱市场秩序罪的处罚规定】单位犯本节第二百二十一条至第二百三十条规定之罪的，对单位判处罚金，并对其直接负责的主管人员和其他直接责任人员，依照本节各该条的规定处罚。

第八章　贪污贿赂罪

第三百八十二条　【贪污罪】国家工作人员利用职务上的便利，侵吞、

249

窃取、骗取或者以其他手段非法占有公共财物的，是贪污罪。

受国家机关、国有公司、企业、事业单位、人民团体委托管理、经营国有财产的人员，利用职务上的便利，侵吞、窃取、骗取或者以其他手段非法占有国有财物的，以贪污论。

与前两款所列人员勾结，伙同贪污的，以共犯论处。

第三百八十三条 【贪污罪的处罚规定】对犯贪污罪的，根据情节轻重，分别依照下列规定处罚：

（一）贪污数额较大或者有其他较重情节的，处三年以下有期徒刑或者拘役，并处罚金。

（二）贪污数额巨大或者有其他严重情节的，处三年以上十年以下有期徒刑，并处罚金或者没收财产。

（三）贪污数额特别巨大或者有其他特别严重情节的，处十年以上有期徒刑或者无期徒刑，并处罚金或者没收财产；数额特别巨大，并使国家和人民利益遭受特别重大损失的，处无期徒刑或者死刑，并处没收财产。

对多次贪污未经处理的，按照累计贪污数额处罚。

犯第一款罪，在提起公诉前如实供述自己罪行、真诚悔罪、积极退赃，避免、减少损害结果的发生，有第一项规定情形的，可以从轻、减轻或者免除处罚；有第二项、第三项规定情形的，可以从轻处罚。

犯第一款罪，有第三项规定情形被判处死刑缓期执行的，人民法院根据犯罪情节等情况可以同时决定在其死刑缓期执行二年期满依法减为无期徒刑后，终身监禁，不得减刑、假释。

第三百八十四条 【挪用公款罪】国家工作人员利用职务上的便利，挪用公款归个人使用，进行非法活动的，或者挪用公款数额较大、进行营利活动的，或者挪用公款数额较大、超过三个月未还的，是挪用公款罪，处五年以下有期徒刑或者拘役；情节严重的，处五年以上有期徒刑。挪用公款数额巨大不退还的，处十年以上有期徒刑或者无期徒刑。

挪用用于救灾、抢险、防汛、优抚、扶贫、移民、救济款物归个人使用的，从重处罚。

第三百八十五条 【受贿罪】国家工作人员利用职务上的便利，索取他人财物的，或者非法收受他人财物，为他人谋取利益的，是受贿罪。

国家工作人员在经济往来中，违反国家规定，收受各种名义的回扣、手续费，归个人所有的，以受贿论处。

第三百八十六条 【受贿罪的处罚规定】对犯受贿罪的，根据受贿所得数额及情节，依照本法第三百八十三条的规定处罚。索贿的从重处罚。

第三百八十七条 【单位受贿罪】国家机关、国有公司、企业、事业单位、人民团体，索取、非法收受他人财物，为他人谋取利益，情节严重的，对单位判处罚金，并对其直接负责的主管人员和其他直接责任人员，处五年以下有期徒刑或者拘役。

前款所列单位，在经济往来中，在账外暗中收受各种名义的回扣、手续费的，以受贿论，依照前款的规定处罚。

第三百八十八条 【受贿罪】国家工作人员利用本人职权或者地位形成的便利条件，通过其他国家工作人员职务上的行为，为请托人谋取不正当利益，索取请托人财物或者收受请托人财物的，以受贿论处。

第三百八十八条之一 【利用影响力受贿罪】国家工作人员的近亲属或者其他与该国家工作人员关系密切的人，通过该国家工作人员职务上的行为，或者利用该国家工作人员职权或者地位形成的便利条件，通过其他国家工作人员职务上的行为，为请托人谋取不正当利益，索取请托人财物或者收受请托人财物，数额较大或者有其他较重情节的，处三年以下有期徒刑或者拘役，并处罚金；数额巨大或者有其他严重情节的，处三年以上七年以下有期徒刑，并处罚金；数额特别巨大或者有其他特别严重情节的，处七年以上有期徒刑，并处罚金或者没收财产。

离职的国家工作人员或者其近亲属以及其他与其关系密切的人，利用该离职的国家工作人员原职权或者地位形成的便利条件实施前款行为的，依照前款的规定定罪处罚。

第三百八十九条 【行贿罪】为谋取不正当利益，给予国家工作人员以财物的，是行贿罪。

在经济往来中，违反国家规定，给予国家工作人员以财物，数额较大的，或者违反国家规定，给予国家工作人员以各种名义的回扣、手续费的，以行贿论处。

因被勒索给予国家工作人员以财物，没有获得不正当利益的，不是行贿。

第三百九十条 【行贿罪的处罚规定】对犯行贿罪的，处五年以下有期徒刑或者拘役，并处罚金；因行贿谋取不正当利益，情节严重的，或者使国家利益遭受重大损失的，处五年以上十年以下有期徒刑，并处罚金；情节特别严重的，或者使国家利益遭受特别重大损失的，处十年以上有期徒刑或者无期徒刑，并处罚金或者没收财产。

行贿人在被追诉前主动交待行贿行为的，可以从轻或者减轻处罚。其中，犯罪较轻的，对侦破重大案件起关键作用的，或者有重大立功表现的，可以减轻或者免除处罚。

第三百九十条之一 【对有影响力的人行贿罪】为谋取不正当利益，向国家工作人员的近亲属或者其他与该国家工作人员关系密切的人，或者向离职的国家工作人员或者其近亲属以及其他与其关系密切的人行贿的，处三年以下有期徒刑或者拘役，并处罚金；情节严重的，或者使国家利益遭受重大损失的，处三年以上七年以下有期徒刑，并处罚金；情节特别严重的，或者使国家利益遭受特别重大损失的，处七年以上十年以下有期徒刑，并处罚金。

单位犯前款罪的，对单位判处罚金，并对其直接负责的主管人员和其他直接责任人员，处三年以下有期徒刑或者拘役，并处罚金。

第三百九十一条 【对单位行贿罪】为谋取不正当利益，给予国家机关、国有公司、企业、事业单位、人民团体以财物的，或者在经济往来中，违反国家规定，给予各种名义的回扣、手续费的，处三年以下有期徒刑或者拘役，并处罚金。

单位犯前款罪的，对单位判处罚金，并对其直接负责的主管人员和其他直接责任人员，依照前款的规定处罚。

第三百九十二条 【介绍贿赂罪】向国家工作人员介绍贿赂，情节严重的，处三年以下有期徒刑或者拘役，并处罚金。

介绍贿赂人在被追诉前主动交待介绍贿赂行为的，可以减轻处罚或者免除处罚。

第三百九十三条 【单位行贿罪】单位为谋取不正当利益而行贿，或者违反国家规定，给予国家工作人员以回扣、手续费，情节严重的，对单位判处罚金，并对其直接负责的主管人员和其他直接责任人员，处五年以下有期徒刑或者拘役，并处罚金。因行贿取得的违法所得归个人所有的，依照本法第三百八十九条、第三百九十条的规定定罪处罚。

第三百九十四条 【贪污罪】国家工作人员在国内公务活动或者对外交往中接受礼物，依照国家规定应当交公而不交公，数额较大的，依照本法第三百八十二条、第三百八十三条的规定定罪处罚。

第三百九十五条　【巨额财产来源不明罪】国家工作人员的财产、支出明显超过合法收入，差额巨大的，可以责令该国家工作人员说明来源，不能说明来源的，差额部分以非法所得论，处五年以下有期徒刑或者拘役；差额特别巨大的，处五年以上十年以下有期徒刑。财产的差额部分予以追缴。

【隐瞒境外存款罪】国家工作人员在境外的存款，应当依照国家规定申报。数额较大、隐瞒不报的，处二年以下有期徒刑或者拘役；情节较轻的，由其所在单位或者上级主管机关酌情给予行政处分。

第三百九十六条　【私分国有资产罪】国家机关、国有公司、企业、事业单位、人民团体，违反国家规定，以单位名义将国有资产集体私分给个人，数额较大的，对其直接负责的主管人员和其他直接责任人员，处三年以下有期徒刑或者拘役，并处或者单处罚金；数额巨大的，处三年以上七年以下有期徒刑，并处罚金。

【私分罚没财物罪】司法机关、行政执法机关违反国家规定，将应当上缴国家的罚没财物，以单位名义集体私分给个人的，依照前款的规定处罚。

第九章　渎职罪

第三百九十七条　【滥用职权罪】【玩忽职守罪】国家机关工作人员滥用职权或者玩忽职守，致使公共财产、国家和人民利益遭受重大损失的，处三年以下有期徒刑或者拘役；情节特别严重的，处三年以上七年以下有期徒刑。本法另有规定的，依照规定。

国家机关工作人员徇私舞弊，犯前款罪的，处五年以下有期徒刑或者拘役；情节特别严重的，处五年以上十年以下有期徒刑。本法另有规定的，依照规定。

第三百九十八条　【故意泄露国家秘密罪】【过失泄露国家秘密罪】国家机关工作人员违反保守国家秘密法的规定，故意或者过失泄露国家秘密，情节严重的，处三年以下有期徒刑或者拘役；情节特别严重的，处三年以上七年以下有期徒刑。

非国家机关工作人员犯前款罪的，依照前款的规定酌情处罚。

第三百九十九条　【徇私枉法罪】司法工作人员徇私枉法、徇情枉法，对明知是无罪的人而使他受追诉、对明知是有罪的人而故意包庇不使他受追诉，或者在刑事审判活动中故意违背事实和法律作枉法裁判的，处五年以下有期徒刑或者拘役；情节严重的，处五年以上十年以下有期徒刑；情节特别严重的，处十年以上有期徒刑。

【民事、行政枉法裁判罪】在民事、行政审判活动中故意违背事实和法律作枉法裁判，情节严重的，处五年以下有期徒刑或者拘役；情节特别严重的，处五年以上十年以下有期徒刑。

【执行判决、裁定失职罪】【执行判决、裁定滥用职权罪】在执行判决、裁定活动中，严重不负责任或者滥用职权，不依法采取诉讼保全措施、不履行法定执行职责，或者违法采取诉讼保全措施、强制执行措施，致使当事人或者其他人的利益遭受重大损失的，处五年以下有期徒刑或者拘役；致使当事人或者其他人的利益遭受特别重大损失的，处五年以上十年以下有期徒刑。

司法工作人员收受贿赂，有前三款行为的，同时又构成本法第三百八十五条规定之罪的，依照处罚较重的规定定罪处罚。

第三百九十九条之一 【枉法仲裁罪】依法承担仲裁职责的人员，在仲裁活动中故意违背事实和法律作枉法裁决，情节严重的，处三年以下有期徒刑或者拘役；情节特别严重的，处三年以上七年以下有期徒刑。

第四百条 【私放在押人员罪】司法工作人员私放在押的犯罪嫌疑人、被告人或者罪犯的，处五年以下有期徒刑或者拘役；情节严重的，处五年以上十年以下有期徒刑；情节特别严重的，处十年以上有期徒刑。

【失职致使在押人员脱逃罪】司法工作人员由于严重不负责任，致使在押的犯罪嫌疑人、被告人或者罪犯脱逃，造成严重后果的，处三年以下有期徒刑或者拘役；造成特别严重后果的，处三年以上十年以下有期徒刑。

第四百零一条 【徇私舞弊减刑、假释、暂予监外执行罪】司法工作人员徇私舞弊，对不符合减刑、假释、暂予监外执行条件的罪犯，予以减刑、假释或者暂予监外执行的，处三年以下有期徒刑或者拘役；情节严重的，处三年以上七年以下有期徒刑。

第四百零二条 【徇私舞弊不移交刑事案件罪】行政执法人员徇私舞弊，对依法应当移交司法机关追究刑事责任的不移交，情节严重的，处三年以下有期徒刑或者拘役；造成严重后果的，处三年以上七年以下有期徒刑。

第四百零三条 【滥用管理公司、证券职权罪】国家有关主管部门的国家机关工作人员，徇私舞弊，滥用职权，对不符合法律规定条件的公司设立、登记申请或者股票、债券发行、上市申请，予以批准或者登记，致使公共财产、国家和人民利益遭受重大损失的，处五年以下有期徒刑或者拘役。

上级部门强令登记机关及其工作人员实施前款行为的，对其直接负责的主管人员，依照前款的规定处罚。

第四百零四条　【徇私舞弊不征、少征税款罪】税务机关的工作人员徇私舞弊，不征或者少征应征税款，致使国家税收遭受重大损失的，处五年以下有期徒刑或者拘役；造成特别重大损失的，处五年以上有期徒刑。

第四百零五条　【徇私舞弊发售发票、抵扣税款、出口退税罪】税务机关的工作人员违反法律、行政法规的规定，在办理发售发票、抵扣税款、出口退税工作中，徇私舞弊，致使国家利益遭受重大损失的，处五年以下有期徒刑或者拘役；致使国家利益遭受特别重大损失的，处五年以上有期徒刑。

【违法提供出口退税证罪】其他国家机关工作人员违反国家规定，在提供出口货物报关单、出口收汇核销单等出口退税凭证的工作中，徇私舞弊，致使国家利益遭受重大损失的，依照前款的规定处罚。

第四百零六条　【国家机关工作人员签订、履行合同失职被骗罪】国家机关工作人员在签订、履行合同过程中，因严重不负责任被诈骗，致使国家利益遭受重大损失的，处三年以下有期徒刑或者拘役；致使国家利益遭受特别重大损失的，处三年以上七年以下有期徒刑。

第四百零七条　【违法发放林木采伐许可证罪】林业主管部门的工作人员违反森林法的规定，超过批准的年采伐限额发放林木采伐许可证或者违反规定滥发林木采伐许可证，情节严重，致使森林遭受严重破坏的，处三年以下有期徒刑或者拘役。

第四百零八条　【环境监管失职罪】负有环境保护监督管理职责的国家机关工作人员严重不负责任，导致发生重大环境污染事故，致使公私财产遭受重大损失或者造成人身伤亡的严重后果的，处三年以下有期徒刑或者拘役。

第四百零八条之一　【食品、药品监管渎职罪】负有食品药品安全监督管理职责的国家机关工作人员，滥用职权或者玩忽职守，有下列情形之一，造成严重后果或者有其他严重情节的，处五年以下有期徒刑或者拘役；造成特别严重后果或者有其他特别严重情节的，处五年以上十年以下有期徒刑：

（一）瞒报、谎报食品安全事故、药品安全事件的；

（二）对发现的严重食品药品安全违法行为未按规定查处的；

（三）在药品和特殊食品审批审评过程中，对不符合条件的申请准予许可的；

（四）依法应当移交司法机关追究刑事责任不移交的；

（五）有其他滥用职权或者玩忽职守行为的。

徇私舞弊犯前款罪的，从重处罚。

第四百零九条 【传染病防治失职罪】从事传染病防治的政府卫生行政部门的工作人员严重不负责任，导致传染病传播或者流行，情节严重的，处三年以下有期徒刑或者拘役。

第四百一十条 【非法批准征收、征用、占用土地罪】【非法低价出让国有土地使用权罪】国家机关工作人员徇私舞弊，违反土地管理法规，滥用职权，非法批准征收、征用、占用土地，或者非法低价出让国有土地使用权，情节严重的，处三年以下有期徒刑或者拘役；致使国家或者集体利益遭受特别重大损失的，处三年以上七年以下有期徒刑。

第四百一十一条 【放纵走私罪】海关工作人员徇私舞弊，放纵走私，情节严重的，处五年以下有期徒刑或者拘役；情节特别严重的，处五年以上有期徒刑。

第四百一十二条 【商检徇私舞弊罪】国家商检部门、商检机构的工作人员徇私舞弊，伪造检验结果的，处五年以下有期徒刑或者拘役；造成严重后果的，处五年以上十年以下有期徒刑。

【商检失职罪】前款所列人员严重不负责任，对应当检验的物品不检验，或者延误检验出证、错误出证，致使国家利益遭受重大损失的，处三年以下有期徒刑或者拘役。

第四百一十三条 【动植物检疫徇私舞弊罪】动植物检疫机关的检疫人员徇私舞弊，伪造检疫结果的，处五年以下有期徒刑或者拘役；造成严重后果的，处五年以上十年以下有期徒刑。

【动植物检疫失职罪】前款所列人员严重不负责任，对应当检疫的检疫物不检疫，或者延误检疫出证、错误出证，致使国家利益遭受重大损失的，处三年以下有期徒刑或者拘役。

第四百一十四条 【放纵制售伪劣商品犯罪行为罪】对生产、销售伪劣商品犯罪行为负有追究责任的国家机关工作人员，徇私舞弊，不履行法律规定的追究职责，情节严重的，处五年以下有期徒刑或者拘役。

第四百一十五条 【办理偷越国（边）境人员出入境证件罪】【放行偷越国（边）境人员罪】负责办理护照、签证以及其他出入境证件的国家机关工作人员，对明知是企图偷越国（边）境的人员，予以办理出入境证件的，或者边防、海关等国家机关工作人员，对明知是偷越国（边）境的人员，予以放行的，处三年以下有期徒刑或者拘役；情节严重的，处三年以上七年以下有期徒刑。

第四百一十六条 【不解救被拐卖、绑架妇女、儿童罪】对被拐卖、绑架的妇女、儿童负有解救职责的国家机关工作人员，接到被拐卖、绑架的妇女、儿童及其家属的解救要求或者接到其他人的举报，而对被拐卖、绑架的妇女、儿童不进行解救，造成严重后果的，处五年以下有期徒刑或者拘役。

【阻碍解救被拐卖、绑架妇女、儿童罪】负有解救职责的国家机关工作人员利用职务阻碍解救的，处二年以上七年以下有期徒刑；情节较轻的，处二年以下有期徒刑或者拘役。

第四百一十七条 【帮助犯罪分子逃避处罚罪】有查禁犯罪活动职责的国家机关工作人员，向犯罪分子通风报信、提供便利，帮助犯罪分子逃避处罚的，处三年以下有期徒刑或者拘役；情节严重的，处三年以上十年以下有期徒刑。

第四百一十八条 【招收公务员、学生徇私舞弊罪】国家机关工作人员在招收公务员、学生工作中徇私舞弊，情节严重的，处三年以下有期徒刑或者拘役。

第四百一十九条 【失职造成珍贵文物损毁、流失罪】国家机关工作人员严重不负责任，造成珍贵文物损毁或者流失，后果严重的，处三年以下有期徒刑或者拘役。

刑事诉讼法（节选）

《全国人民代表大会常务委员会关于修改〈中华人民共和国刑事诉讼法〉的决定》已由中华人民共和国第十三届全国人民代表大会常务委员会第六次会议于 2018 年 10 月 26 日通过，现予公布，自公布之日起施行。

根据 2018 刑事诉讼法修改，现将刑事诉讼法修正如下：

第一编　总　则

第一章　任务和基本原则

第一条　为了保证刑法的正确实施，惩罚犯罪，保护人民，保障国家安全和社会公共安全，维护社会主义社会秩序，根据宪法，制定本法。

第二条　中华人民共和国刑事诉讼法的任务，是保证准确、及时地查明犯罪事实，正确应用法律，惩罚犯罪分子，保障无罪的人不受刑事追究，教育公民自觉遵守法律，积极同犯罪行为作斗争，维护社会主义法制，尊重和保障人权，保护公民的人身权利、财产权利、民主权利和其他权利，保障社会主义建设事业的顺利进行。

第三条　对刑事案件的侦查、拘留、执行逮捕、预审，由公安机关负责。检察、批准逮捕、检察机关直接受理的案件的侦查、提起公诉，由人民检察院负责。审判由人民法院负责。除法律特别规定的以外，其他任何机关、团体和个人都无权行使这些权力。

人民法院、人民检察院和公安机关进行刑事诉讼，必须严格遵守本法和其他法律的有关规定。

第四条　国家安全机关依照法律规定，办理危害国家安全的刑事案件，行使与公安机关相同的职权。

第五条　人民法院依照法律规定独立行使审判权，人民检察院依照法律规定独立行使检察权，不受行政机关、社会团体和个人的干涉。

第六条　人民法院、人民检察院和公安机关进行刑事诉讼，必须依靠群众，必须以事实为根据，以法律为准绳。对于一切公民，在适用法律上一律平等，在法律面前，不允许有任何特权。

第七条　人民法院、人民检察院和公安机关进行刑事诉讼，应当分工负责，互相配合，互相制约，以保证准确有效地执行法律。

第八条　人民检察院依法对刑事诉讼实行法律监督。

第九条　各民族公民都有用本民族语言文字进行诉讼的权利。人民法院、人民检察院和公安机关对于不通晓当地通用的语言文字的诉讼参与人，应当为他们翻译。

在少数民族聚居或者多民族杂居的地区，应当用当地通用的语言进行审讯，用当地通用的文字发布判决书、布告和其他文件。

第十条　人民法院审判案件，实行两审终审制。

第十一条　人民法院审判案件，除本法另有规定的以外，一律公开进行。被告人有权获得辩护，人民法院有义务保证被告人获得辩护。

第十二条　未经人民法院依法判决，对任何人都不得确定有罪。

第十三条　人民法院审判案件，依照本法实行人民陪审员陪审的制度。

第十四条　人民法院、人民检察院和公安机关应当保障犯罪嫌疑人、被告人和其他诉讼参与人依法享有的辩护权和其他诉讼权利。

诉讼参与人对于审判人员、检察人员和侦查人员侵犯公民诉讼权利和人身侮辱的行为，有权提出控告。

第十五条　犯罪嫌疑人、被告人自愿如实供述自己的罪行，承认指控的犯罪事实愿意接受处罚的，可以依法从宽处理。

第十六条　有下列情形之一的，不追究刑事责任，已经追究的，应当撤销案件，或者不起诉，或者终止审理，或者宣告无罪：

（一）情节显著轻微、危害不大，不认为是犯罪的；

（二）犯罪已过追诉时效期限的；

（三）经特赦令免除刑罚的；

（四）依照刑法告诉才处理的犯罪，没有告诉或者撤回告诉的；

（五）犯罪嫌疑人、被告人死亡的；

（六）其他法律规定免予追究刑事责任的。

第十七条　对于外国人犯罪应当追究刑事责任的，适用本法的规定。

对于享有外交特权和豁免权的外国人犯罪应当追究刑事责任的，通过外交途径解决。

第十八条　根据中华人民共和国缔结或者参加的国际条约，或者按照互惠原则，我国司法机关和外国司法机关可以相互请求刑事司法协助。

第二章　管辖

第十九条　刑事案件的侦查由公安机关进行，法律另有规定的除外。

人民检察院在对诉讼活动实行法律监督中发现的司法工作人员利用职权实施的非法拘禁、刑讯逼供、非法搜查等侵犯公民权利、损害司法公正的犯罪，可以由人民检察院立案侦查。对于公安机关管辖的国家机关工作人员利用职权实施的重大犯罪案件，需要由人民检察院直接受理的时候，经省级以上人民检察院决定，可以由人民检察院立案侦查。

自诉案件，由人民法院直接受理。

第二十条　基层人民法院管辖第一审普通刑事案件，但是依照本法由上级人民法院管辖的除外。

第二十一条　中级人民法院管辖下列第一审刑事案件：

（一）危害国家安全、恐怖活动案件；

（二）可能判处无期徒刑、死刑的案件。

第二十二条　高级人民法院管辖的第一审刑事案件，是全省（自治区、直辖市）性的重大刑事案件。

第二十三条　最高人民法院管辖的第一审刑事案件，是全国性的重大刑事案件。

第二十四条　上级人民法院在必要的时候，可以审判下级人民法院管辖的第一审刑事案件；下级人民法院认为案情重大、复杂需要由上级人民法院审判的第一审刑事案件，可以请求移送上一级人民法院审判。

第二十五条　刑事案件由犯罪地的人民法院管辖。如果由被告人居住地的人民法院审判更为适宜的，可以由被告人居住地的人民法院管辖。

第二十六条　几个同级人民法院都有权管辖的案件，由最初受理的人民法院审判。在必要的时候，可以移送主要犯罪地的人民法院审判。

第二十七条　上级人民法院可以指定下级人民法院审判管辖不明的案件，也可以指定下级人民法院将案件移送其他人民法院审判。

第二十八条　专门人民法院案件的管辖另行规定。

第三章　回避

第二十九条　审判人员、检察人员、侦查人员有下列情形之一的，应当自行回避，当事人及其法定代理人也有权要求他们回避：

（一）是本案的当事人或者是当事人的近亲属的；

（二）本人或者他的近亲属和本案有利害关系的；

（三）担任过本案的证人、鉴定人、辩护人、诉讼代理人的；

（四）与本案当事人有其他关系，可能影响公正处理案件的。

第三十条　审判人员、检察人员、侦查人员不得接受当事人及其委托的人的请客送礼，不得违反规定会见当事人及其委托的人。

审判人员、检察人员、侦查人员违反前款规定的，应当依法追究法律责任。当事人及其法定代理人有权要求他们回避。

第三十一条　审判人员、检察人员、侦查人员的回避，应当分别由院长、检察长、公安机关负责人决定；院长的回避，由本院审判委员会决定；检察长和公安机关负责人的回避，由同级人民检察院检察委员会决定。

对侦查人员的回避作出决定前，侦查人员不能停止对案件的侦查。

对驳回申请回避的决定，当事人及其法定代理人可以申请复议一次。

第三十二条　本章关于回避的规定适用于书记员、翻译人员和鉴定人。

辩护人、诉讼代理人可以依照本章的规定要求回避、申请复议。

第四章　辩护与代理

第三十三条　犯罪嫌疑人、被告人除自己行使辩护权以外，还可以委托一至二人作为辩护人。下列的人可以被委托为辩护人：

（一）律师；

（二）人民团体或者犯罪嫌疑人、被告人所在单位推荐的人；

（三）犯罪嫌疑人、被告人的监护人、亲友。

正在被执行刑罚或者依法被剥夺、限制人身自由的人，不得担任辩护人。

被开除公职和被吊销律师、公证员执业证书的人，不得担任辩护人，但系犯罪嫌疑人、被告人的监护人、近亲属的除外。

第三十四条　犯罪嫌疑人自被侦查机关第一次讯问或者采取强制措施之日起，有权委托辩护人；在侦查期间，只能委托律师作为辩护人。被告人有权随时委托辩护人。

侦查机关在第一次讯问犯罪嫌疑人或者对犯罪嫌疑人采取强制措施的时候，应当告知犯罪嫌疑人有权委托辩护人。人民检察院自收到移送审查起诉的案件材料之日起三日以内，应当告知犯罪嫌疑人有权委托辩护人。人民法院自受理案件之日起三日以内，应当告知被告人有权委托辩护人。犯罪嫌疑人、被告人在押期间要求委托辩护人的，人民法院、人民检察院和公安机关应当及时转达其要求。

犯罪嫌疑人、被告人在押的，也可以由其监护人、近亲属代为委托辩护人。

辩护人接受犯罪嫌疑人、被告人委托后，应当及时告知办理案件的机关。

第三十五条 犯罪嫌疑人、被告人因经济困难或者其他原因没有委托辩护人的，本人及其近亲属可以向法律援助机构提出申请。对符合法律援助条件的，法律援助机构应当指派律师为其提供辩护。

犯罪嫌疑人、被告人是盲、聋、哑人，或者是尚未完全丧失辨认或者控制自己行为能力的精神病人，没有委托辩护人的，人民法院、人民检察院和公安机关应当通知法律援助机构指派律师为其提供辩护。

犯罪嫌疑人、被告人可能被判处无期徒刑、死刑，没有委托辩护人的，人民法院、人民检察院和公安机关应当通知法律援助机构指派律师为其提供辩护。

第三十六条 法律援助机构可以在人民法院、看守所等场所派驻值班律师。犯罪嫌疑人、被告人没有委托辩护人，法律援助机构没有指派律师为其提供辩护的，由值班律师为犯罪嫌疑人、被告人提供法律咨询、程序选择建议、申请变更强制措施、对案件处理提出意见等法律帮助。

人民法院、人民检察院、看守所应当告知犯罪嫌疑人、被告人有权约见值班律师，并为犯罪嫌疑人、被告人约见值班律师提供便利

第三十七条 辩护人的责任是根据事实和法律，提出犯罪嫌疑人、被告人无罪、罪轻或者减轻、免除其刑事责任的材料和意见，维护犯罪嫌疑人、被告人的诉讼权利和其他合法权益。

第三十八条 辩护律师在侦查期间可以为犯罪嫌疑人提供法律帮助；代理申诉、控告；申请变更强制措施；向侦查机关了解犯罪嫌疑人涉嫌的罪名和案件有关情况，提出意见。

第三十九条 辩护律师可以同在押的犯罪嫌疑人、被告人会见和通信。其他辩护人经人民法院、人民检察院许可，也可以同在押的犯罪嫌疑人、被告人会见和通信。

辩护律师持律师执业证书、律师事务所证明和委托书或者法律援助公函要求会见在押的犯罪嫌疑人、被告人的，看守所应当及时安排会见，至迟不得超过四十八小时。

危害国家安全犯罪、恐怖活动犯罪案件，在侦查期间辩护律师会见在押的犯罪嫌疑人，应当经侦查机关许可。上述案件，侦查机关应当事先通知看守所。

辩护律师会见在押的犯罪嫌疑人、被告人，可以了解案件有关情况，提供法律咨询等；自案件移送审查起诉之日起，可以向犯罪嫌疑人、被告人核实有关证据。辩护律师会见犯罪嫌疑人、被告人时不被监听。

辩护律师同被监视居住的犯罪嫌疑人、被告人会见、通信，适用第一款、第三款、第四款的规定。

第四十条 辩护律师自人民检察院对案件审查起诉之日起，可以查阅、摘抄、复制本案的案卷材料。其他辩护人经人民法院、人民检察院许可，也可以查阅、摘抄、复制上述材料。

第四十一条 辩护人认为在侦查、审查起诉期间公安机关、人民检察院收集的证明犯罪嫌疑人、被告人无罪或者罪轻的证据材料未提交的，有权申请人民检察院、人民法院调取。

第四十二条 辩护人收集的有关犯罪嫌疑人不在犯罪现场、未达到刑事责任年龄、属于依法不负刑事责任的精神病人的证据，应当及时告知公安机关、人民检察院。

第四十三条 辩护律师经证人或者其他有关单位和个人同意，可以向他们收集与本案有关的材料，也可以申请人民检察院、人民法院收集、调取证据，或者申请人民法院通知证人出庭作证。

辩护律师经人民检察院或者人民法院许可，并且经被害人或者其近亲属、被害人提供的证人同意，可以向他们收集与本案有关的材料。

第四十四条 辩护人或者其他任何人，不得帮助犯罪嫌疑人、被告人隐匿、毁灭、伪造证据或者串供，不得威胁、引诱证人作伪证以及进行其他干扰司法机关诉讼活动的行为。

违反前款规定的，应当依法追究法律责任，辩护人涉嫌犯罪的，应当由办理辩护人所承办案件的侦查机关以外的侦查机关办理。辩护人是律师的，应当及时通知其所在的律师事务所或者所属的律师协会。

第四十五条　在审判过程中，被告人可以拒绝辩护人继续为他辩护，也可以另行委托辩护人辩护。

第四十六条　公诉案件的被害人及其法定代理人或者近亲属，附带民事诉讼的当事人及其法定代理人，自案件移送审查起诉之日起，有权委托诉讼代理人。自诉案件的自诉人及其法定代理人，附带民事诉讼的当事人及其法定代理人，有权随时委托诉讼代理人。

人民检察院自收到移送审查起诉的案件材料之日起三日以内，应当告知被害人及其法定代理人或者其近亲属、附带民事诉讼的当事人及其法定代理人有权委托诉讼代理人。人民法院自受理自诉案件之日起三日以内，应当告知自诉人及其法定代理人、附带民事诉讼的当事人及其法定代理人有权委托诉讼代理人。

第四十七条　委托诉讼代理人，参照本法第三十三条的规定执行。

第四十八条　辩护律师对在执业活动中知悉的委托人的有关情况和信息，有权予以保密。但是，辩护律师在执业活动中知悉委托人或者其他人，准备或者正在实施危害国家安全、公共安全以及严重危害他人人身安全的犯罪的，应当及时告知司法机关。

第四十九条　辩护人、诉讼代理人认为公安机关、人民检察院、人民法院及其工作人员阻碍其依法行使诉讼权利的，有权向同级或者上一级人民检察院申诉或者控告。人民检察院对申诉或者控告应当及时进行审查，情况属实的，通知有关机关予以纠正。

第五章　证据

第五十条　可以用于证明案件事实的材料，都是证据。

证据包括：

（一）物证；

（二）书证；

（三）证人证言；

（四）被害人陈述；

（五）犯罪嫌疑人、被告人供述和辩解；

（六）鉴定意见；

（七）勘验、检查、辨认、侦查实验等笔录；

（八）视听资料、电子数据。

证据必须经过查证属实，才能作为定案的根据。

第五十一条　公诉案件中被告人有罪的举证责任由人民检察院承担，自诉案件中被告人有罪的举证责任由自诉人承担。

第五十二条　审判人员、检察人员、侦查人员必须依照法定程序，收集能够证实犯罪嫌疑人、被告人有罪或者无罪、犯罪情节轻重的各种证据。严禁刑讯逼供和以威胁、引诱、欺骗以及其他非法方法收集证据，不得强迫任何人证实自己有罪。必须保证一切与案件有关或者了解案情的公民，有客观地充分地提供证据的条件，除特殊情况外，可以吸收他们协助调查。

第五十三条　公安机关提请批准逮捕书、人民检察院起诉书、人民法院判决书，必须忠实于事实真相。故意隐瞒事实真相的，应当追究责任。

第五十四条　人民法院、人民检察院和公安机关有权向有关单位和个人收集、调取证据。有关单位和个人应当如实提供证据。

行政机关在行政执法和查办案件过程中收集的物证、书证、视听资料、电子数据等证据材料，在刑事诉讼中可以作为证据使用。

对涉及国家秘密、商业秘密、个人隐私的证据，应当保密。

凡是伪造证据、隐匿证据或者毁灭证据的，无论属于何方，必须受法律追究。

第五十五条　对一切案件的判处都要重证据，重调查研究，不轻信口供。只有被告人供述，没有其他证据的，不能认定被告人有罪和处以刑罚；没有被告人供述，证据确实、充分的，可以认定被告人有罪和处以刑罚。

证据确实、充分，应当符合以下条件：

（一）定罪量刑的事实都有证据证明；

（二）据以定案的证据均经法定程序查证属实；

（三）综合全案证据，对所认定事实已排除合理怀疑。

第五十六条　采用刑讯逼供等非法方法收集的犯罪嫌疑人、被告人供述和采用暴力、威胁等非法方法收集的证人证言、被害人陈述，应当予以排除。收集物证、书证不符合法定程序，可能严重影响司法公正的，应当予以补正或者作出合理解释; 不能补正或者作出合理解释的, 对该证据应当予以排除。

在侦查、审查起诉、审判时发现有应当排除的证据的, 应当依法予以排除, 不得作为起诉意见、起诉决定和判决的依据。

第五十七条 人民检察院接到报案、控告、举报或者发现侦查人员以非法方法收集证据的, 应当进行调查核实。对于确有以非法方法收集证据情形的, 应当提出纠正意见; 构成犯罪的, 依法追究刑事责任。

第五十八条 法庭审理过程中, 审判人员认为可能存在本法第五十六条规定的以非法方法收集证据情形的, 应当对证据收集的合法性进行法庭调查。

当事人及其辩护人、诉讼代理人有权申请人民法院对以非法方法收集的证据依法予以排除。申请排除以非法方法收集的证据的, 应当提供相关线索或者材料。

第五十九条 在对证据收集的合法性进行法庭调查的过程中, 人民检察院应当对证据收集的合法性加以证明。

现有证据材料不能证明证据收集的合法性的, 人民检察院可以提请人民法院通知有关侦查人员或者其他人员出庭说明情况; 人民法院可以通知有关侦查人员或者其他人员出庭说明情况。有关侦查人员或者其他人员也可以要求出庭说明情况。经人民法院通知, 有关人员应当出庭。

第六十条 对于经过法庭审理, 确认或者不能排除存在本法第五十六条规定的以非法方法收集证据情形的, 对有关证据应当予以排除。

第六十一条 证人证言必须在法庭上经过公诉人、被害人和被告人、辩护人双方质证并且查实以后, 才能作为定案的根据。法庭查明证人有意作伪证或者隐匿罪证的时候, 应当依法处理。

第六十二条 凡是知道案件情况的人, 都有作证的义务。

生理上、精神上有缺陷或者年幼, 不能辨别是非、不能正确表达的人, 不能作证人。

第六十三条 人民法院、人民检察院和公安机关应当保障证人及其近亲属的安全。

对证人及其近亲属进行威胁、侮辱、殴打或者打击报复, 构成犯罪的, 依法追究刑事责任; 尚不够刑事处罚的, 依法给予治安管理处罚。

第六十四条 对于危害国家安全犯罪、恐怖活动犯罪、黑社会性质的组织犯罪、毒品犯罪等案件, 证人、鉴定人、被害人因在诉讼中作证, 本人或者其近亲属的人身安全面临危险的，人民法院、人民检察院和公安机关应当采取以下一项或者多项保护措施：

（一）不公开真实姓名、住址和工作单位等个人信息；

（二）采取不暴露外貌、真实声音等出庭作证措施；

（三）禁止特定的人员接触证人、鉴定人、被害人及其近亲属；

（四）对人身和住宅采取专门性保护措施；

（五）其他必要的保护措施。

证人、鉴定人、被害人认为因在诉讼中作证，本人或者其近亲属的人身安全面临危险的，可以向人民法院、人民检察院、公安机关请求予以保护。

人民法院、人民检察院、公安机关依法采取保护措施，有关单位和个人应当配合。

第六十五条　证人因履行作证义务而支出的交通、住宿、就餐等费用，应当给予补助。证人作证的补助列入司法机关业务经费，由同级政府财政予以保障。

有工作单位的证人作证，所在单位不得克扣或者变相克扣其工资、奖金及其他福利待遇。

第六章　强制措施

第六十六条　人民法院、人民检察院和公安机关根据案件情况，对犯罪嫌疑人、被告人可以拘传、取保候审或者监视居住。

第六十七条　人民法院、人民检察院和公安机关对有下列情形之一的犯罪嫌疑人、被告人，可以取保候审：

（一）可能判处管制、拘役或者独立适用附加刑的；

（二）可能判处有期徒刑以上刑罚，采取取保候审不致发生社会危险性的；

（三）患有严重疾病、生活不能自理，怀孕或者正在哺乳自己婴儿的妇女，采取取保候审不致发生社会危险性的；

（四）羁押期限届满，案件尚未办结，需要采取取保候审的。

取保候审由公安机关执行。

第六十八条　人民法院、人民检察院和公安机关决定对犯罪嫌疑人、被告人取保候审，应当责令犯罪嫌疑人、被告人提出保证人或者交纳保证金。

第六十九条 保证人必须符合下列条件：

（一）与本案无牵连；

（二）有能力履行保证义务；

（三）享有政治权利，人身自由未受到限制；

（四）有固定的住处和收入。

第七十条 保证人应当履行以下义务：

（一）监督被保证人遵守本法第七十一条的规定；

（二）发现被保证人可能发生或者已经发生违反本法第七十一条规定的行为的，应当及时向执行机关报告。

被保证人有违反本法第七十一条规定的行为，保证人未履行保证义务的，对保证人处以罚款，构成犯罪的，依法追究刑事责任。

第七十一条 被取保候审的犯罪嫌疑人、被告人应当遵守以下规定：

（一）未经执行机关批准不得离开所居住的市、县；

（二）住址、工作单位和联系方式发生变动的，在二十四小时以内向执行机关报告；

（三）在传讯的时候及时到案；

（四）不得以任何形式干扰证人作证；

（五）不得毁灭、伪造证据或者串供。

人民法院、人民检察院和公安机关可以根据案件情况，责令被取保候审的犯罪嫌疑人、被告人遵守以下一项或者多项规定：

（一）不得进入特定的场所；

（二）不得与特定的人员会见或者通信；

（三）不得从事特定的活动；

（四）将护照等出入境证件、驾驶证件交执行机关保存。

被取保候审的犯罪嫌疑人、被告人违反前两款规定，已交纳保证金的，没收部分或者全部保证金，并且区别情形，责令犯罪嫌疑人、被告人具结悔过、重新交纳保证金、提出保证人，或者监视居住、予以逮捕。

对违反取保候审规定，需要予以逮捕的，可以对犯罪嫌疑人、被告人先行拘留。

第七十二条 取保候审的决定机关应当综合考虑保证诉讼活动正常进行的需要，被取保候审人的社会危险性，案件的性质、情节，可能判处刑罚的轻重，被取保候审人的经济状况等情况，确定保证金的数额。

提供保证金的人应当将保证金存入执行机关指定银行的专门账户。

第七十三条　犯罪嫌疑人、被告人在取保候审期间未违反本法第七十一条规定的，取保候审结束的时候，凭解除取保候审的通知或者有关法律文书到银行领取退还的保证金。

第七十四条　人民法院、人民检察院和公安机关对符合逮捕条件，有下列情形之一的犯罪嫌疑人、被告人，可以监视居住：

（一）患有严重疾病、生活不能自理的；

（二）怀孕或者正在哺乳自己婴儿的妇女；

（三）系生活不能自理的人的唯一扶养人；

（四）因为案件的特殊情况或者办理案件的需要，采取监视居住措施更为适宜的；

（五）羁押期限届满，案件尚未办结，需要采取监视居住措施的。

对符合取保候审条件，但犯罪嫌疑人、被告人不能提出保证人，也不交纳保证金的，可以监视居住。

监视居住由公安机关执行。

第七十五条　监视居住应当在犯罪嫌疑人、被告人的住处执行；无固定住处的，可以在指定的居所执行。对于涉嫌危害国家安全犯罪、恐怖活动犯罪，在住处执行可能有碍侦查的，经上一级公安机关批准，也可以在指定的居所执行。但是，不得在羁押场所、专门的办案场所执行。

指定居所监视居住的，除无法通知的以外，应当在执行监视居住后二十四小时以内，通知被监视居住人的家属。

被监视居住的犯罪嫌疑人、被告人委托辩护人，适用本法第三十四条的规定。

人民检察院对指定居所监视居住的决定和执行是否合法实行监督。

第七十六条　指定居所监视居住的期限应当折抵刑期。被判处管制的，监视居住一日折抵刑期一日；被判处拘役、有期徒刑的，监视居住二日折抵刑期一日。

第七十七条　被监视居住的犯罪嫌疑人、被告人应当遵守以下规定：

（一）未经执行机关批准不得离开执行监视居住的处所；

（二）未经执行机关批准不得会见他人或者通信；

（三）在传讯的时候及时到案；

（四）不得以任何形式干扰证人作证；

（五）不得毁灭、伪造证据或者串供；

（六）将护照等出入境证件、身份证件、驾驶证件交执行机关保存。

被监视居住的犯罪嫌疑人、被告人违反前款规定，情节严重的，可以予以逮捕；需要予以逮捕的，可以对犯罪嫌疑人、被告人先行拘留。

第七十八条 执行机关对被监视居住的犯罪嫌疑人、被告人，可以采取电子监控、不定期检查等监视方法对其遵守监视居住规定的情况进行监督；在侦查期间，可以对被监视居住的犯罪嫌疑人的通信进行监控。

第七十九条 人民法院、人民检察院和公安机关对犯罪嫌疑人、被告人取保候审最长不得超过十二个月，监视居住最长不得超过六个月。

在取保候审、监视居住期间，不得中断对案件的侦查、起诉和审理。对于发现不应当追究刑事责任或者取保候审、监视居住期限届满的，应当及时解除取保候审、监视居住。解除取保候审、监视居住，应当及时通知被取保候审、监视居住人和有关单位。

第八十条 逮捕犯罪嫌疑人、被告人，必须经过人民检察院批准或者人民法院决定，由公安机关执行。

第八十一条 对有证据证明有犯罪事实，可能判处徒刑以上刑罚的犯罪嫌疑人、被告人，采取取保候审尚不足以防止发生下列社会危险性的，应当予以逮捕：

（一）可能实施新的犯罪的；

（二）有危害国家安全、公共安全或者社会秩序的现实危险的；

（三）可能毁灭、伪造证据，干扰证人作证或者串供的；

（四）可能对被害人、举报人、控告人实施打击报复的；

（五）企图自杀或者逃跑的。

批准或者决定逮捕，应当将犯罪嫌疑人、被告人涉嫌犯罪的性质、情节，认罪认罚等情况，作为是否可能发生社会危险性的考虑因素。

对有证据证明有犯罪事实，可能判处十年有期徒刑以上刑罚的，或者有证据证明有犯罪事实，可能判处徒刑以上刑罚，曾经故意犯罪或者身份不明的，应当予以逮捕。

被取保候审、监视居住的犯罪嫌疑人、被告人违反取保候审、监视居住规定，情节严重的，可以予以逮捕。

第八十二条　公安机关对于现行犯或者重大嫌疑分子，如果有下列情形之一的，可以先行拘留：

（一）正在预备犯罪、实行犯罪或者在犯罪后即时被发觉的；

（二）被害人或者在场亲眼看见的人指认他犯罪的；

（三）在身边或者住处发现有犯罪证据的；

（四）犯罪后企图自杀、逃跑或者在逃的；

（五）有毁灭、伪造证据或者串供可能的；

（六）不讲真实姓名、住址，身份不明的；

（七）有流窜作案、多次作案、结伙作案重大嫌疑的。

第八十三条　公安机关在异地执行拘留、逮捕的时候，应当通知被拘留、逮捕人所在地的公安机关，被拘留、逮捕人所在地的公安机关应当予以配合。

第八十四条　对于有下列情形的人，任何公民都可以立即扭送公安机关、人民检察院或者人民法院处理：

（一）正在实行犯罪或者在犯罪后即时被发觉的；

（二）通缉在案的；

（三）越狱逃跑的；

（四）正在被追捕的。

第八十五条　公安机关拘留人的时候，必须出示拘留证。

拘留后，应当立即将被拘留人送看守所羁押，至迟不得超过二十四小时。除无法通知或者涉嫌危害国家安全犯罪、恐怖活动犯罪通知可能有碍侦查的情形以外，应当在拘留后二十四小时以内，通知被拘留人的家属。有碍侦查的情形消失以后，应当立即通知被拘留人的家属。

第八十六条　公安机关对被拘留的人，应当在拘留后的二十四小时以内进行讯问。在发现不应当拘留的时候，必须立即释放，发给释放证明。

第八十七条　公安机关要求逮捕犯罪嫌疑人的时候，应当写出提请批准逮捕书，连同案卷材料、证据，一并移送同级人民检察院审查批准。必要的时候，人民检察院可以派人参加公安机关对于重大案件的讨论。

第八十八条　人民检察院审查批准逮捕，可以讯问犯罪嫌疑人；有下列情形之一的，应当讯问犯罪嫌疑人：

（一）对是否符合逮捕条件有疑问的；

（二）犯罪嫌疑人要求向检察人员当面陈述的；

（三）侦查活动可能有重大违法行为的。

人民检察院审查批准逮捕，可以询问证人等诉讼参与人，听取辩护律师的意见；辩护律师提出要求的，应当听取辩护律师的意见。

第八十九条 人民检察院审查批准逮捕犯罪嫌疑人由检察长决定。重大案件应当提交检察委员会讨论决定。

第九十条 人民检察院对于公安机关提请批准逮捕的案件进行审查后，应当根据情况分别作出批准逮捕或者不批准逮捕的决定。对于批准逮捕的决定，公安机关应当立即执行，并且将执行情况及时通知人民检察院。对于不批准逮捕的，人民检察院应当说明理由，需要补充侦查的，应当同时通知公安机关。

第九十一条 公安机关对被拘留的人，认为需要逮捕的，应当在拘留后的三日以内，提请人民检察院审查批准。在特殊情况下，提请审查批准的时间可以延长一日至四日。

对于流窜作案、多次作案、结伙作案的重大嫌疑分子，提请审查批准的时间可以延长至三十日。

人民检察院应当自接到公安机关提请批准逮捕书后的七日以内，作出批准逮捕或者不批准逮捕的决定。人民检察院不批准逮捕的，公安机关应当在接到通知后立即释放，并且将执行情况及时通知人民检察院。对于需要继续侦查，并且符合取保候审、监视居住条件的，依法取保候审或者监视居住。

第九十二条 公安机关对人民检察院不批准逮捕的决定，认为有错误的时候，可以要求复议，但是必须将被拘留的人立即释放。如果意见不被接受，可以向上一级人民检察院提请复核。上级人民检察院应当立即复核，作出是否变更的决定，通知下级人民检察院和公安机关执行。

第九十三条 公安机关逮捕人的时候，必须出示逮捕证。

逮捕后，应当立即将被逮捕人送看守所羁押。除无法通知的以外，应当在逮捕后二十四小时以内，通知被逮捕人的家属。

第九十四条 人民法院、人民检察院对于各自决定逮捕的人，公安机关对于经人民检察院批准逮捕的人，都必须在逮捕后的二十四小时以内进行讯问。在发现不应当逮捕的时候，必须立即释放，发给释放证明。

第九十五条 犯罪嫌疑人、被告人被逮捕后，人民检察院仍应当对羁押的必要性进行审查。对不需要继续羁押的，应当建议予以释放或者变更强制措施。有关机关应当在十日以内将处理情况通知人民检察院。

第九十六条 人民法院、人民检察院和公安机关如果发现对犯罪嫌疑人、被告人采取强制措施不当的，应当及时撤销或者变更。公安机关释放被逮捕的人或者变更逮捕措施的，应当通知原批准的人民检察院。

第九十七条 犯罪嫌疑人、被告人及其法定代理人、近亲属或者辩护人有权申请变更强制措施。人民法院、人民检察院和公安机关收到申请后，应当在三日以内作出决定；不同意变更强制措施的，应当告知申请人，并说明不同意的理由。

第九十八条 犯罪嫌疑人、被告人被羁押的案件，不能在本法规定的侦查羁押、审查起诉、一审、二审期限内办结的，对犯罪嫌疑人、被告人应当予以释放；需要继续查证、审理的，对犯罪嫌疑人、被告人可以取保候审或者监视居住。

第九十九条 人民法院、人民检察院或者公安机关对被采取强制措施法定期限届满的犯罪嫌疑人、被告人，应当予以释放、解除取保候审、监视居住或者依法变更强制措施。犯罪嫌疑人、被告人及其法定代理人、近亲属或者辩护人对于人民法院、人民检察院或者公安机关采取强制措施法定期限届满的，有权要求解除强制措施。

第一百条 人民检察院在审查批准逮捕工作中，如果发现公安机关的侦查活动有违法情况，应当通知公安机关予以纠正，公安机关应当将纠正情况通知人民检察院。

第七章　附带民事诉讼

第一百零一条 被害人由于被告人的犯罪行为而遭受物质损失的，在刑事诉讼过程中，有权提起附带民事诉讼。被害人死亡或者丧失行为能力的，被害人的法定代理人、近亲属有权提起附带民事诉讼。

如果是国家财产、集体财产遭受损失的，人民检察院在提起公诉的时候，可以提起附带民事诉讼。

第一百零二条 人民法院在必要的时候，可以采取保全措施，查封、扣押或者冻结被告人的财产。附带民事诉讼原告人或者人民检察院可以申请人民法院采取保全措施。人民法院采取保全措施，适用民事诉讼法的有关规定。

第一百零三条　人民法院审理附带民事诉讼案件，可以进行调解，或者根据物质损失情况作出判决、裁定。

第一百零四条　附带民事诉讼应当同刑事案件一并审判，只有为了防止刑事案件审判的过分迟延，才可以在刑事案件审判后，由同一审判组织继续审理附带民事诉讼。

第八章　期间、送达

第一百零五条　期间以时、日、月计算。

期间开始的时和日不算在期间以内。

法定期间不包括路途上的时间。上诉状或者其他文件在期满前已经交邮的，不算过期。

期间的最后一日为节假日的，以节假日后的第一日为期满日期，但犯罪嫌疑人、被告人或者罪犯在押期间，应当至期满之日为止，不得因节假日而延长。

第一百零六条　当事人由于不能抗拒的原因或者有其他正当理由而耽误期限的，在障碍消除后五日以内，可以申请继续进行应当在期满以前完成的诉讼活动。

前款申请是否准许，由人民法院裁定。

第一百零七条　送达传票、通知书和其他诉讼文件应当交给收件人本人；如果本人不在，可以交给他的成年家属或者所在单位的负责人员代收。

收件人本人或者代收人拒绝接收或者拒绝签名、盖章的时候，送达人可以邀请他的邻居或者其他见证人到场，说明情况，把文件留在他的住处，在送达证上记明拒绝的事由、送达的日期，由送达人签名，即认为已经送达。

第九章　其他规定

第一百零八条　本法下列用语的含意是：

（一）侦查是指公安机关、人民检察院对于刑事案件，依照法律进行的收集证据、查明案情的工作和有关的强制性措施；

（二）"当事人"是指被害人、自诉人、犯罪嫌疑人、被告人、附带民事诉讼的原告人和被告人；

（三）"法定代理人"是指被代理人的父母、养父母、监护人和负有保护责任的机关、团体的代表；

（四）"诉讼参与人"是指当事人、法定代理人、诉讼代理人、辩护人、证人、鉴定人和翻译人员；

（五）"诉讼代理人"是指公诉案件的被害人及其法定代理人或者近亲属、自诉案件的自诉人及其法定代理人委托代为参加诉讼的人和附带民事诉讼的当事人及其法定代理人委托代为参加诉讼的人；

（六）"近亲属"是指夫、妻、父、母、子、女、同胞兄弟姊妹。

第二编　立案、侦查和提起公诉

第一章　立案

第一百零九条　公安机关或者人民检察院发现犯罪事实或者犯罪嫌疑人，应当按照管辖范围，立案侦查。

第一百一十条　任何单位和个人发现有犯罪事实或者犯罪嫌疑人，有权利也有义务向公安机关、人民检察院或者人民法院报案或者举报。

被害人对侵犯其人身、财产权利的犯罪事实或者犯罪嫌疑人，有权向公安机关、人民检察院或者人民法院报案或者控告。

公安机关、人民检察院或者人民法院对于报案、控告、举报，都应当接受。对于不属于自己管辖的，应当移送主管机关处理，并且通知报案人、控告人、举报人；对于不属于自己管辖而又必须采取紧急措施的，应当先采取紧急措施，然后移送主管机关。

犯罪人向公安机关、人民检察院或者人民法院自首的，适用第三款规定。

第一百一十一条　报案、控告、举报可以用书面或者口头提出。接受口头报案、控告、举报的工作人员，应当写成笔录，经宣读无误后，由报案人、控告人、举报人签名或者盖章。

接受控告、举报的工作人员，应当向控告人、举报人说明诬告应负的法律责任。但是，只要不是捏造事实，伪造证据，即使控告、举报的事实有出入，甚至是错告的，也要和诬告严格加以区别。

公安机关、人民检察院或者人民法院应当保障报案人、控告人、举报人及其近亲属的安全。报案人、控告人、举报人如果不愿公开自己的姓名和报案、控告、举报的行为，应当为他保守秘密。

第一百一十二条　人民法院、人民检察院或者公安机关对于报案、控告、举报和自首的材料，应当按照管辖范围，迅速进行审查，认为有犯罪事实需要追究刑事责任的时候，应当立案；认为没有犯罪事实，或者犯罪事实显著轻微，不需要追究刑事责任的时候，不予立案，并且将不立案的原因通知控告人。控告人如果不服，可以申请复议。

第一百一十三条　人民检察院认为公安机关对应当立案侦查的案件而不立案侦查的，或者被害人认为公安机关对应当立案侦查的案件而不立案侦查，向人民检察院提出的，人民检察院应当要求公安机关说明不立案的理由。人民检察院认为公安机关不立案理由不能成立的，应当通知公安机关立案，公安机关接到通知后应当立案。

第一百一十四条　对于自诉案件，被害人有权向人民法院直接起诉。被害人死亡或者丧失行为能力的，被害人的法定代理人、近亲属有权向人民法院起诉。人民法院应当依法受理。

第二章　侦查

第一节　一般规定

第一百一十五条　公安机关对已经立案的刑事案件，应当进行侦查，收集、调取犯罪嫌疑人有罪或者无罪、罪轻或者罪重的证据材料。对现行犯或者重大嫌疑分子可以依法先行拘留，对符合逮捕条件的犯罪嫌疑人，应当依法逮捕。

第一百一十六条　公安机关经过侦查，对有证据证明有犯罪事实的案件，应当进行预审，对收集、调取的证据材料予以核实。

第一百一十七条　当事人和辩护人、诉讼代理人、利害关系人对于司法机关及其工作人员有下列行为之一的，有权向该机关申诉或者控告：

（一）采取强制措施法定期限届满，不予以释放、解除或者变更的；

（二）应当退还取保候审保证金不退还的；

（三）对与案件无关的财物采取查封、扣押、冻结措施的；

（四）应当解除查封、扣押、冻结不解除的；

（五）贪污、挪用、私分、调换、违反规定使用查封、扣押、冻结的财物的。

受理申诉或者控告的机关应当及时处理。对处理不服的，可以向同级人民检察院申诉；人民检察院直接受理的案件，可以向上一级人民检察院申诉。人民检察院对申诉应当及时进行审查，情况属实的，通知有关机关予以纠正。

第二节　讯问犯罪嫌疑人

第一百一十八条　讯问犯罪嫌疑人必须由人民检察院或者公安机关的侦查人员负责进行。讯问的时候，侦查人员不得少于二人。

犯罪嫌疑人被送交看守所羁押以后，侦查人员对其进行讯问，应当在看守所内进行。

第一百一十九条　对不需要逮捕、拘留的犯罪嫌疑人，可以传唤到犯罪嫌疑人所在市、县内的指定地点或者到他的住处进行讯问，但是应当出示人民检察院或者公安机关的证明文件。对在现场发现的犯罪嫌疑人，经出示工作证件，可以口头传唤，但应当在讯问笔录中注明。

传唤、拘传持续的时间不得超过十二小时；案情特别重大、复杂，需要采取拘留、逮捕措施的，传唤、拘传持续的时间不得超过二十四小时。

不得以连续传唤、拘传的形式变相拘禁犯罪嫌疑人。传唤、拘传犯罪嫌疑人，应当保证犯罪嫌疑人的饮食和必要的休息时间。

第一百二十条　侦查人员在讯问犯罪嫌疑人的时候，应当首先讯问犯罪嫌疑人是否有犯罪行为，让他陈述有罪的情节或者无罪的辩解，然后向他提出问题。犯罪嫌疑人对侦查人员的提问，应当如实回答。但是对与本案无关的问题，有拒绝回答的权利。

侦查人员在讯问犯罪嫌疑人的时候，应当告知犯罪嫌疑人享有的诉讼权利，如实供述自己罪行可以从宽处理和认罪认罚的法律规定。

第一百二十一条　讯问聋、哑的犯罪嫌疑人，应当有通晓聋、哑手势的人参加，并且将这种情况记明笔录。

第一百二十二条　讯问笔录应当交犯罪嫌疑人核对，对于没有阅读能力的，应当向他宣读。如果记载有遗漏或者差错，犯罪嫌疑人可以提出补充或者改正。犯罪嫌疑人承认笔录没有错误后，应当签名或者盖章。侦查人员也应当在笔录上签名。犯罪嫌疑人请求自行书写供述的，应当准许。必要的时候，侦查人员也可以要犯罪嫌疑人亲笔书写供词。

第一百二十三条　侦查人员在讯问犯罪嫌疑人的时候，可以对讯问过程进行录音或者录像；对于可能判处无期徒刑、死刑的案件或者其他重大犯罪案件，应当对讯问过程进行录音或者录像。

录音或者录像应当全程进行，保持完整性。

第三节　询问证人

第一百二十四条　侦查人员询问证人，可以在现场进行，也可以到证人所在单位、住处或者证人提出的地点进行，在必要的时候，可以通知证人到人民检察院或者公安机关提供证言。在现场询问证人，应当出示工作证件，到证人所在单位、住处或者证人提出的地点询问证人，应当出示人民检察院或者公安机关的证明文件。

询问证人应当个别进行。

第一百二十五条　询问证人，应当告知他应当如实地提供证据、证言和有意作伪证或者隐匿罪证要负的法律责任。

第一百二十六条　本法第一百二十二条的规定，也适用于询问证人。

第一百二十七条　询问被害人，适用本节各条规定。

第四节　勘验、检查

第一百二十八条　侦查人员对于与犯罪有关的场所、物品、人身、尸体应当进行勘验或者检查。在必要的时候，可以指派或者聘请具有专门知识的人，在侦查人员的主持下进行勘验、检查。

第一百二十九条　任何单位和个人，都有义务保护犯罪现场，并且立即通知公安机关派员勘验。

第一百三十条　侦查人员执行勘验、检查，必须持有人民检察院或者公安机关的证明文件。

第一百三十一条　对于死因不明的尸体，公安机关有权决定解剖，并且通知死者家属到场。

第一百三十二条　为了确定被害人、犯罪嫌疑人的某些特征、伤害情况或者生理状态，可以对人身进行检查，可以提取指纹信息，采集血液、尿液等生物样本。

犯罪嫌疑人如果拒绝检查，侦查人员认为必要的时候，可以强制检查。

检查妇女的身体，应当由女工作人员或者医师进行。

第一百三十三条　勘验、检查的情况应当写成笔录，由参加勘验、检查的人和见证人签名或者盖章。

第一百三十四条　人民检察院审查案件的时候，对公安机关的勘验、检查，认为需要复验、复查时，可以要求公安机关复验、复查，并且可以派检察人员参加。

第一百三十五条　为了查明案情，在必要的时候，经公安机关负责人批准，可以进行侦查实验。

侦查实验的情况应当写成笔录，由参加实验的人签名或者盖章。

侦查实验，禁止一切足以造成危险、侮辱人格或者有伤风化的行为。

第五节　搜查

第一百三十六条　为了收集犯罪证据、查获犯罪人，侦查人员可以对犯罪嫌疑人以及可能隐藏罪犯或者犯罪证据的人的身体、物品、住处和其他有关的地方进行搜查。

第一百三十七条　任何单位和个人，有义务按照人民检察院和公安机关的要求，交出可以证明犯罪嫌疑人有罪或者无罪的物证、书证、视听资料等证据。

第一百三十八条　进行搜查，必须向被搜查人出示搜查证。

在执行逮捕、拘留的时候，遇有紧急情况，不另用搜查证也可以进行搜查。

第一百三十九条　在搜查的时候，应当有被搜查人或者他的家属，邻居或者其他见证人在场。

搜查妇女的身体，应当由女工作人员进行。

第一百四十条　搜查的情况应当写成笔录，由侦查人员和被搜查人或者他的家属，邻居或者其他见证人签名或者盖章。如果被搜查人或者他的家属在逃或者拒绝签名、盖章，应当在笔录上注明。

第六节　扣押物证、书证

第一百四十一条　在侦查活动中发现的可用以证明犯罪嫌疑人有罪或者无罪的各种财物、文件，应当查封、扣押；与案件无关的财物、文件，不得查封、扣押。

对查封、扣押的财物、文件，要妥善保管或者封存，不得使用、调换或者损毁。

第一百四十二条 对查封、扣押的财物、文件，应当会同在场见证人和被查封、扣押财物、文件持有人查点清楚，当场开列清单一式二份，由侦查人员、见证人和持有人签名或者盖章，一份交给持有人，另一份附卷备查。

第一百四十三条 侦查人员认为需要扣押犯罪嫌疑人的邮件、电报的时候，经公安机关或者人民检察院批准，即可通知邮电机关将有关的邮件、电报检交扣押。

不需要继续扣押的时候，应即通知邮电机关。

第一百四十四条 人民检察院、公安机关根据侦查犯罪的需要，可以依照规定查询、冻结犯罪嫌疑人的存款、汇款、债券、股票、基金份额等财产。有关单位和个人应当配合。

犯罪嫌疑人的存款、汇款、债券、股票、基金份额等财产已被冻结的，不得重复冻结。

第一百四十五条 对查封、扣押的财物、文件、邮件、电报或者冻结的存款、汇款、债券、股票、基金份额等财产，经查明确实与案件无关的，应当在三日以内解除查封、扣押、冻结，予以退还。

第七节 鉴定

第一百四十六条 为了查明案情，需要解决案件中某些专门性问题的时候，应当指派、聘请有专门知识的人进行鉴定。

第一百四十七条 鉴定人进行鉴定后，应当写出鉴定意见，并且签名。

鉴定人故意作虚假鉴定的，应当承担法律责任。

第一百四十八条 侦查机关应当将用作证据的鉴定意见告知犯罪嫌疑人、被害人。如果犯罪嫌疑人、被害人提出申请，可以补充鉴定或者重新鉴定。

第一百四十九条 对犯罪嫌疑人作精神病鉴定的期间不计入办案期限。

第八节 技术侦查措施

第一百五十条 公安机关在立案后，对于危害国家安全犯罪、恐怖活动犯罪、黑社会性质的组织犯罪、重大毒品犯罪或者其他严重危害社会的犯罪案件，根据侦查犯罪的需要，经过严格的批准手续，可以采取技术侦查措施。

人民检察院在立案后，对于利用职权实施的严重侵犯公民人身权利的重大犯罪案件，根据侦查犯罪的需要，经过严格的批准手续，可以采取技术侦查措施，按照规定交有关机关执行。

追捕被通缉或者批准、决定逮捕的在逃的犯罪嫌疑人、被告人，经过批准，可以采取追捕所必需的技术侦查措施。

第一百五十一条　批准决定应当根据侦查犯罪的需要，确定采取技术侦查措施的种类和适用对象。批准决定自签发之日起三个月以内有效。对于不需要继续采取技术侦查措施的，应当及时解除；对于复杂、疑难案件，期限届满仍有必要继续采取技术侦查措施的，经过批准，有效期可以延长，每次不得超过三个月。

第一百五十二条　采取技术侦查措施，必须严格按照批准的措施种类、适用对象和期限执行。

侦查人员对采取技术侦查措施过程中知悉的国家秘密、商业秘密和个人隐私，应当保密；对采取技术侦查措施获取的与案件无关的材料，必须及时销毁。

采取技术侦查措施获取的材料，只能用于对犯罪的侦查、起诉和审判，不得用于其他用途。

公安机关依法采取技术侦查措施，有关单位和个人应当配合，并对有关情况予以保密。

第一百五十三条　为了查明案情，在必要的时候，经公安机关负责人决定，可以由有关人员隐匿其身份实施侦查。但是，不得诱使他人犯罪，不得采用可能危害公共安全或者发生重大人身危险的方法。

对涉及给付毒品等违禁品或者财物的犯罪活动，公安机关根据侦查犯罪的需要，可以依照规定实施控制下交付。

第一百五十四条　依照本节规定采取侦查措施收集的材料在刑事诉讼中可以作为证据使用。如果使用该证据可能危及有关人员的人身安全，或者可能产生其他严重后果的，应当采取不暴露有关人员身份、技术方法等保护措施，必要的时候，可以由审判人员在庭外对证据进行核实。

第九节　通缉

第一百五十五条　应当逮捕的犯罪嫌疑人如果在逃，公安机关可以发布通缉令，采取有效措施，追捕归案。

各级公安机关在自己管辖的地区以内，可以直接发布通缉令；超出自己管辖的地区，应当报请有权决定的上级机关发布。

第十节　侦查终结

第一百五十六条　对犯罪嫌疑人逮捕后的侦查羁押期限不得超过二个月。案情复杂、期限届满不能终结的案件，可以经上一级人民检察院批准延长一个月。

第一百五十七条　因为特殊原因，在较长时间内不宜交付审判的特别重大复杂的案件，由最高人民检察院报请全国人民代表大会常务委员会批准延期审理。

第一百五十八条　下列案件在本法第一百五十六条规定的期限届满不能侦查终结的，经省、自治区、直辖市人民检察院批准或者决定，可以延长二个月：

（一）交通十分不便的边远地区的重大复杂案件；

（二）重大的犯罪集团案件；

（三）流窜作案的重大复杂案件；

（四）犯罪涉及面广，取证困难的重大复杂案件。

第一百五十九条　对犯罪嫌疑人可能判处十年有期徒刑以上刑罚，依照本法第一百五十八条规定延长期限届满，仍不能侦查终结的，经省、自治区、直辖市人民检察院批准或者决定，可以再延长二个月。

第一百六十条　在侦查期间，发现犯罪嫌疑人另有重要罪行的，自发现之日起依照本法第一百五十六条的规定重新计算侦查羁押期限。

犯罪嫌疑人不讲真实姓名、住址，身份不明的，应当对其身份进行调查，侦查羁押期限自查清其身份之日起计算，但是不得停止对其犯罪行为的侦查取证。对于犯罪事实清楚，证据确实、充分，确实无法查明其身份的，也可以按其自报的姓名起诉、审判。

第一百六十一条　在案件侦查终结前，辩护律师提出要求的，侦查机关应当听取辩护律师的意见，并记录在案。辩护律师提出书面意见的，应当附卷。

第一百六十二条　公安机关侦查终结的案件，应当做到犯罪事实清楚，证据确实、充分，并且写出起诉意见书，连同案卷材料、证据一并移送同级人民检察院审查决定；同时将案件移送情况告知犯罪嫌疑人及其辩护律师。

犯罪嫌疑人自愿认罪的，应当记录在案，随案移送并在起诉意见书中写明有关情况。

第一百六十三条　在侦查过程中，发现不应对犯罪嫌疑人追究刑事责任的，应当撤销案件；犯罪嫌疑人已被逮捕的，应当立即释放，发给释放证明，并且通知原批准逮捕的人民检察院。

第十一节　人民检察院对直接受理的案件的侦查

第一百六十四条　人民检察院对直接受理的案件的侦查适用本章规定。

第一百六十五条　人民检察院直接受理的案件中符合本法第八十一条、第八十二条第四项、第五项规定情形，需要逮捕、拘留犯罪嫌疑人的，由人民检察院作出决定，由公安机关执行。

第一百六十六条　人民检察院对直接受理的案件中被拘留的人，应当在拘留后的二十四小时以内进行讯问。在发现不应当拘留的时候，必须立即释放，发给释放证明。

第一百六十七条　人民检察院对直接受理的案件中被拘留的人，认为需要逮捕的，应当在十四日以内作出决定。在特殊情况下，决定逮捕的时间可以延长一日至三日。对不需要逮捕的，应当立即释放；对需要继续侦查，并且符合取保候审、监视居住条件的，依法取保候审或者监视居住。

第一百六十八条　人民检察院侦查终结的案件，应当作出提起公诉、不起诉或者撤销案件的决定。